Abstractions

Leou

Abstractions 2

ISBN : 9781088971833

nicolaslehoux.com

Abstractions

tome 2

art
Leou

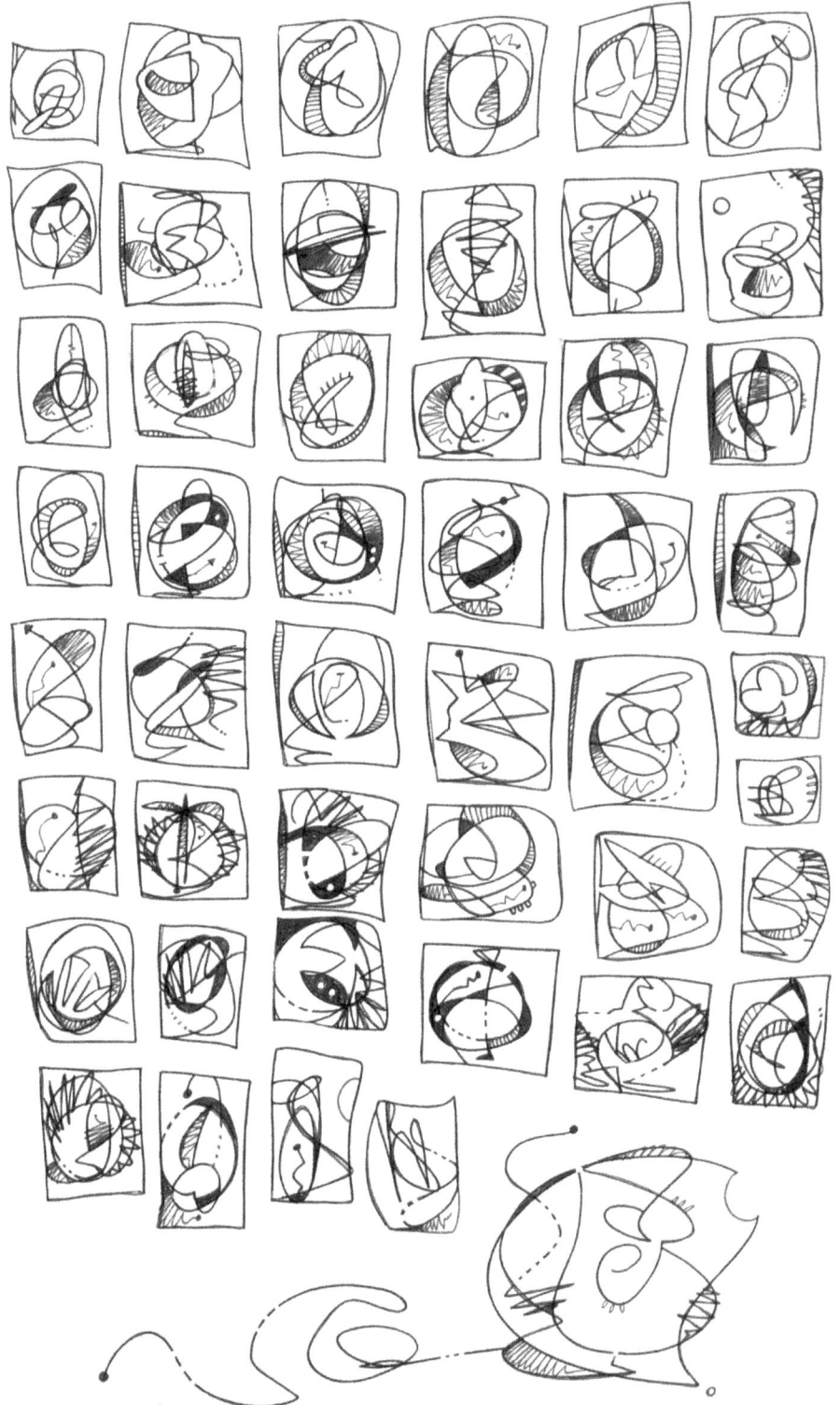

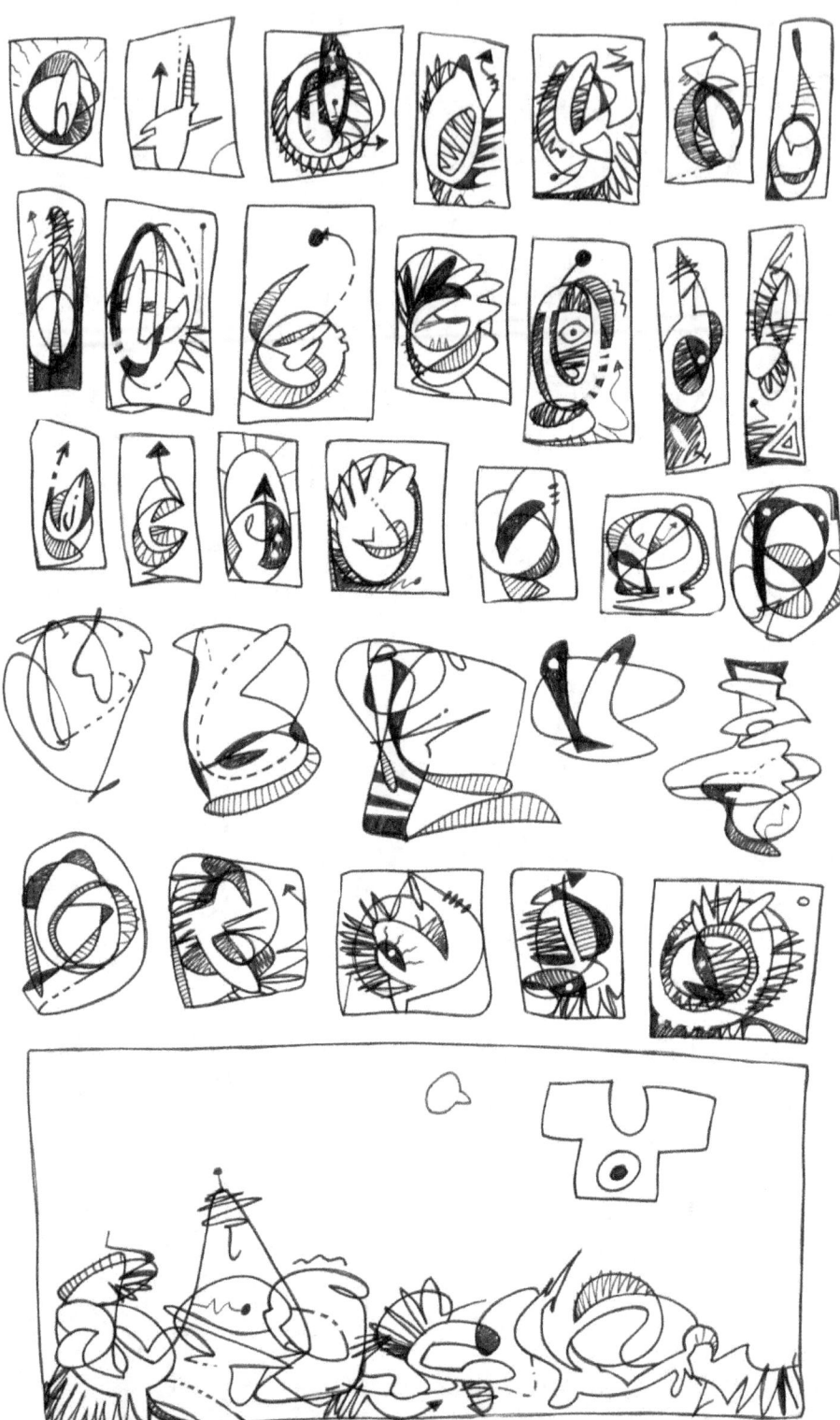

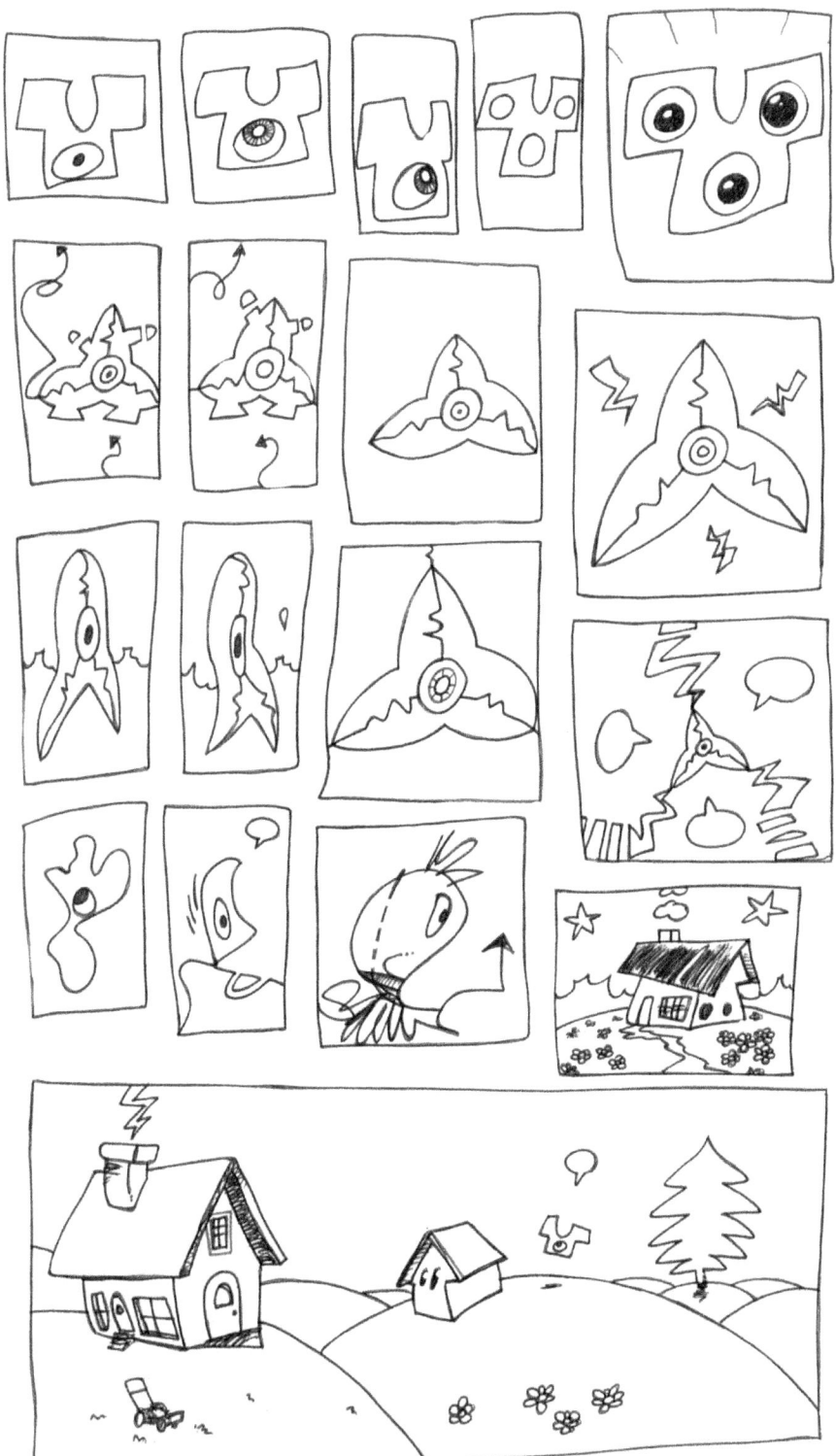

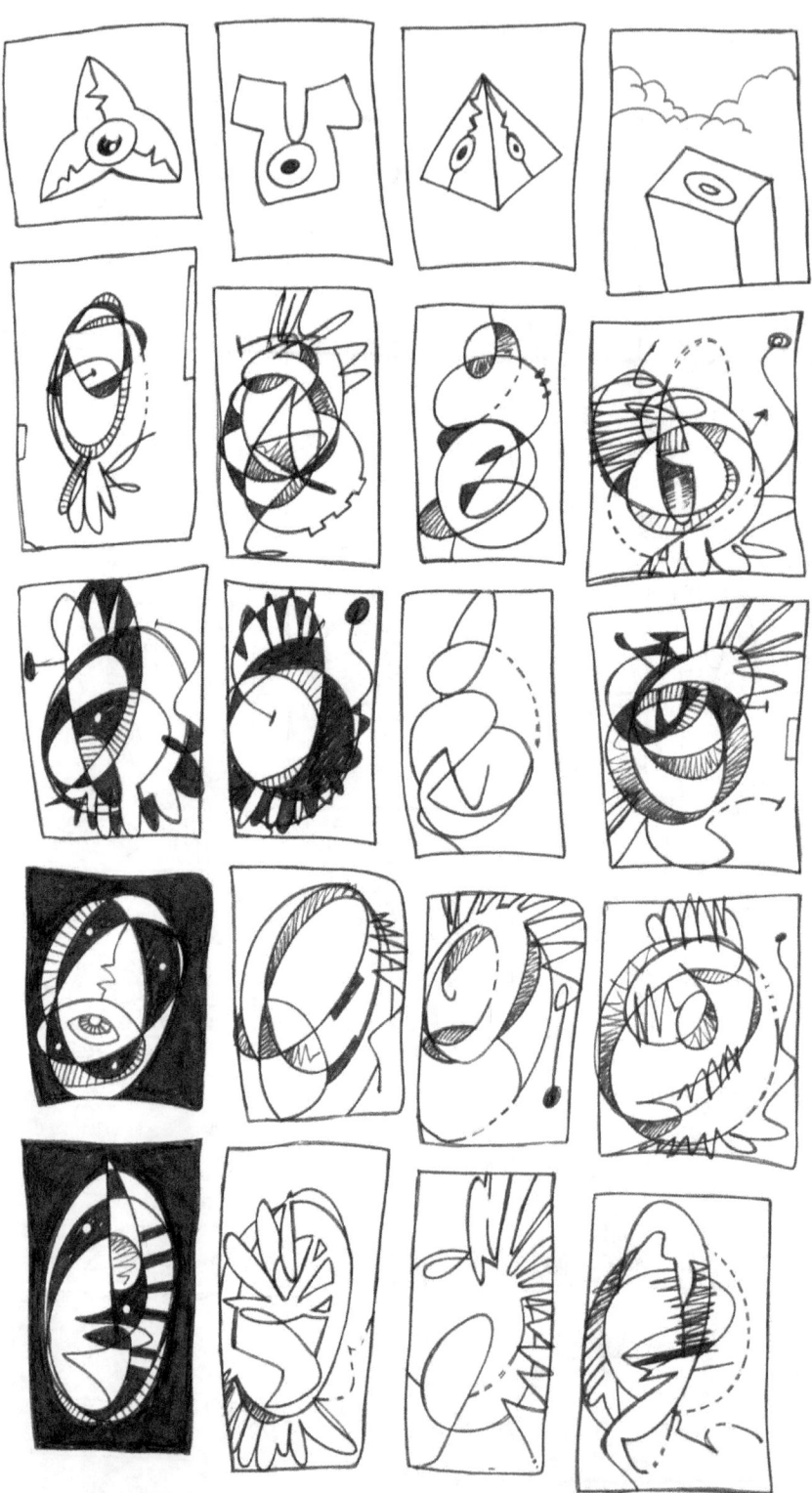

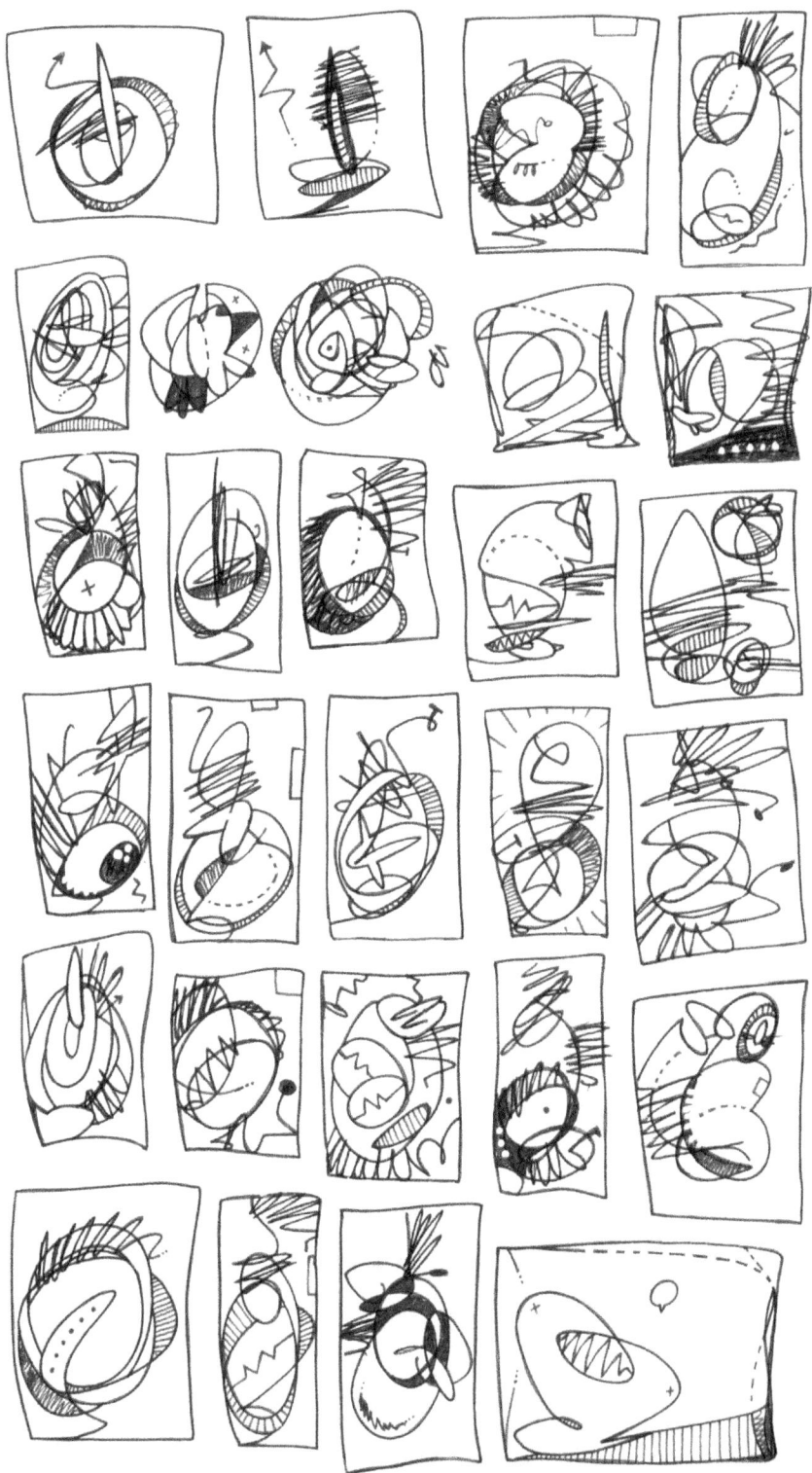

11

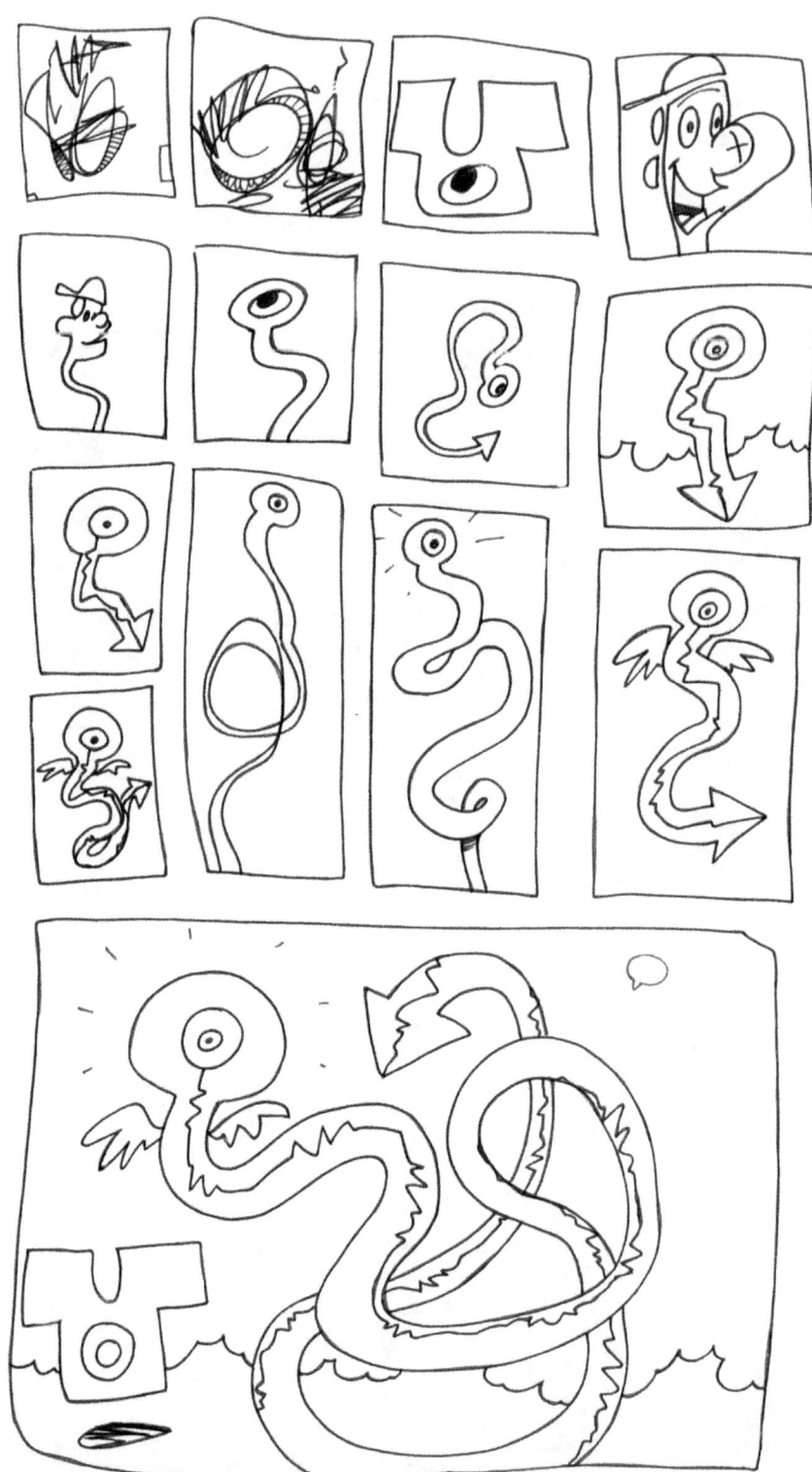

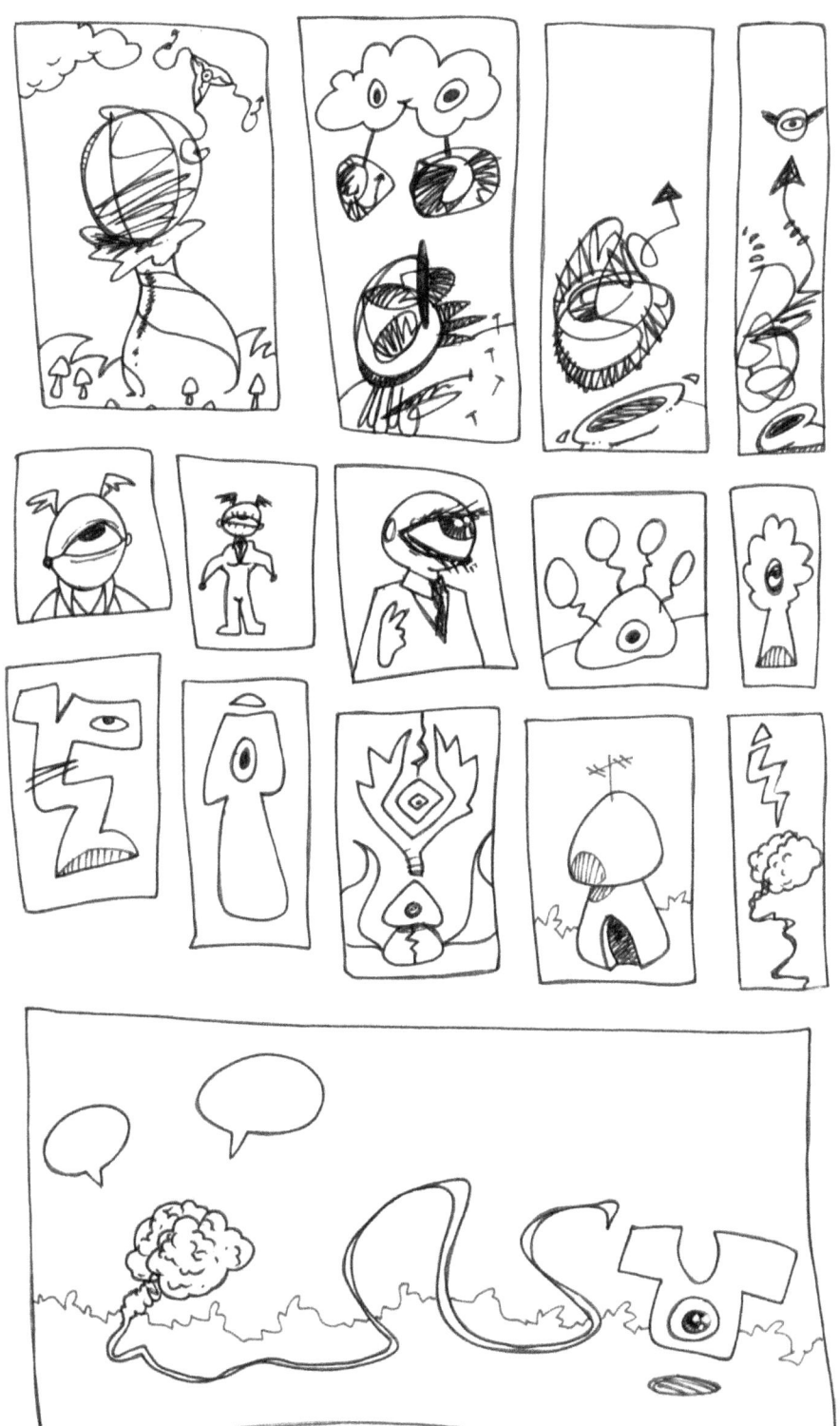

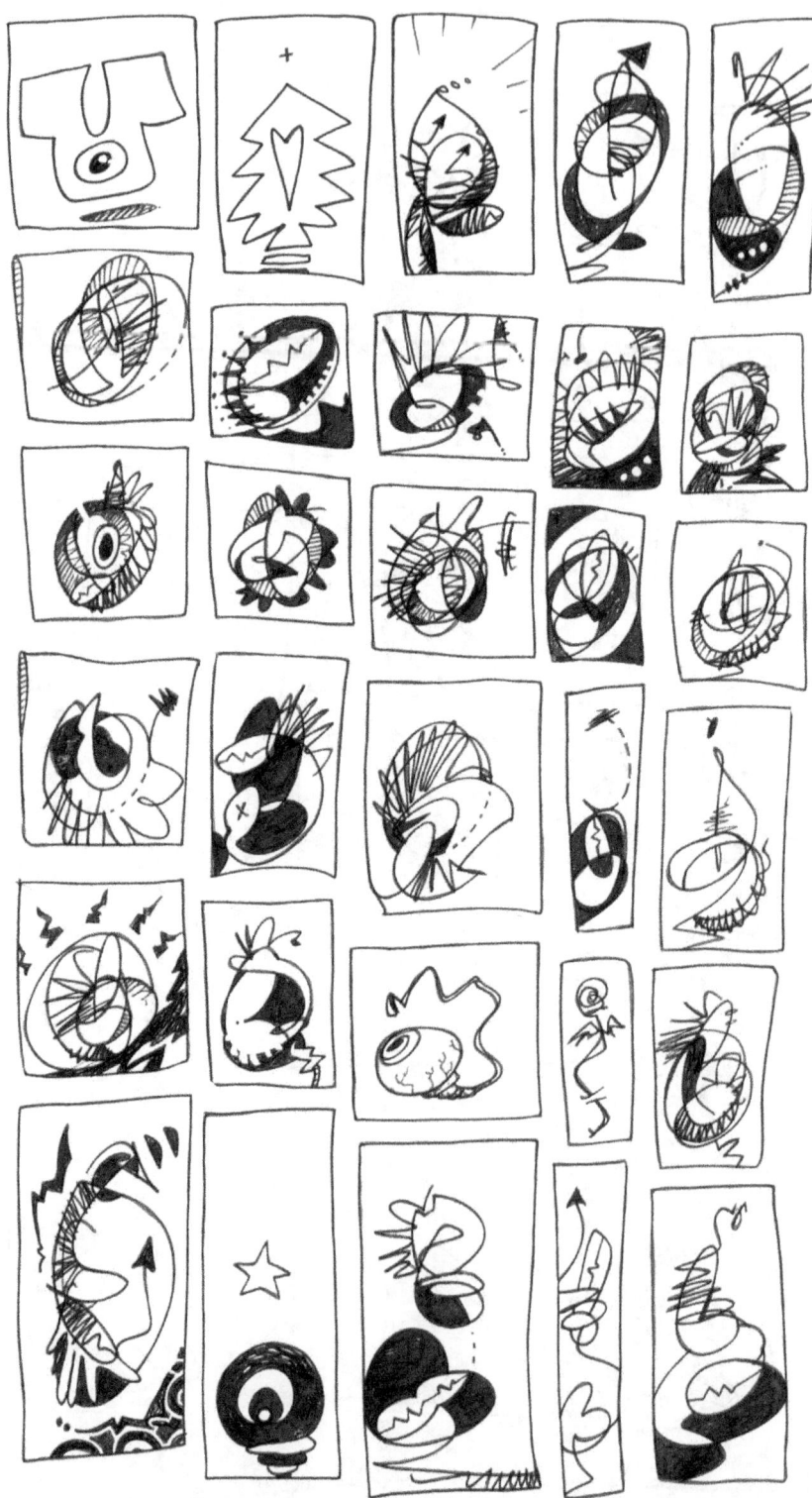

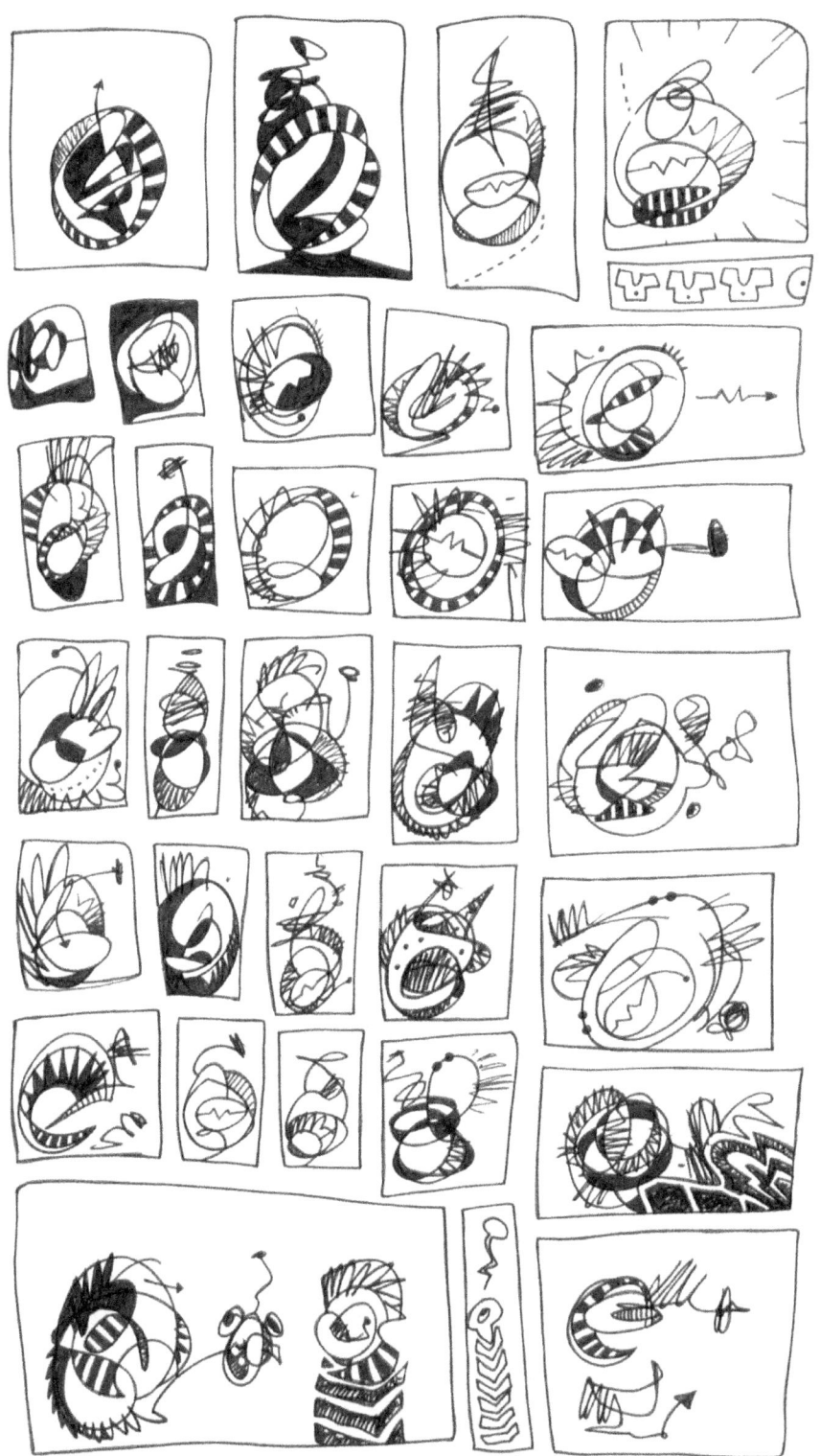

15

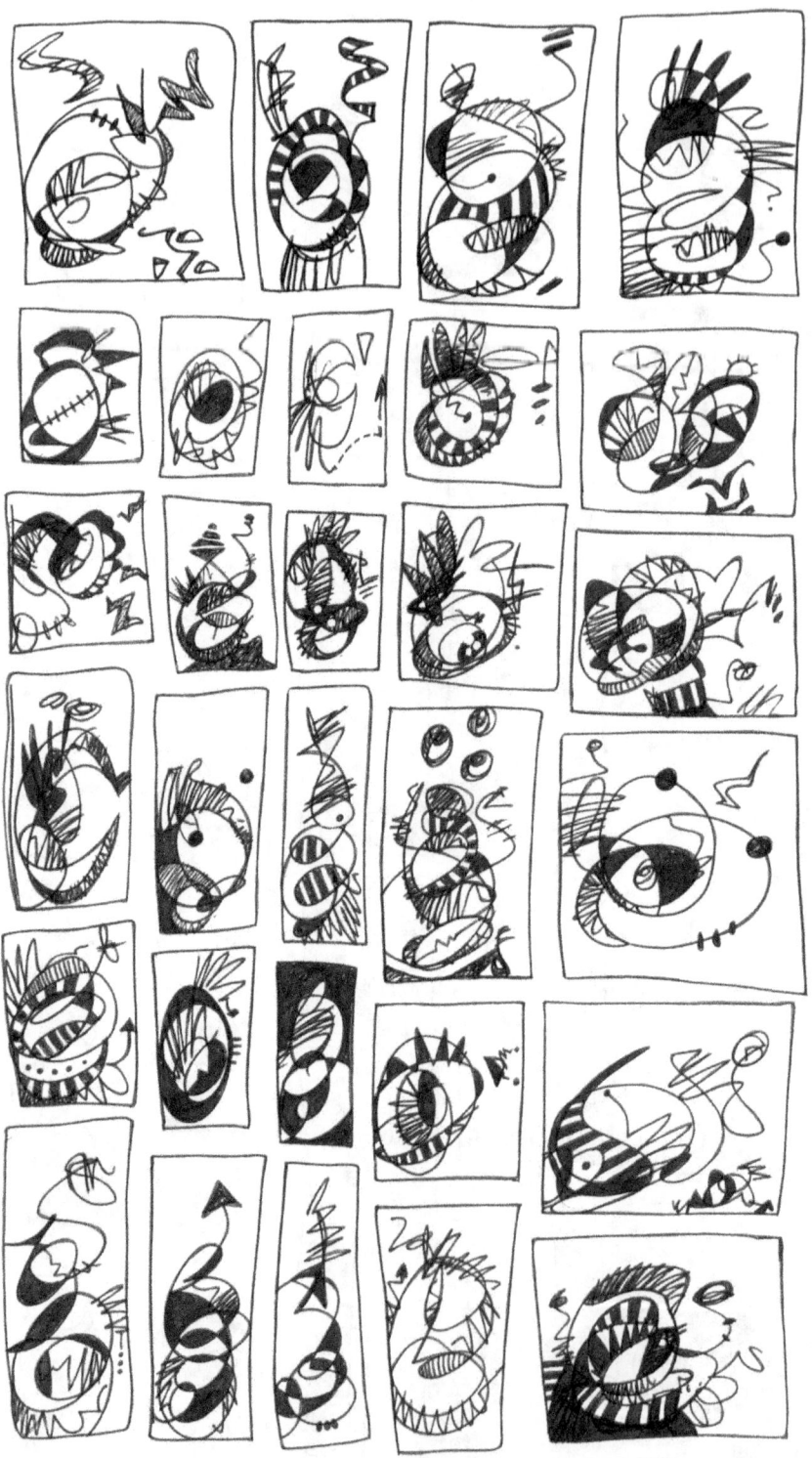

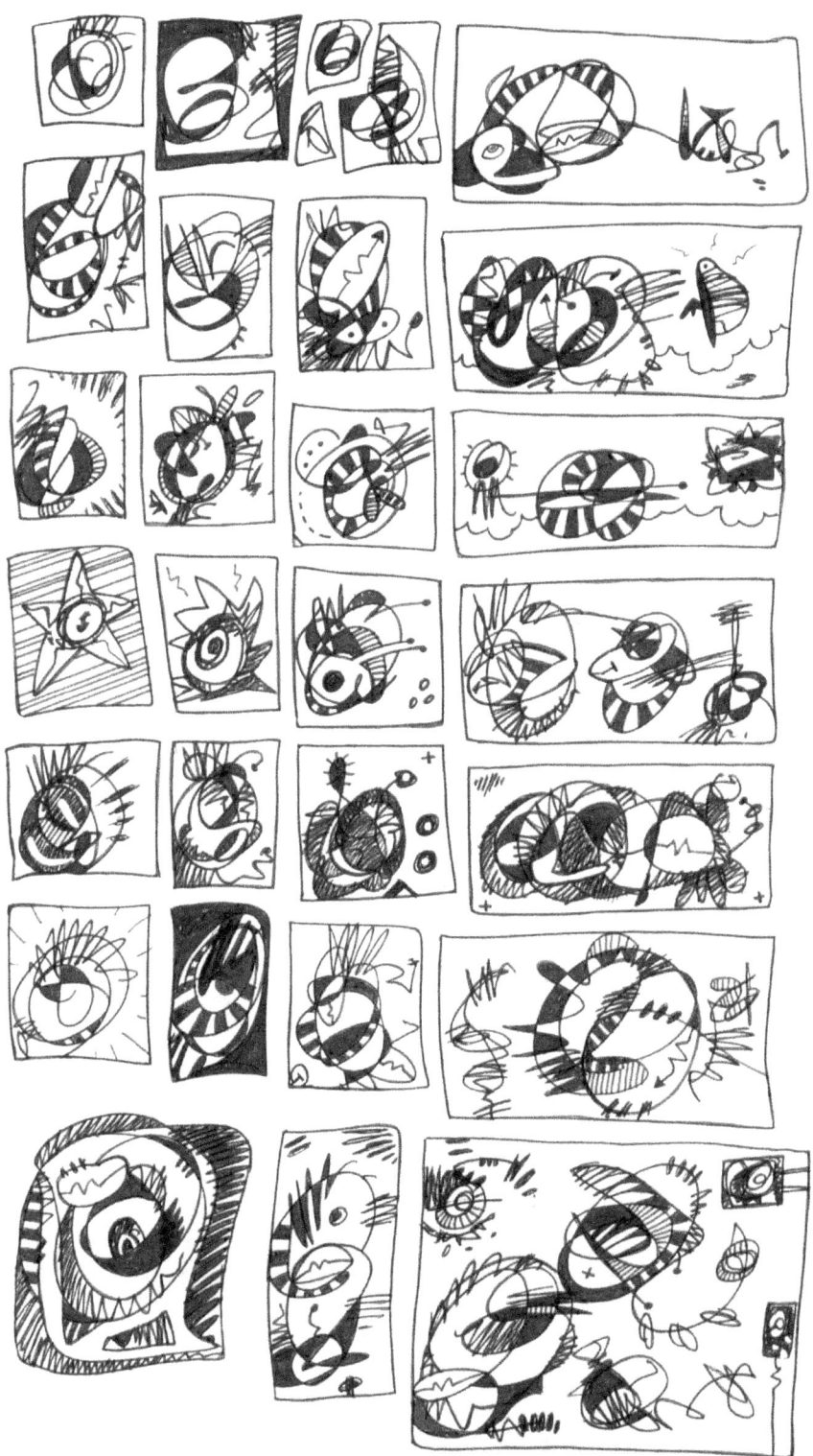

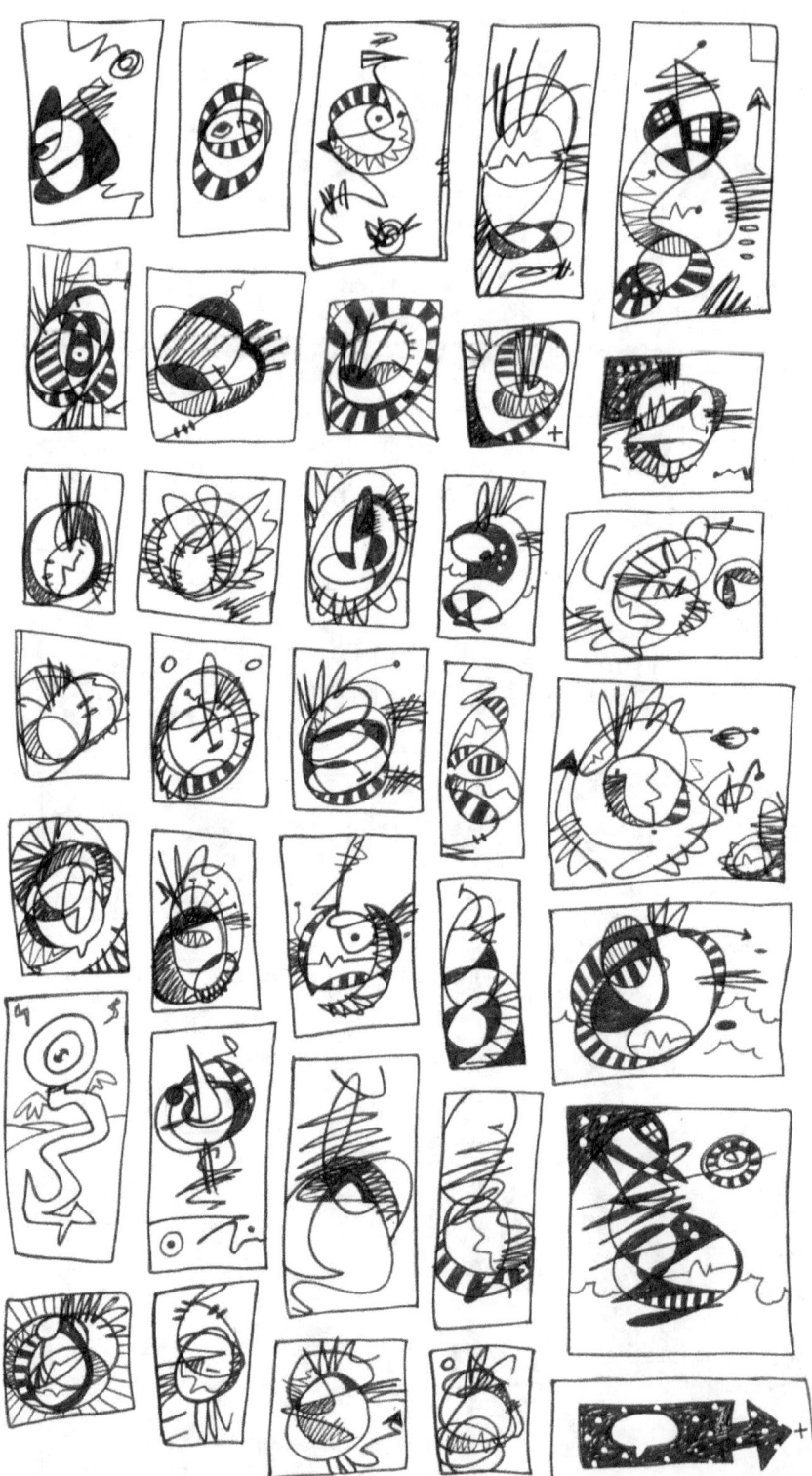

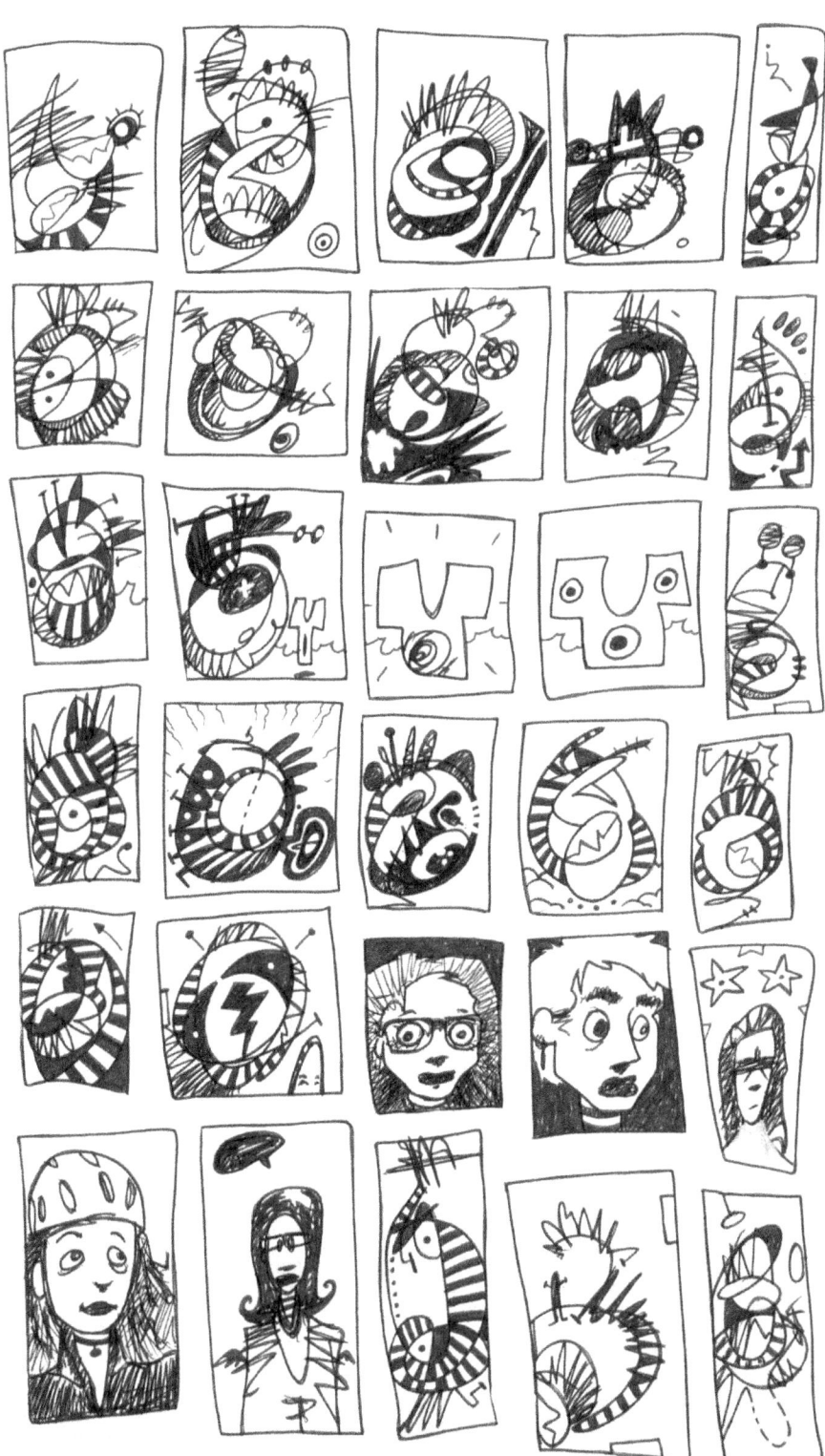

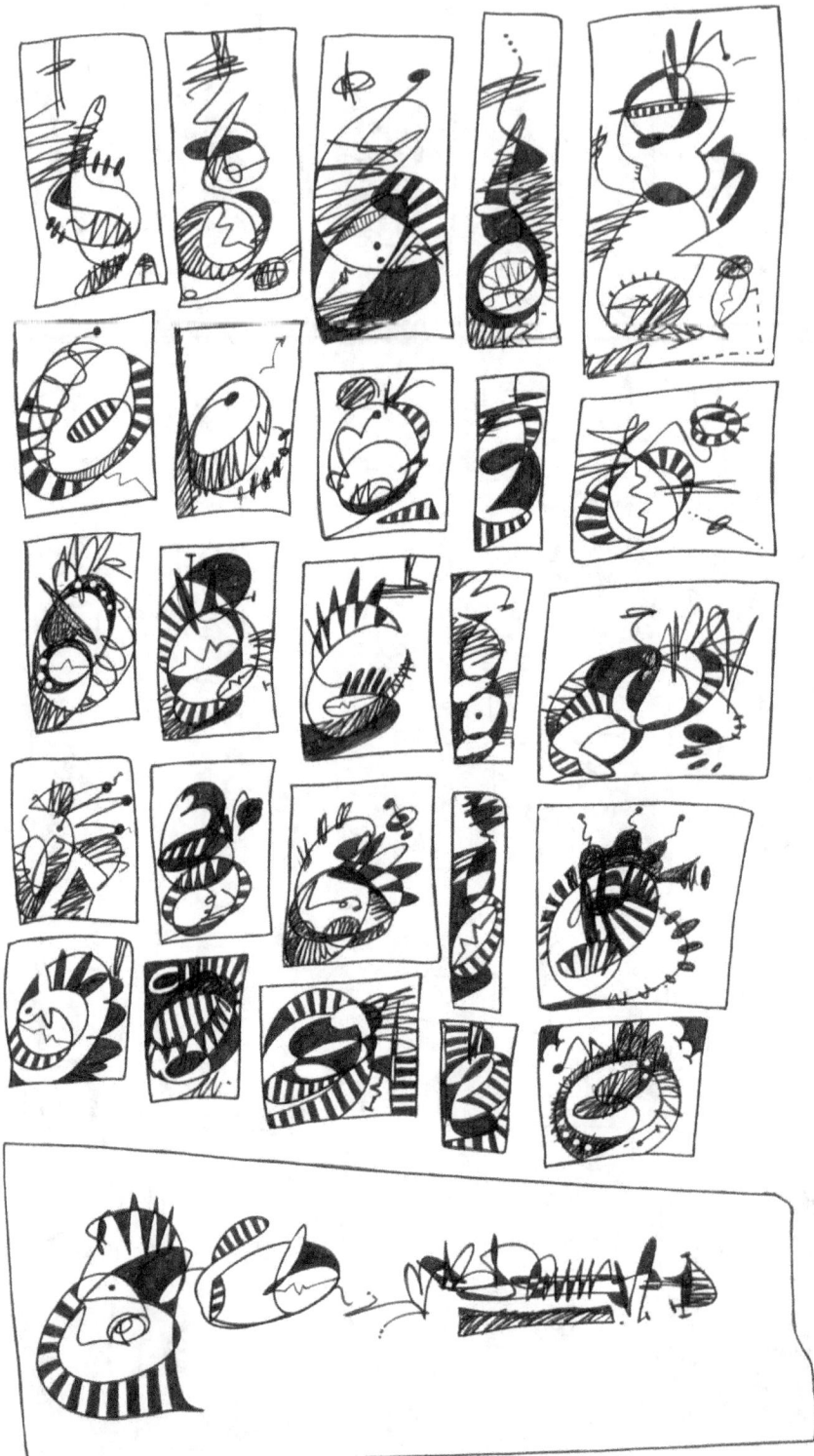

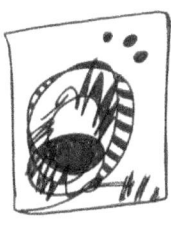
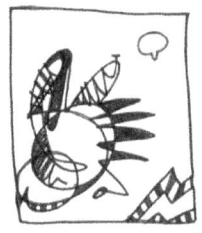
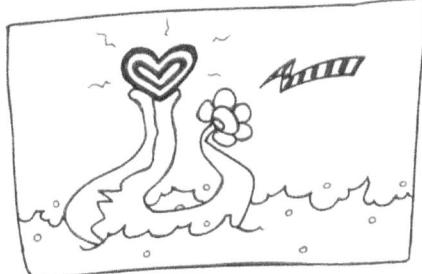
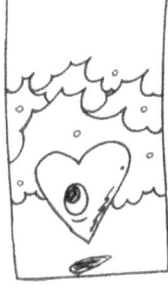
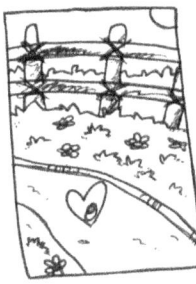
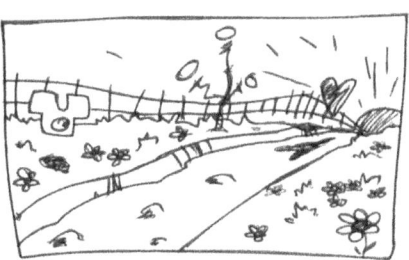
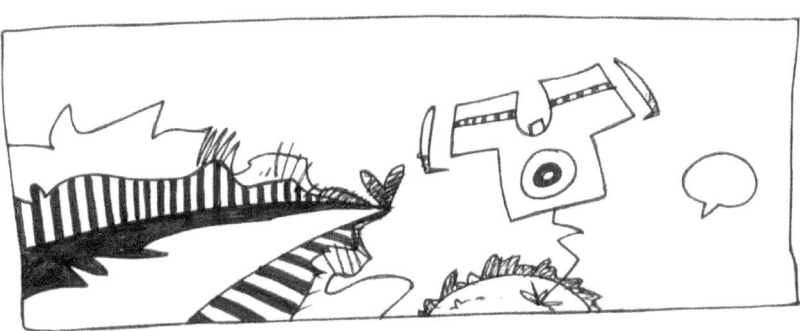
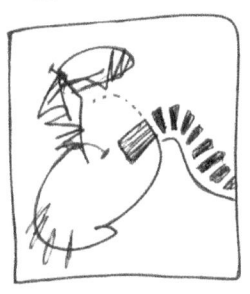
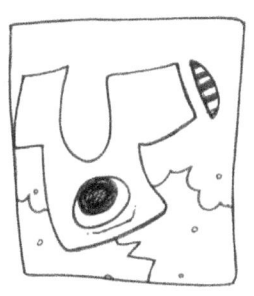
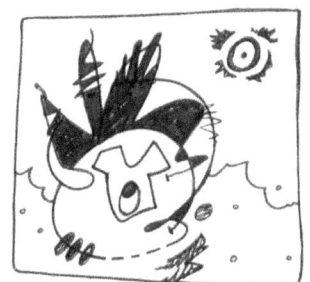
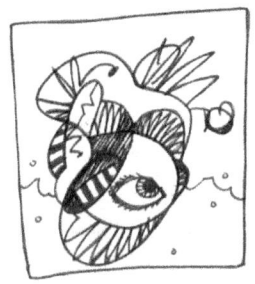
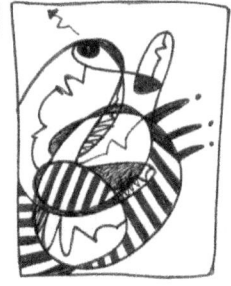
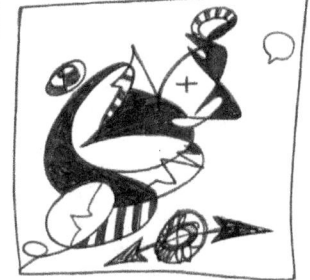

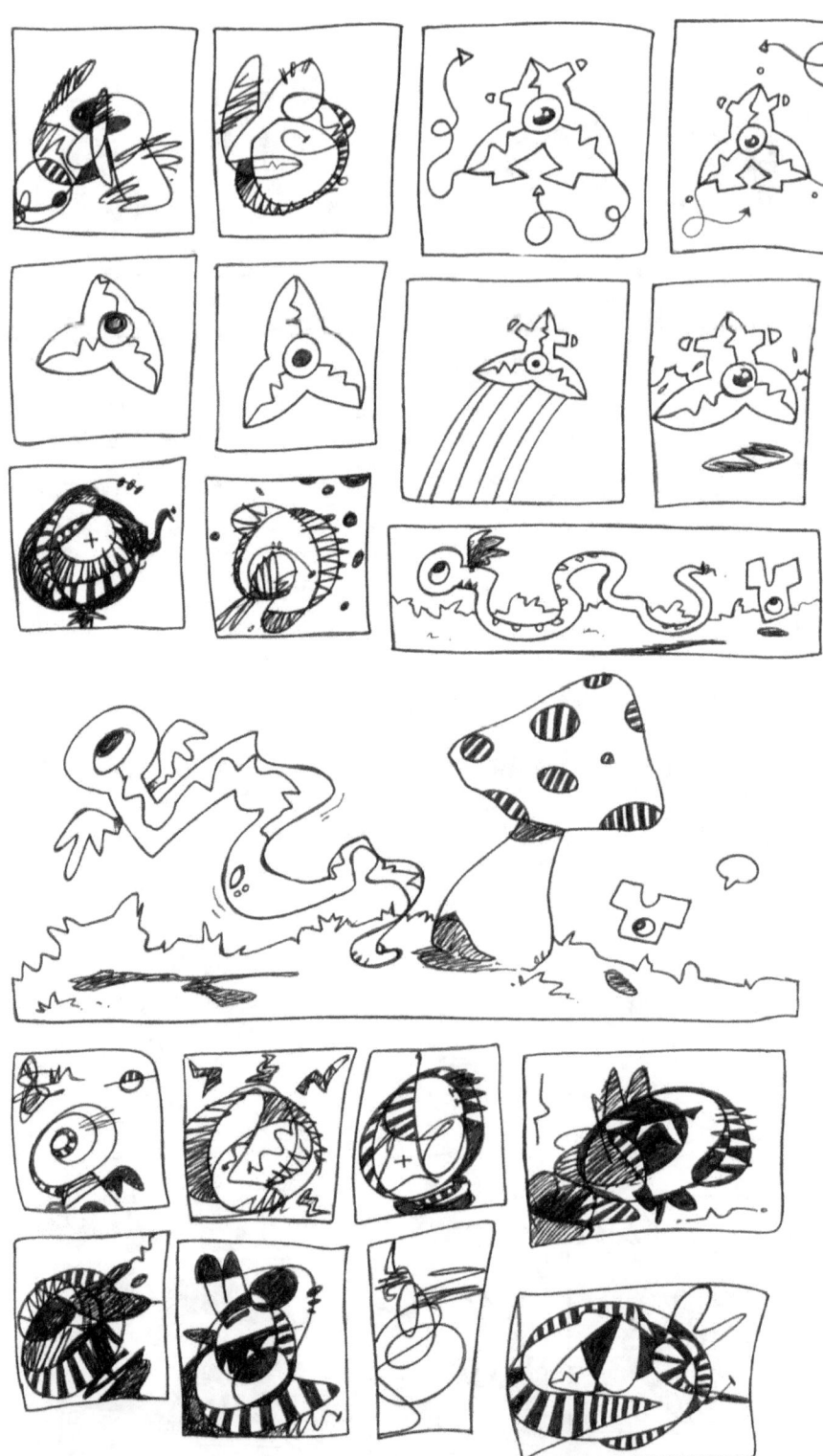

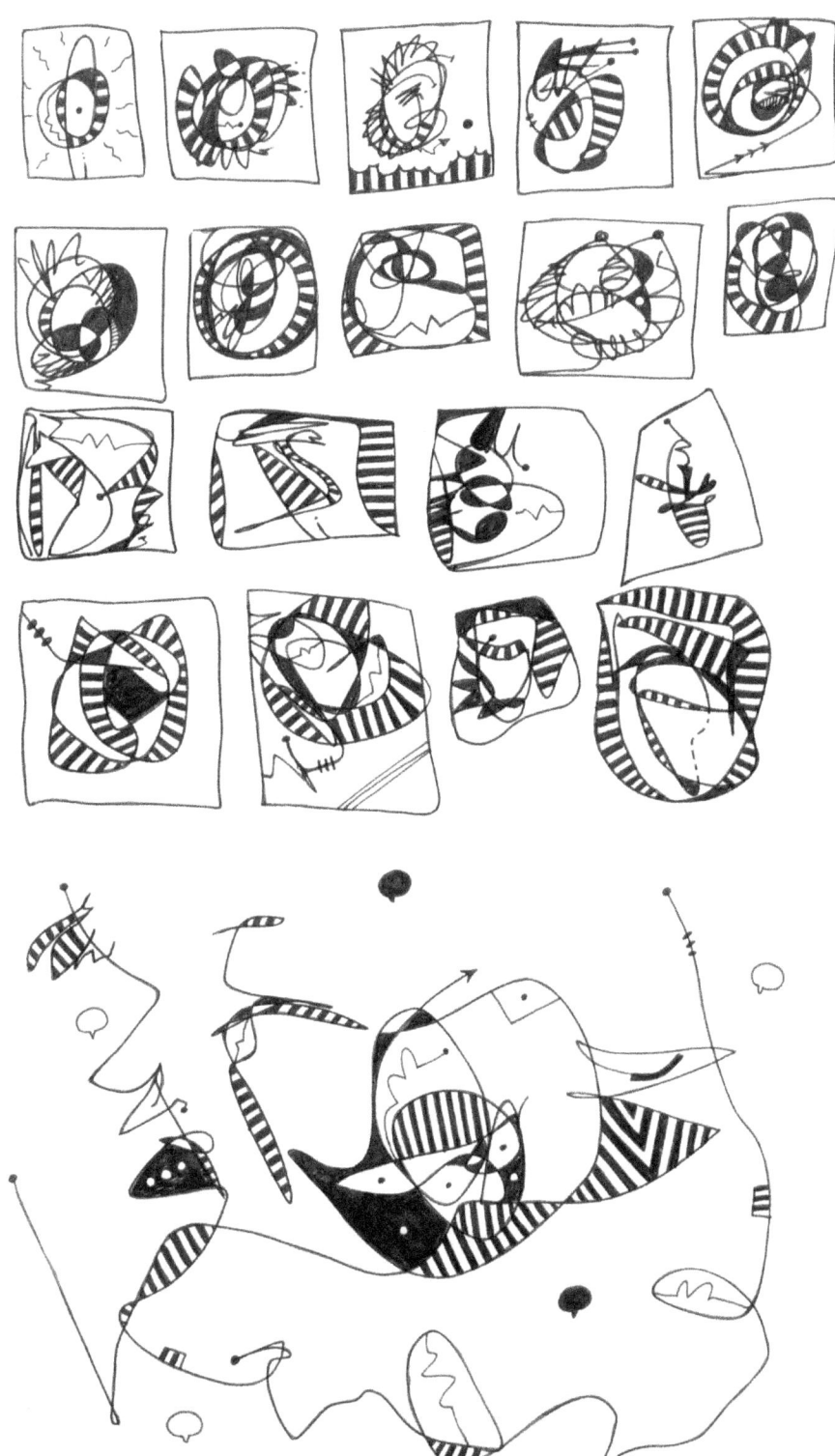

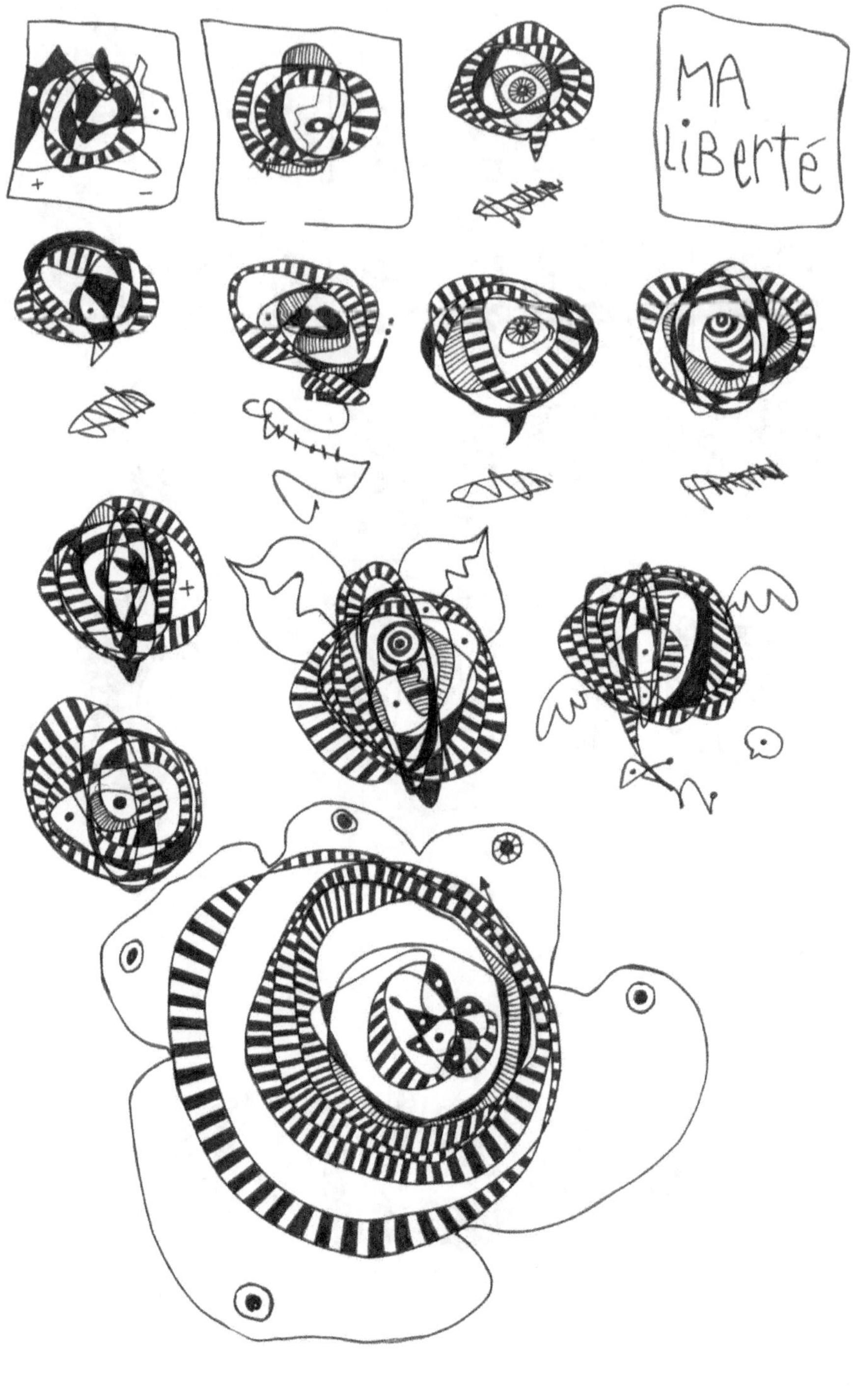

MA
LiBeRTé

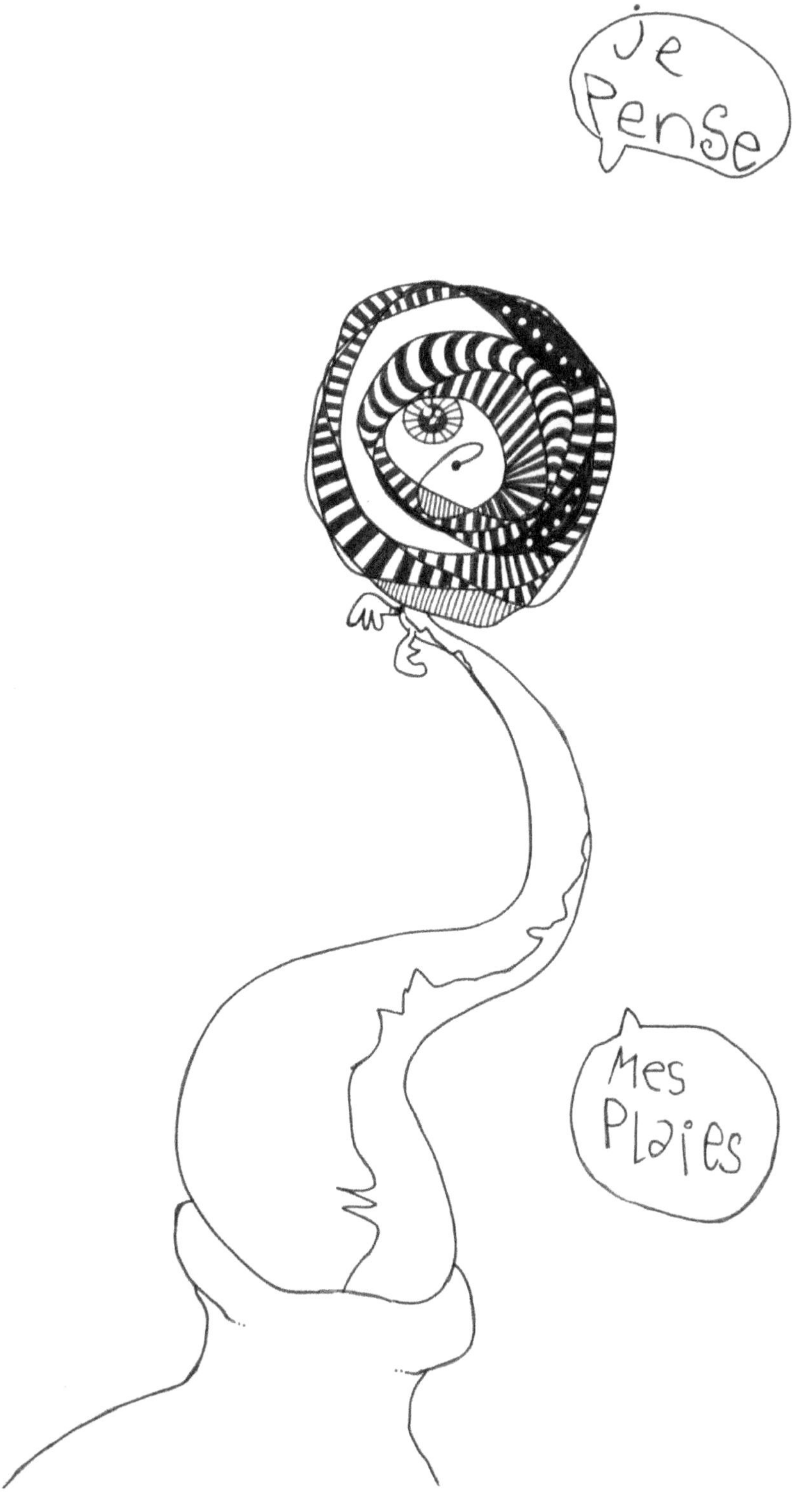

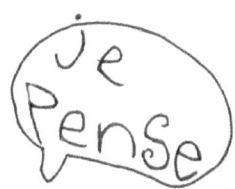

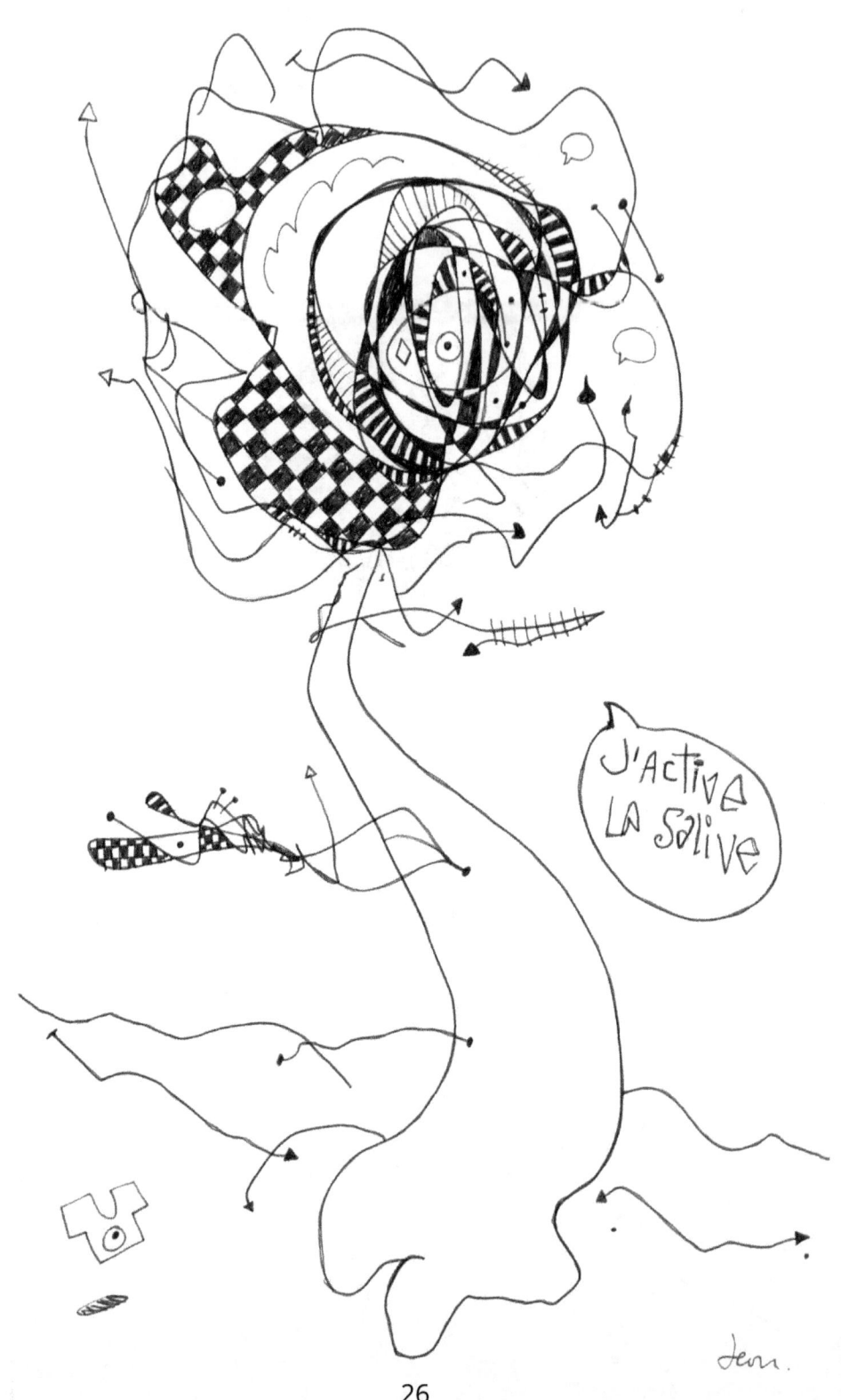

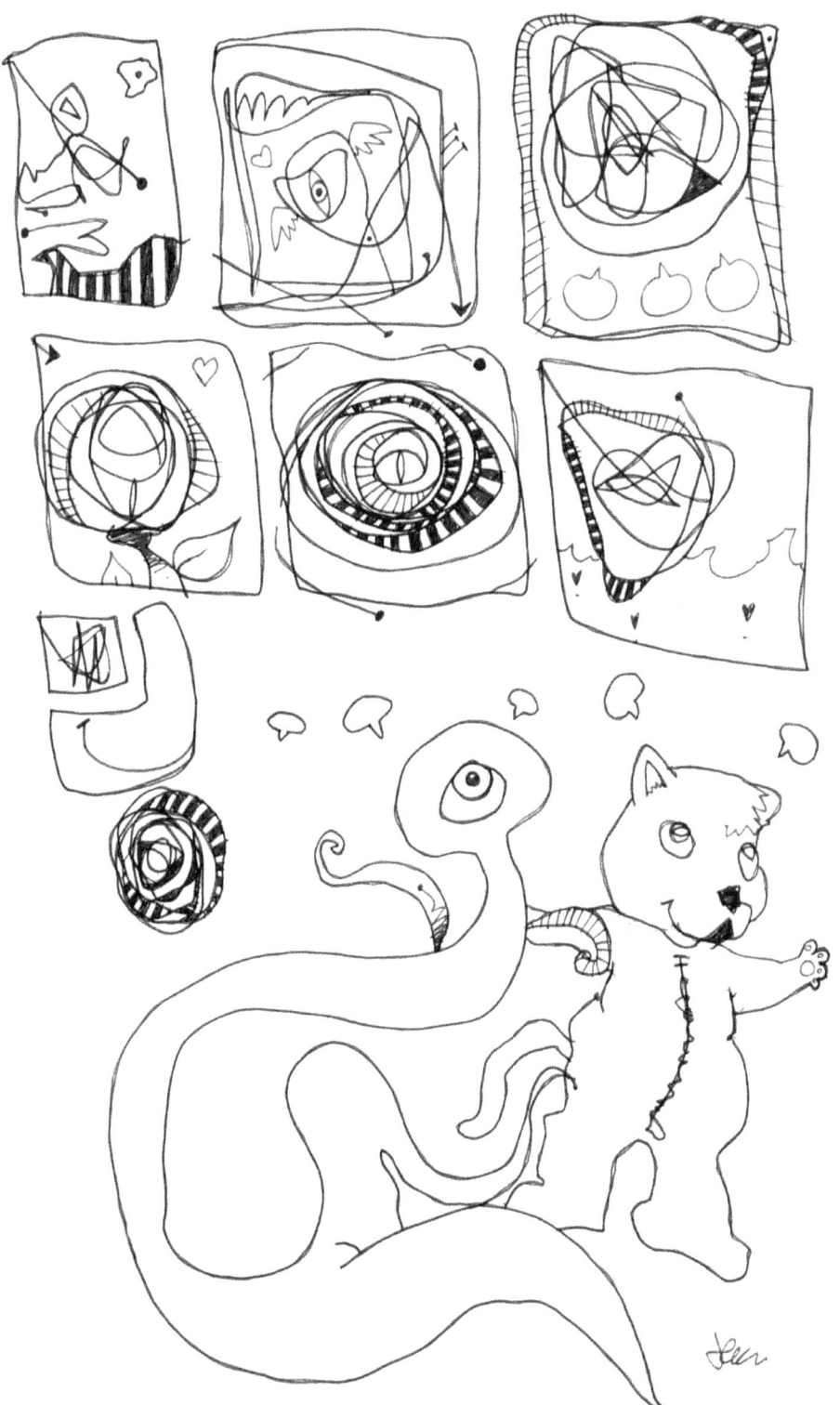

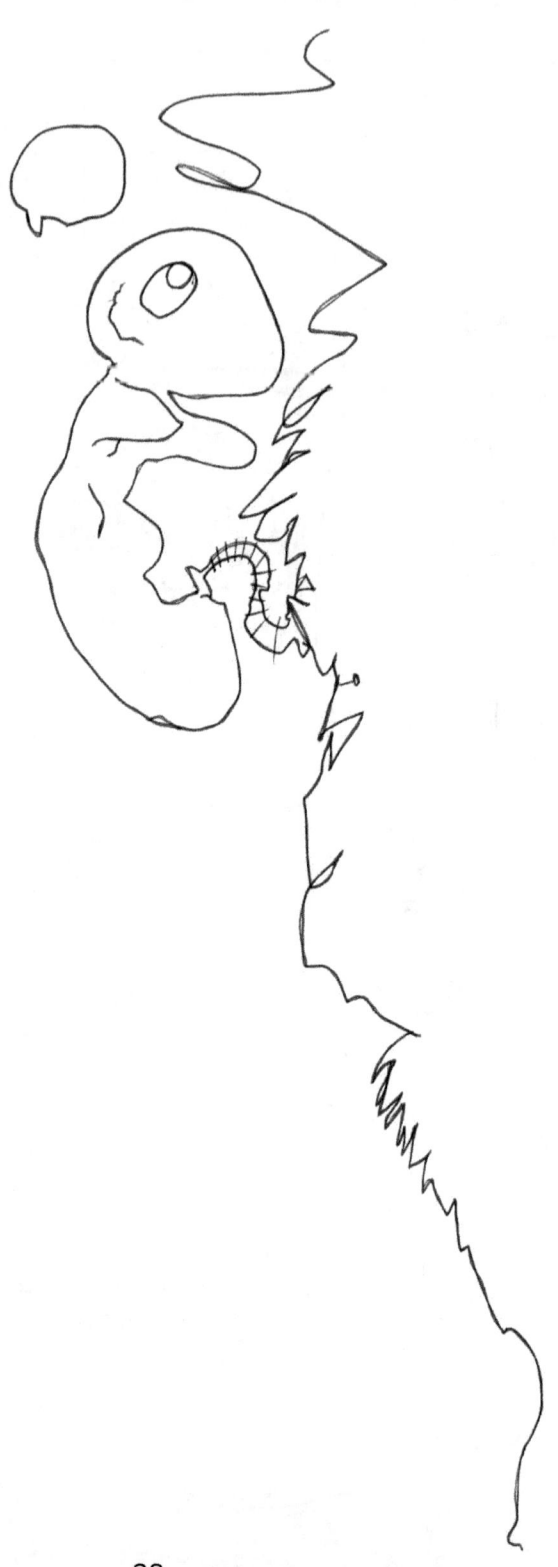

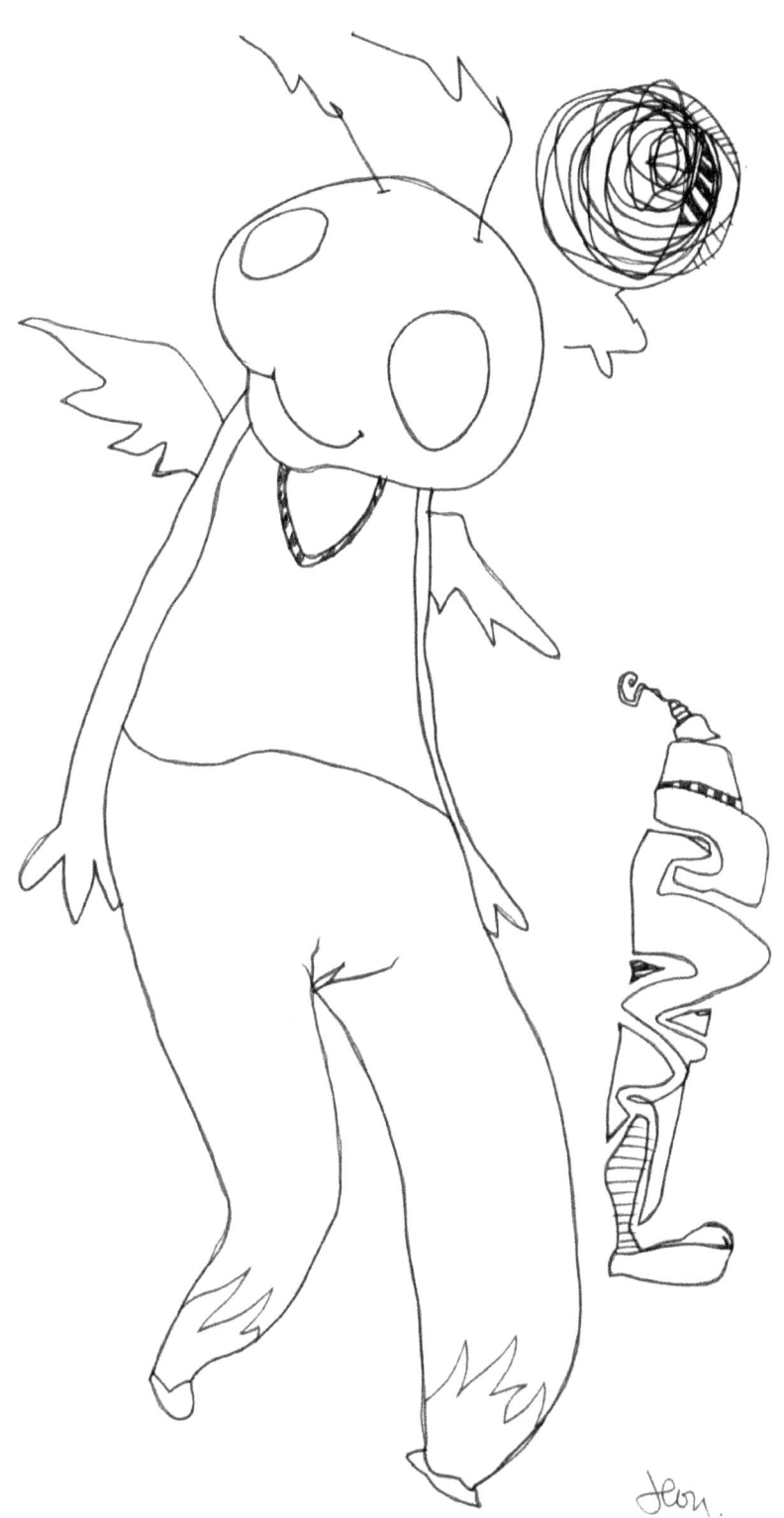

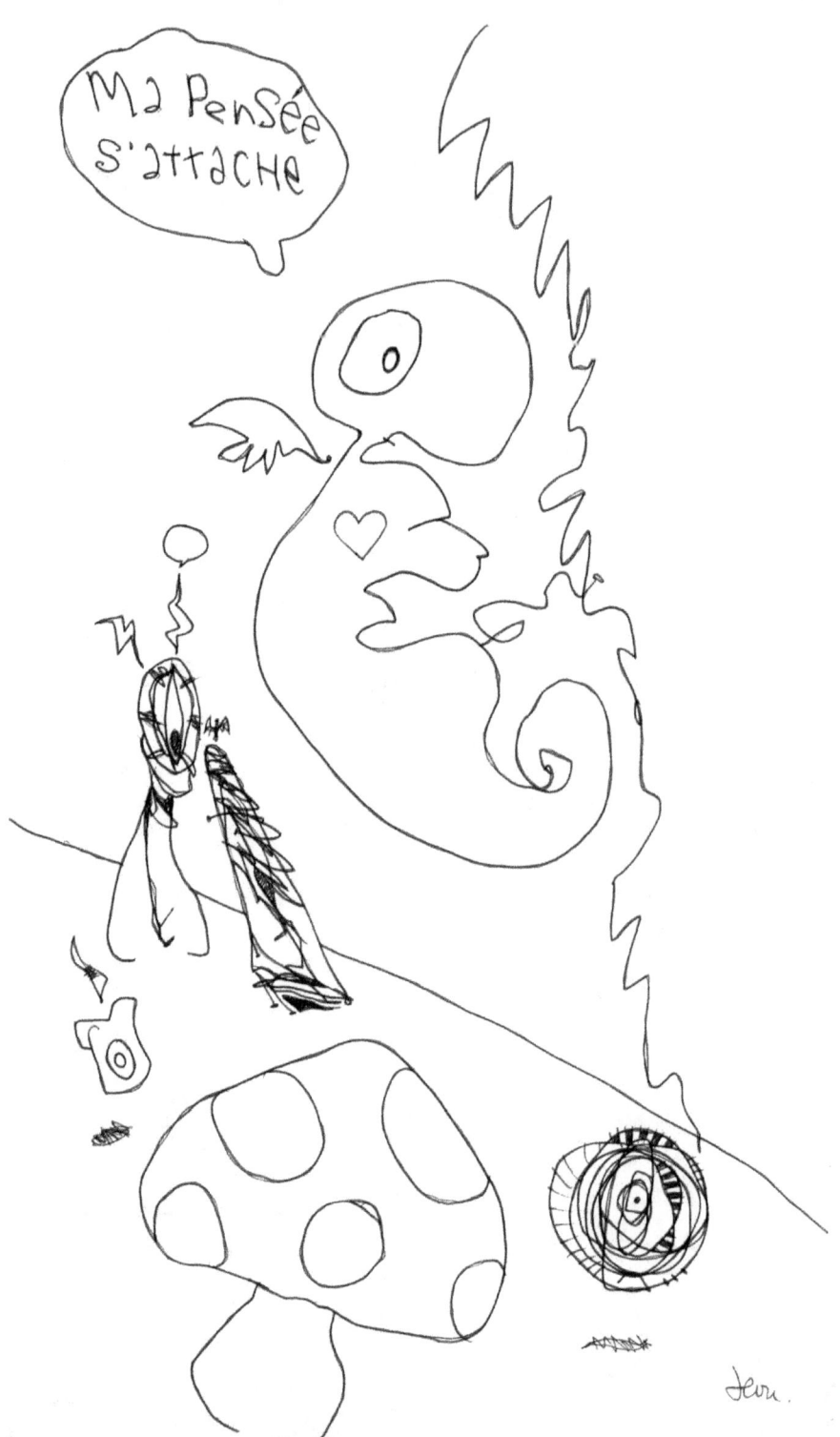

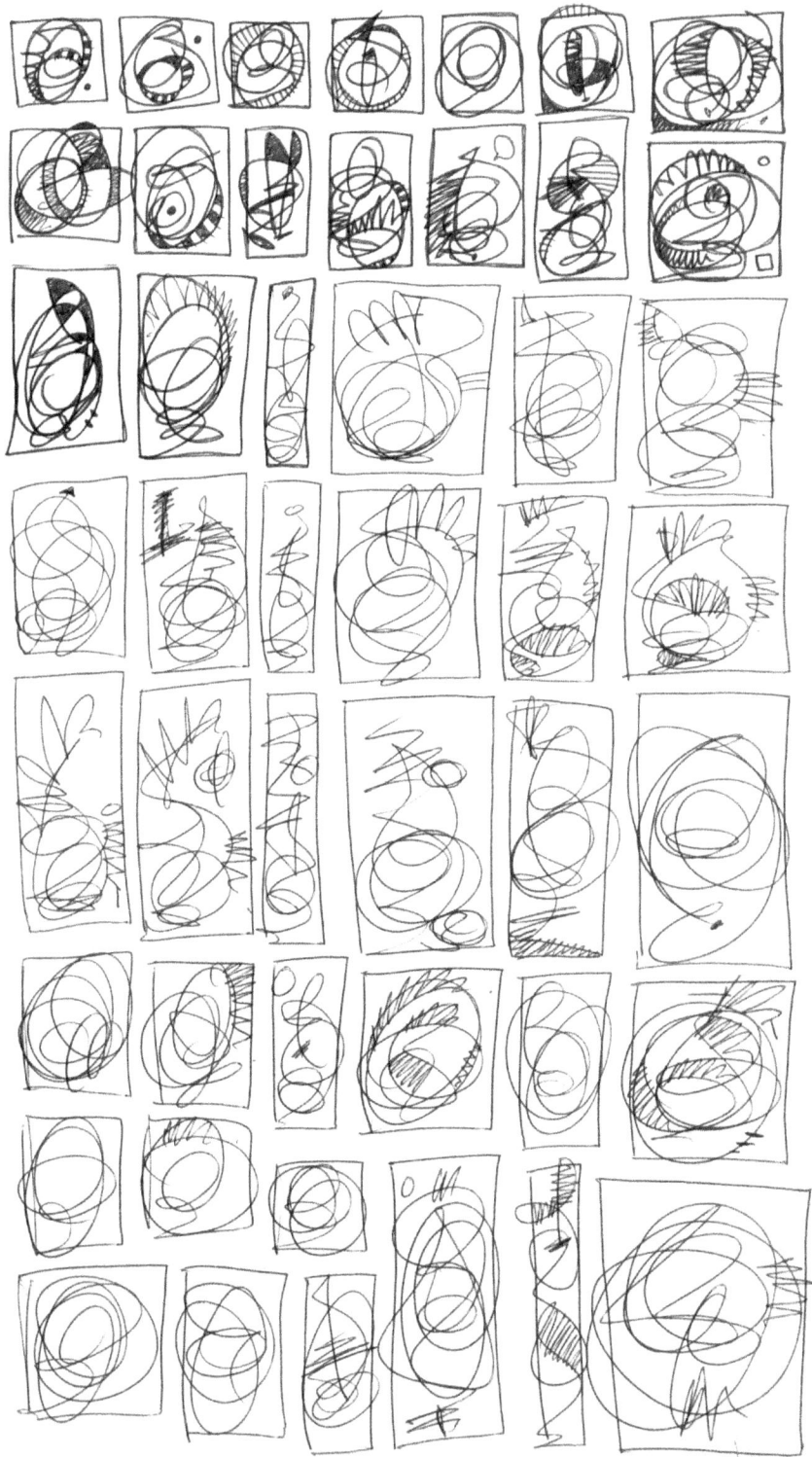

31

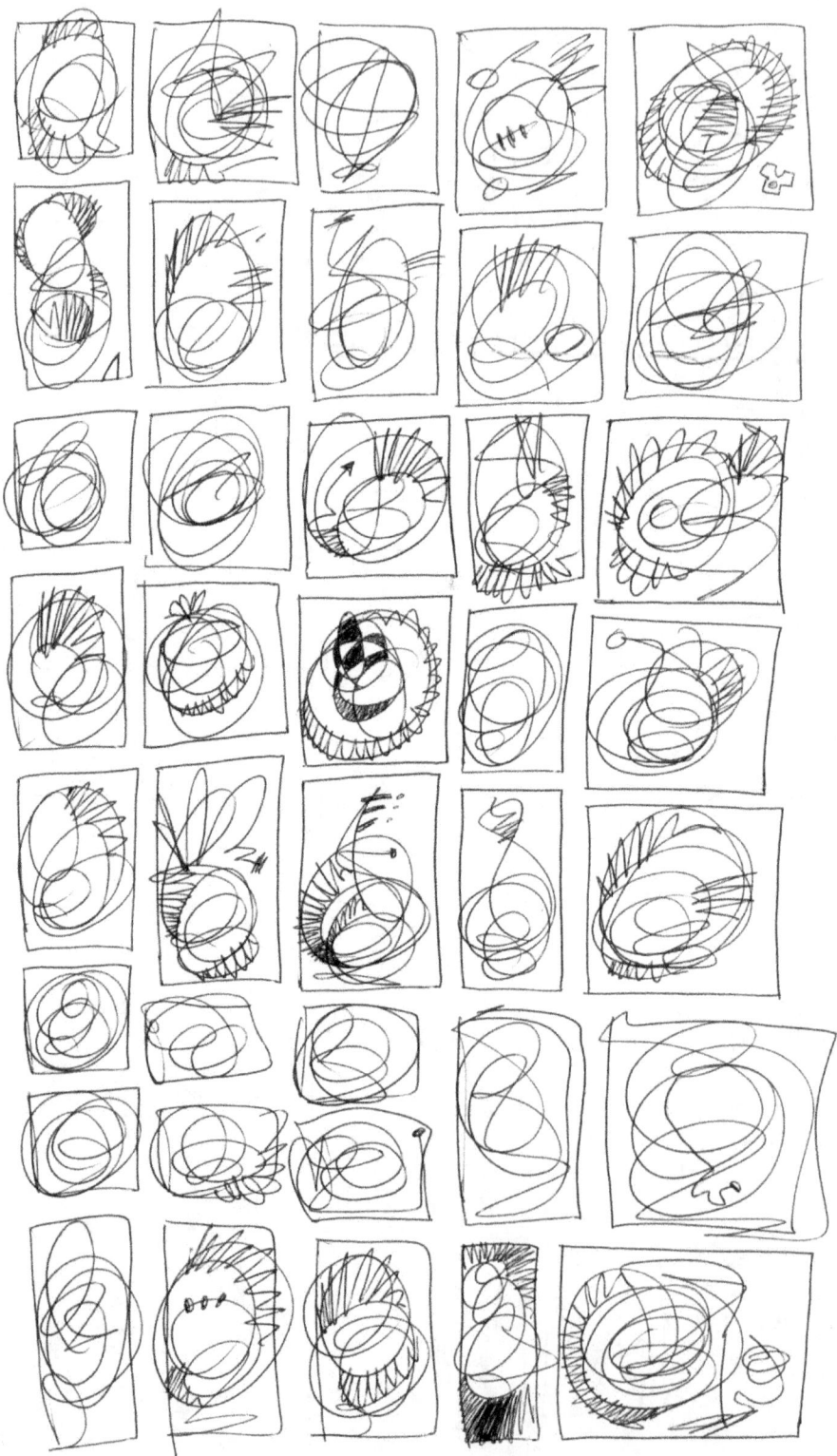

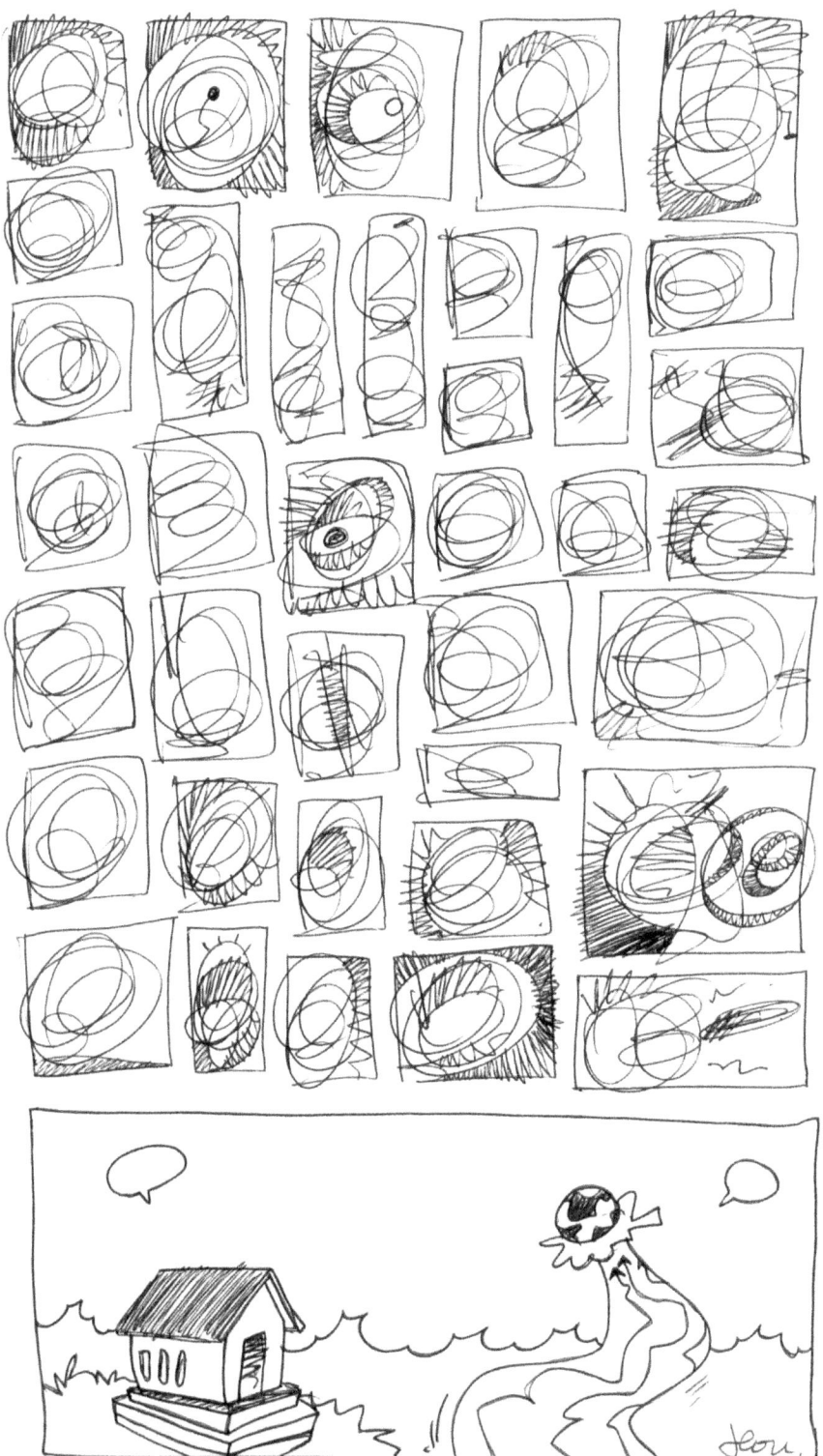

33

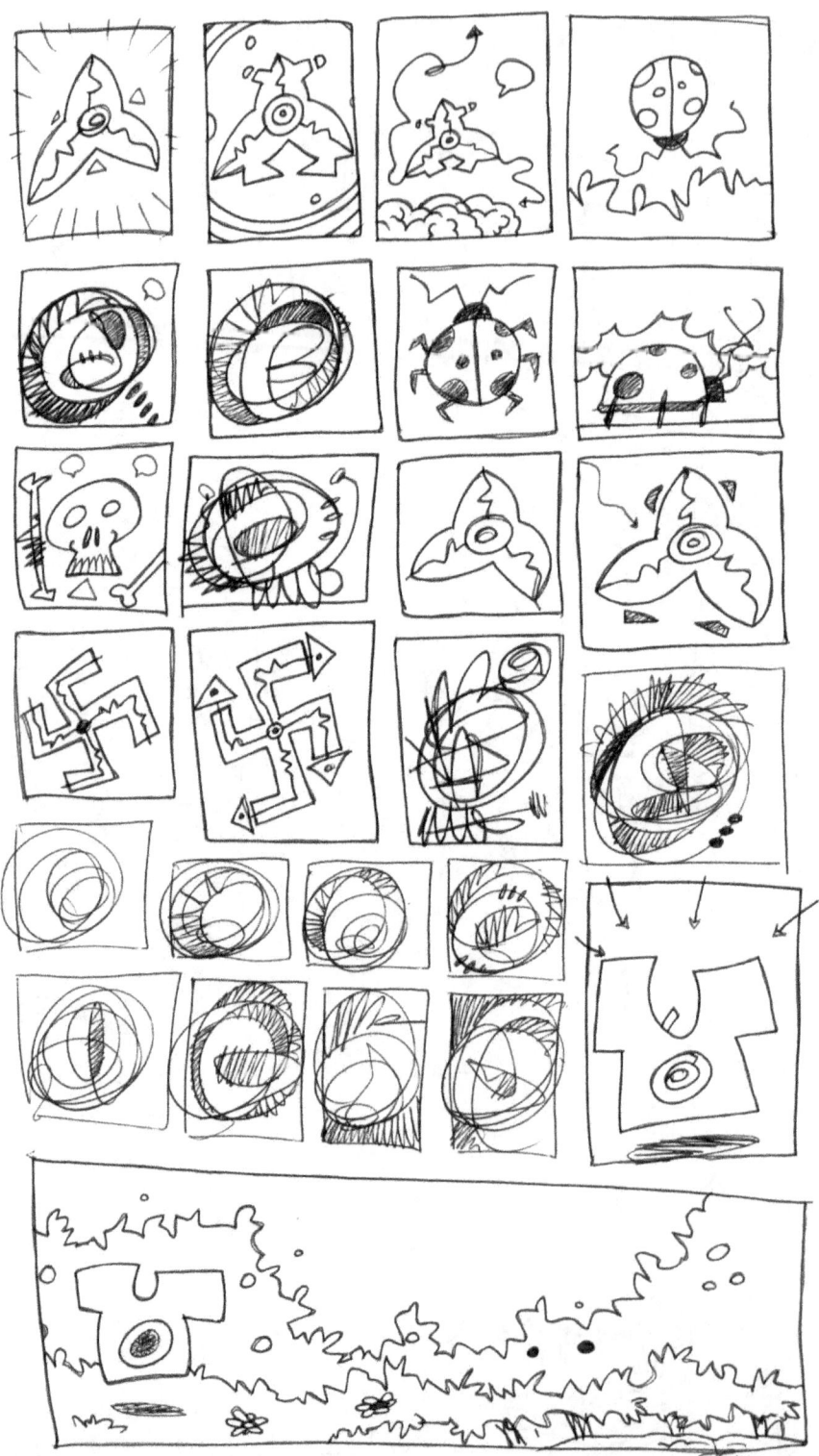

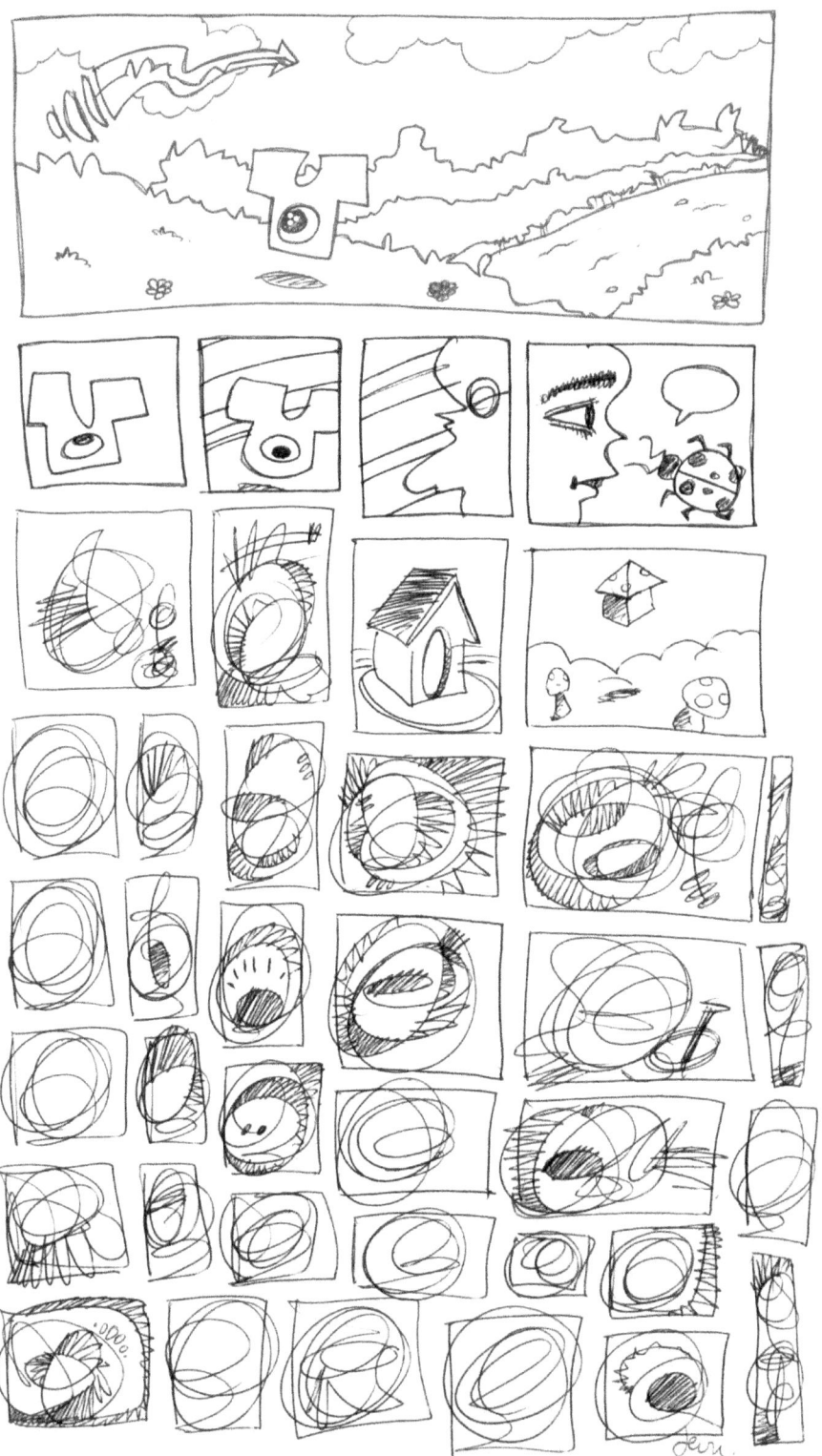

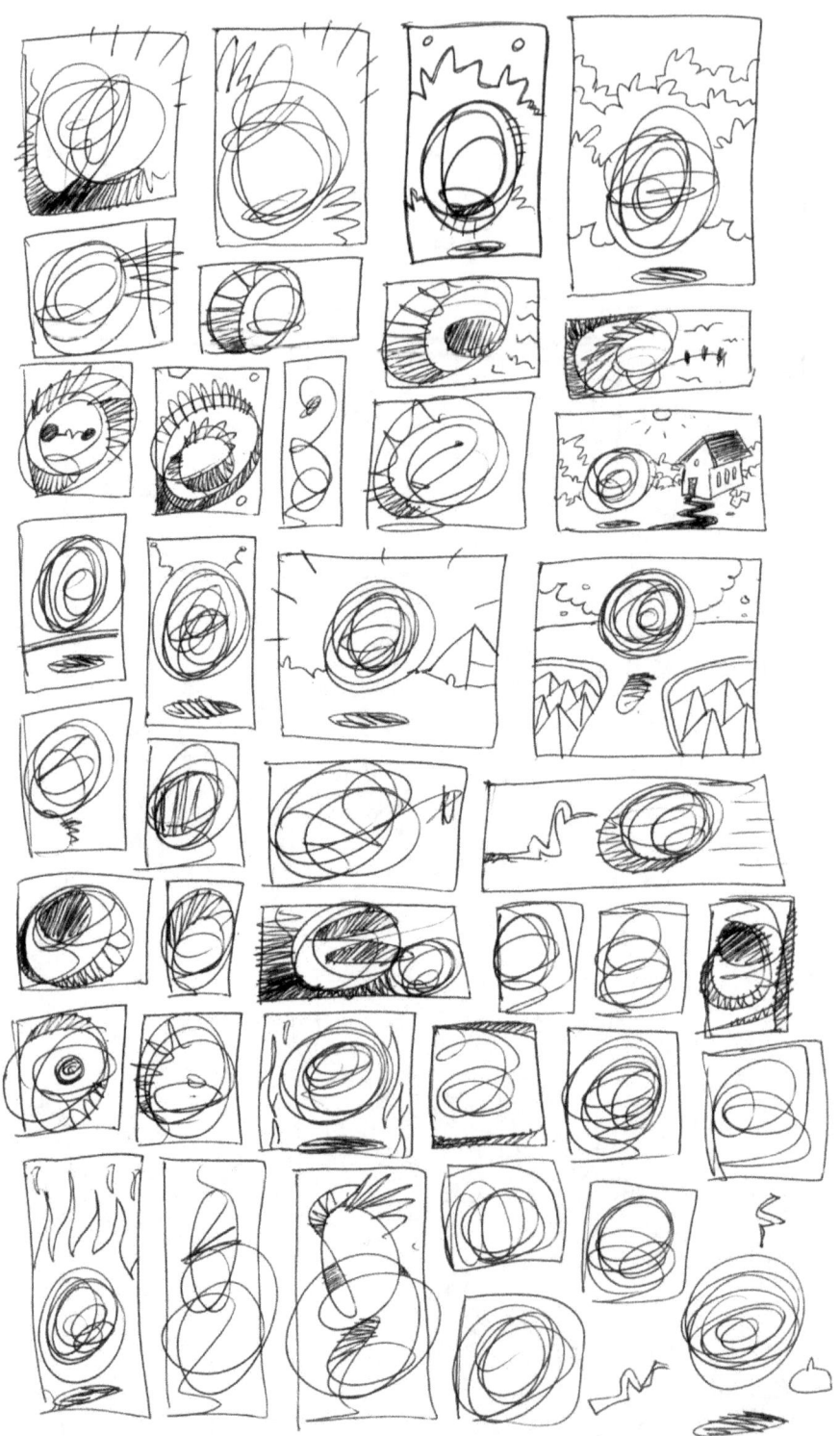

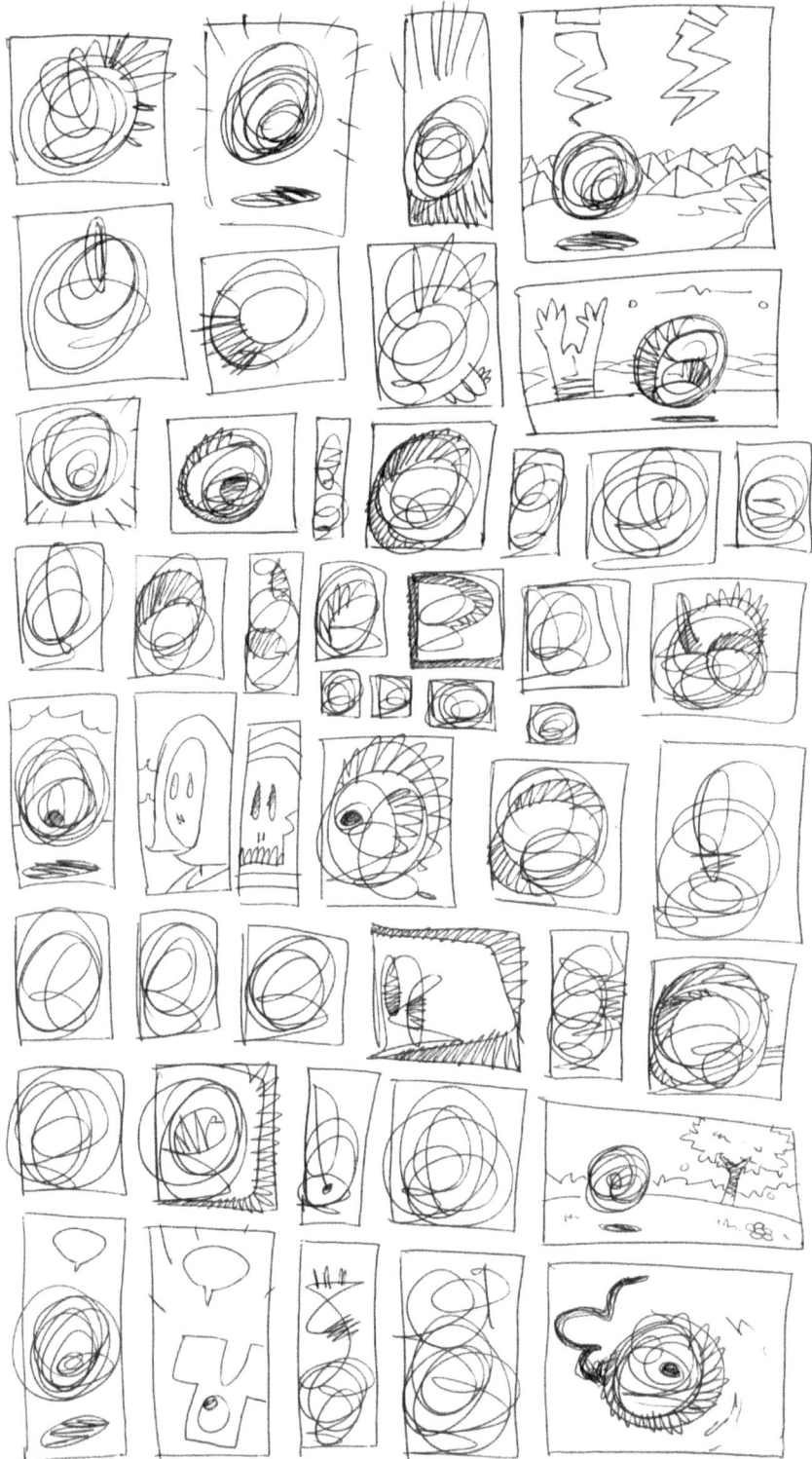

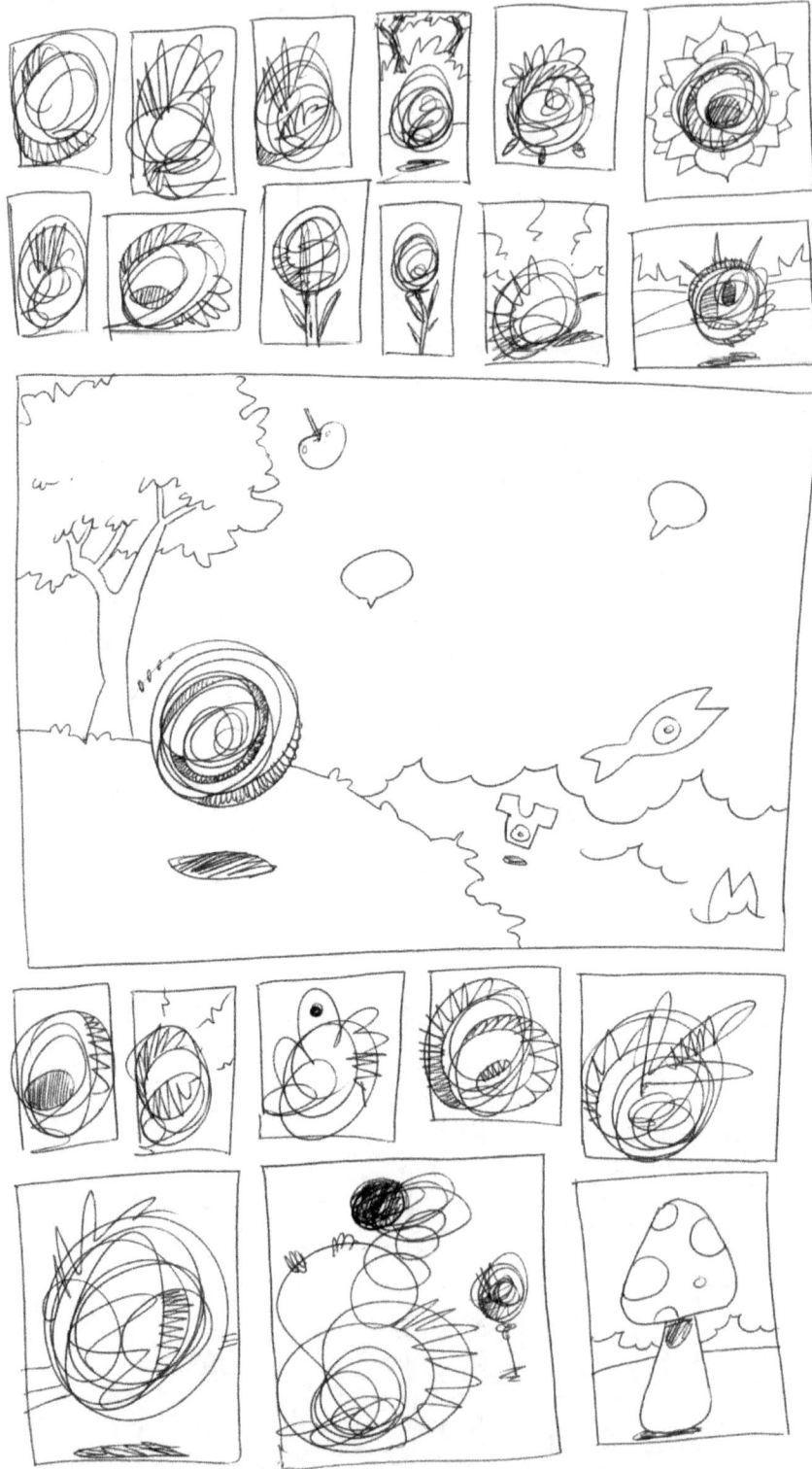

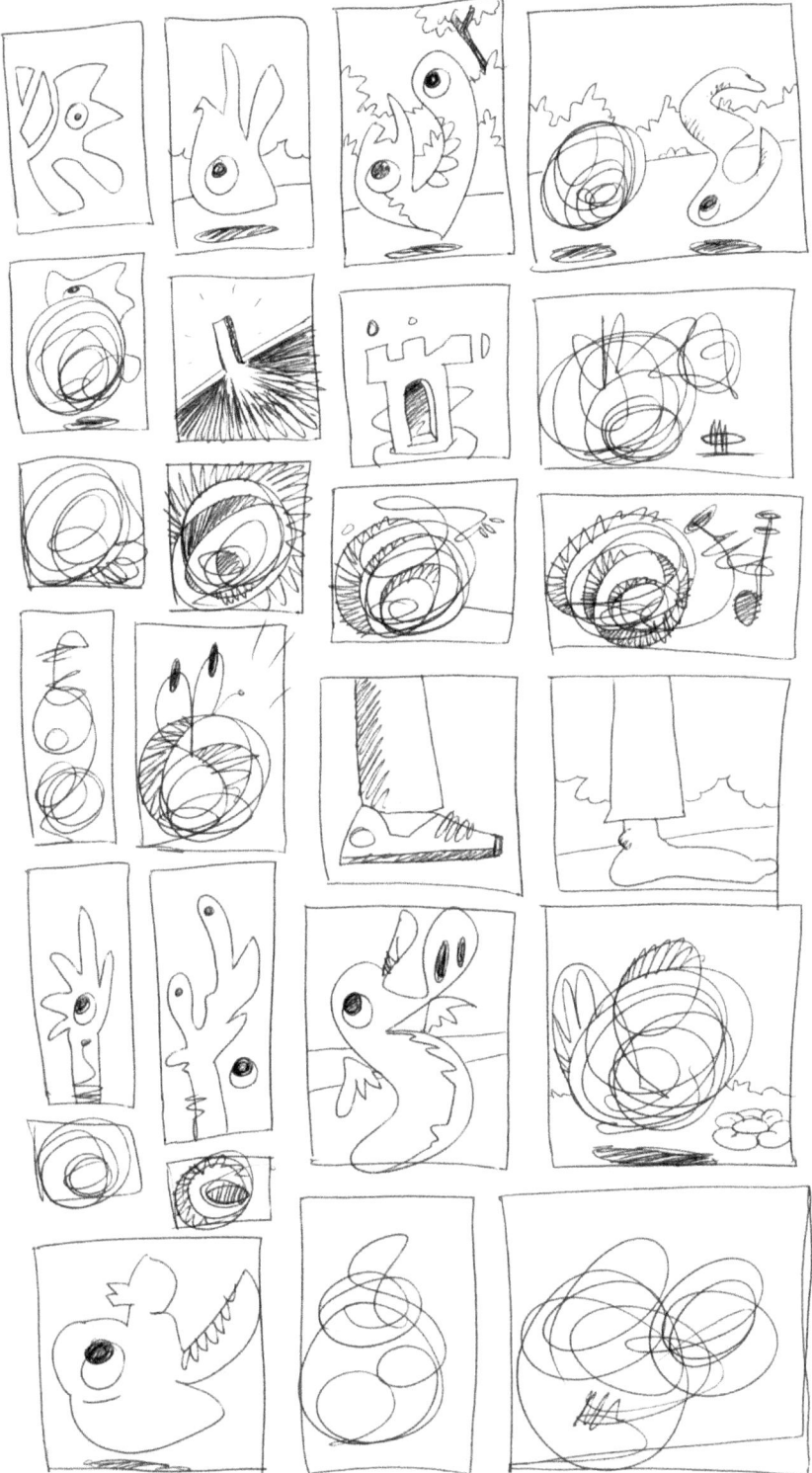

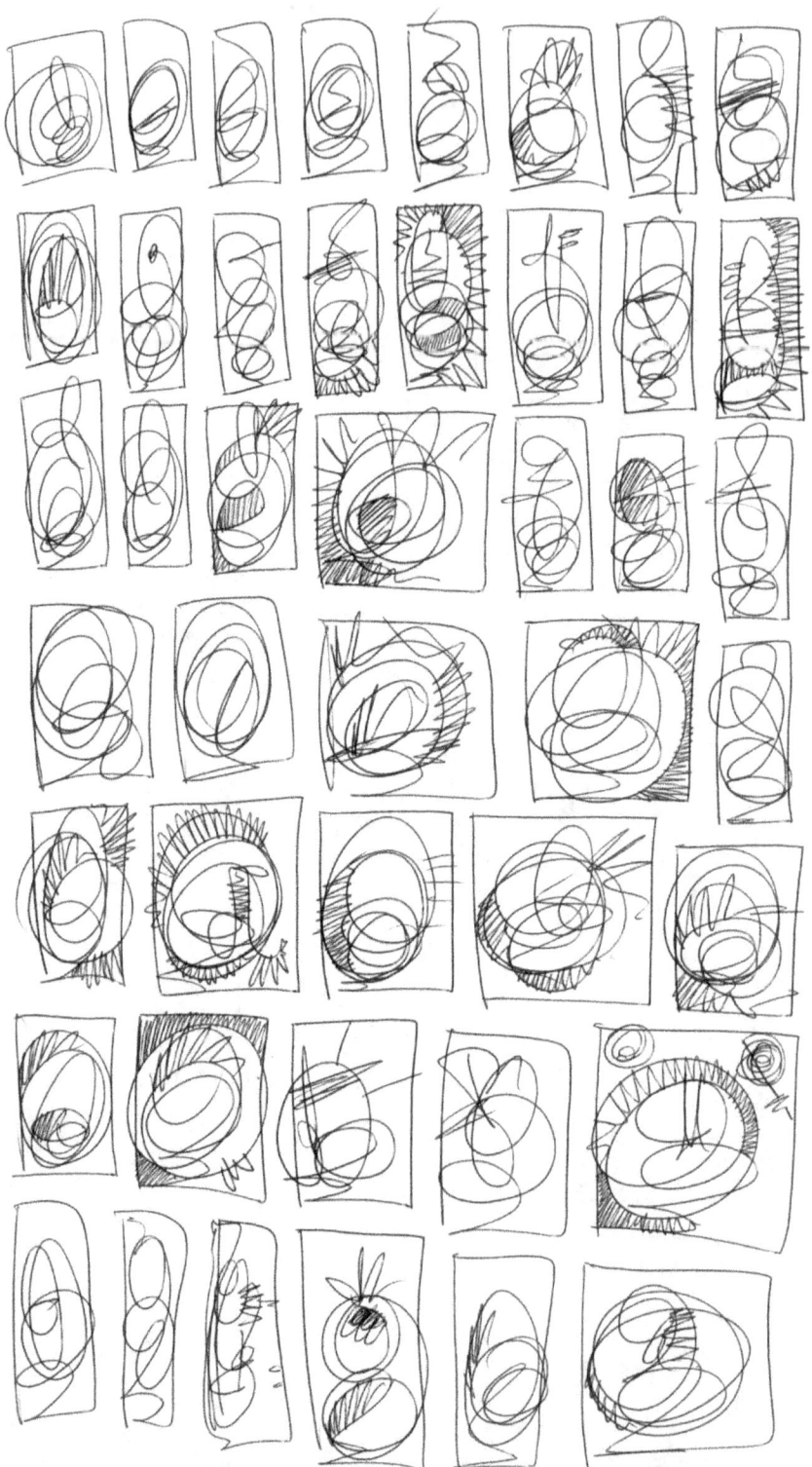

40

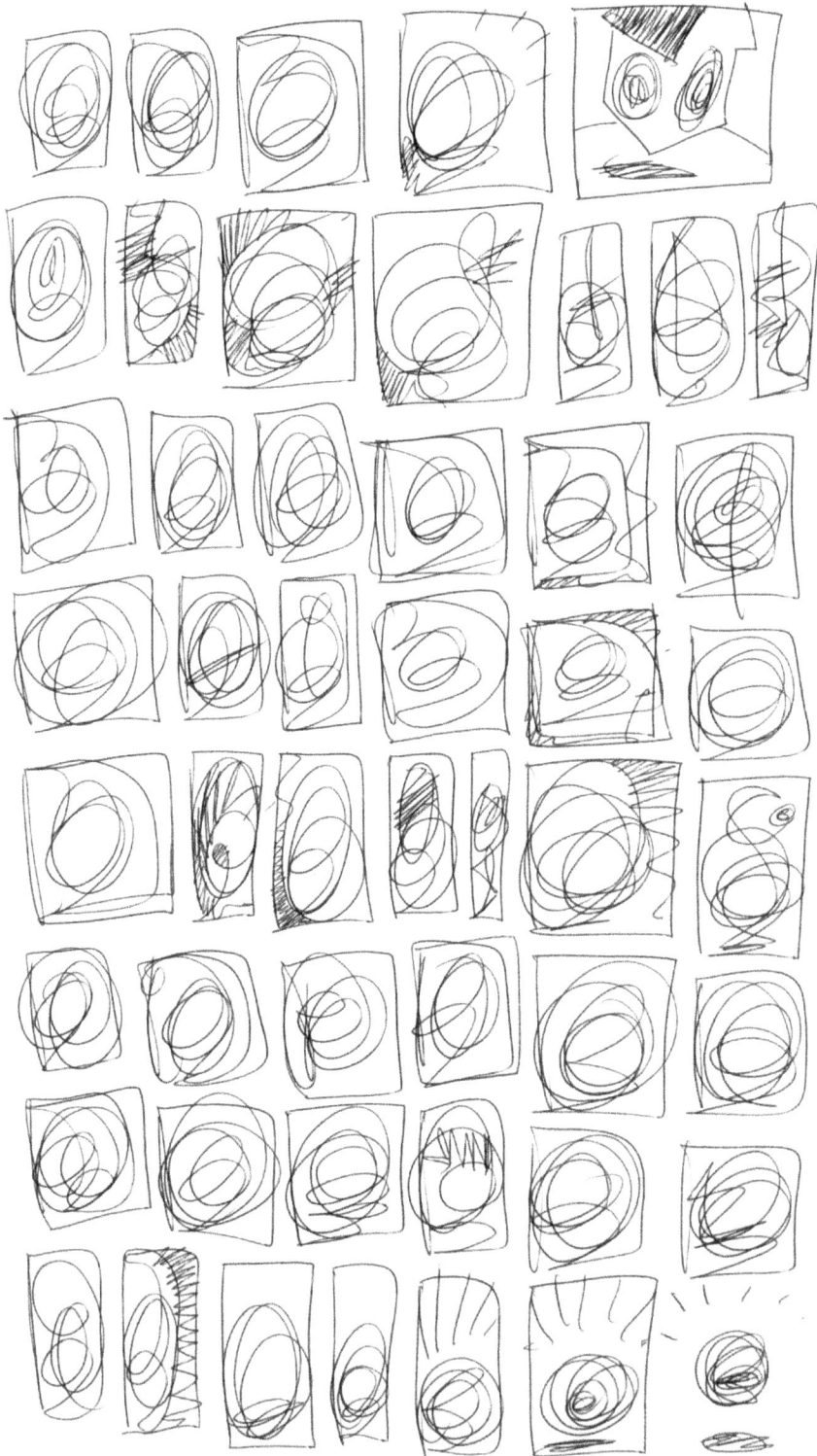

41

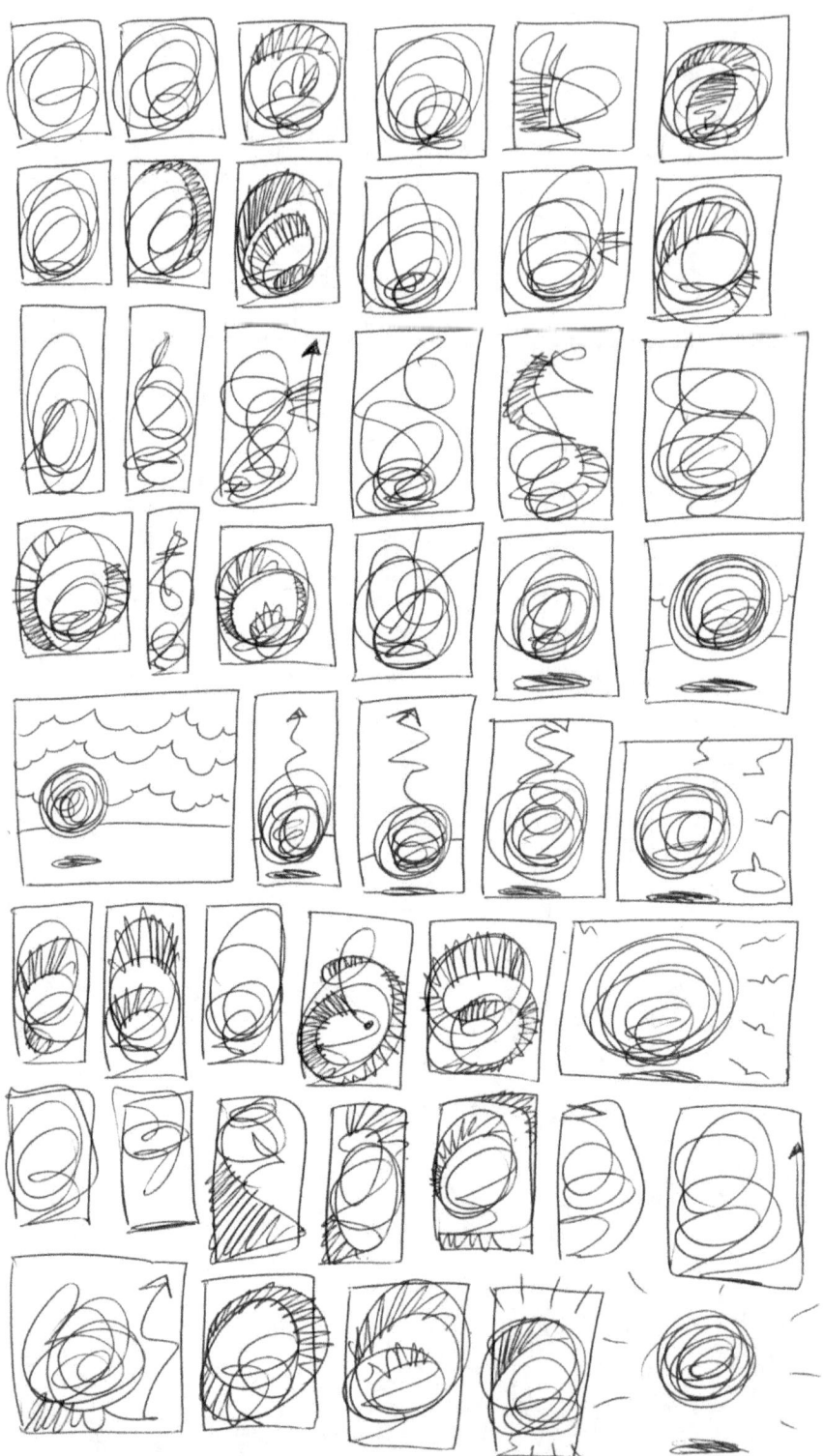

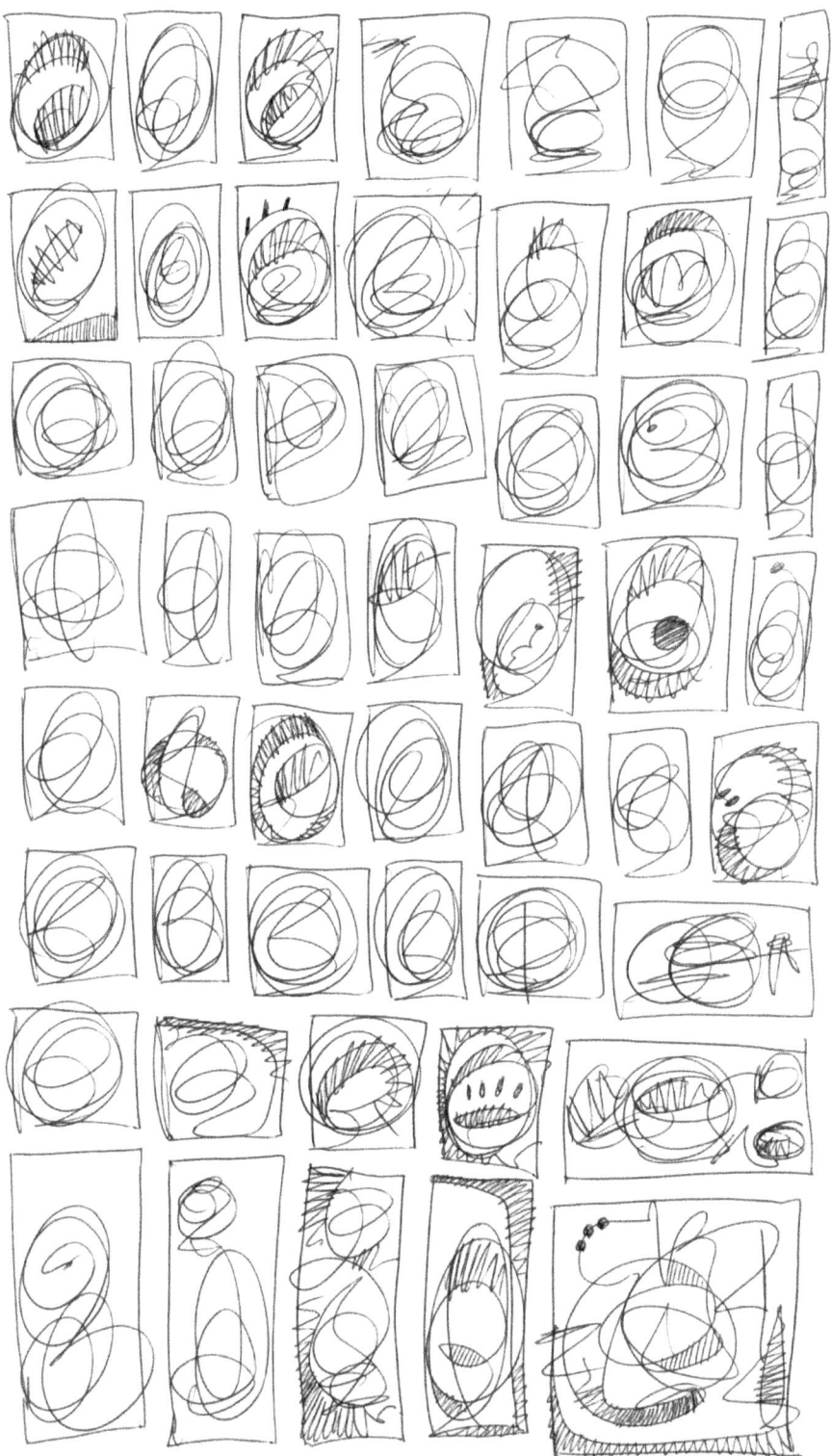

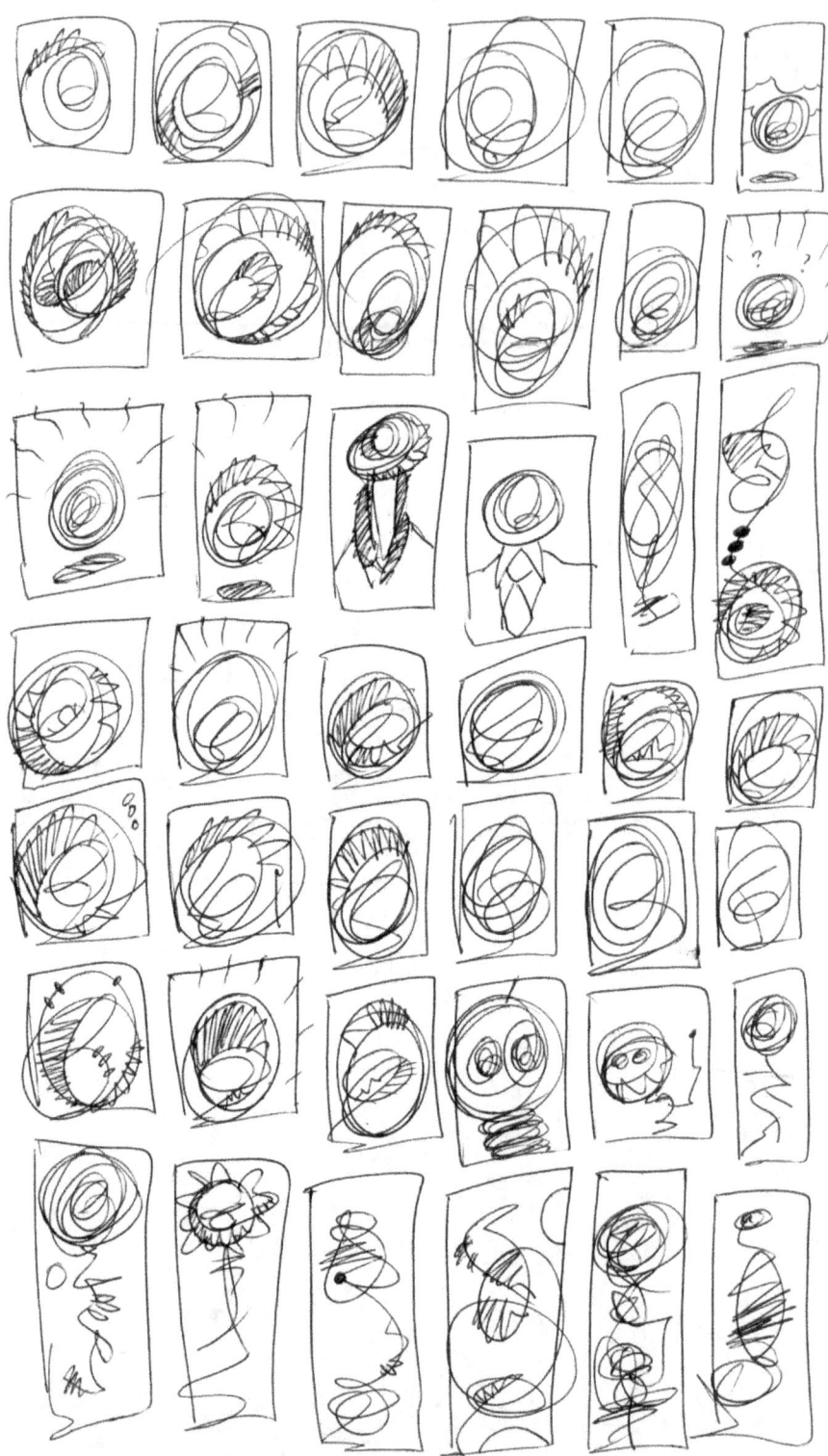

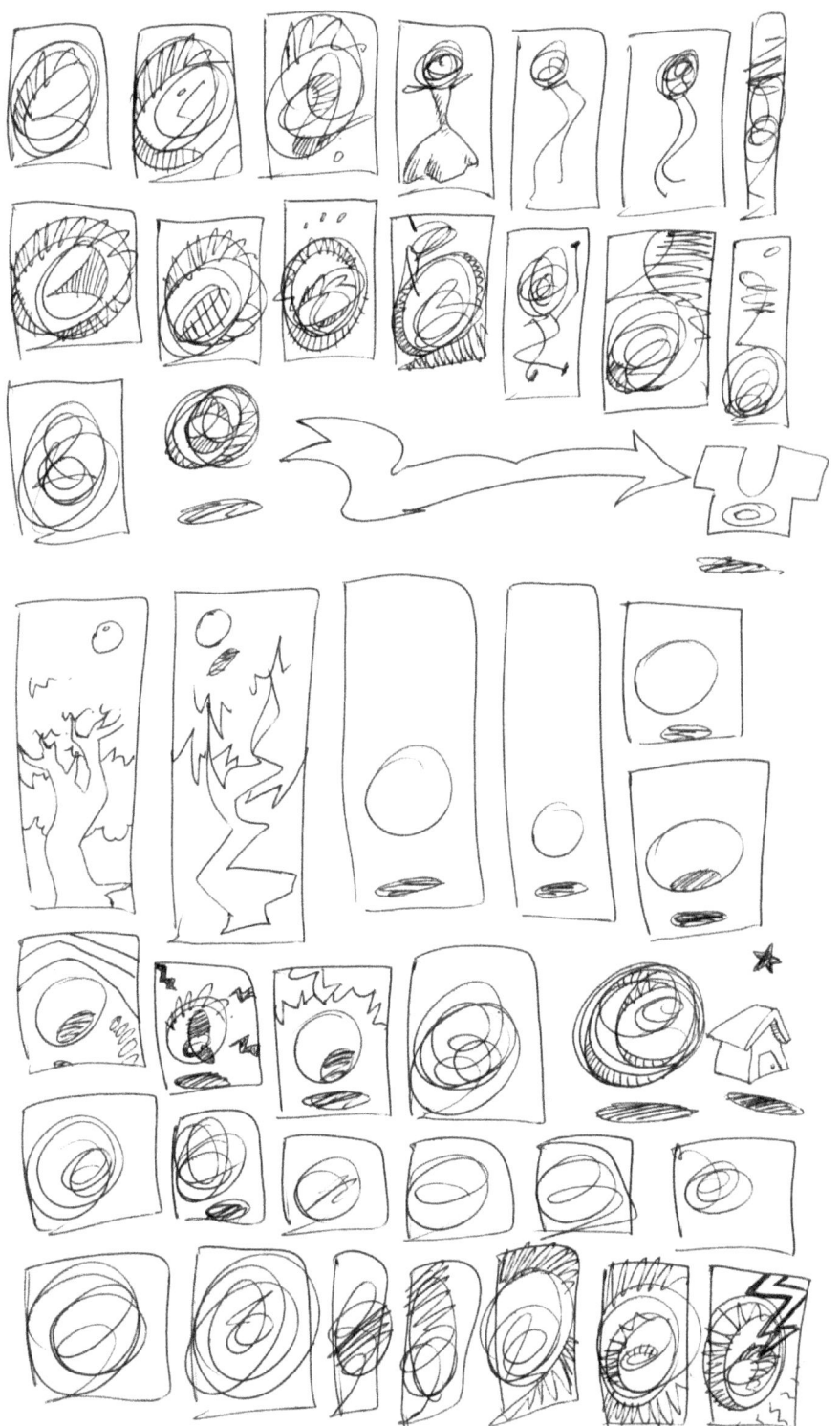

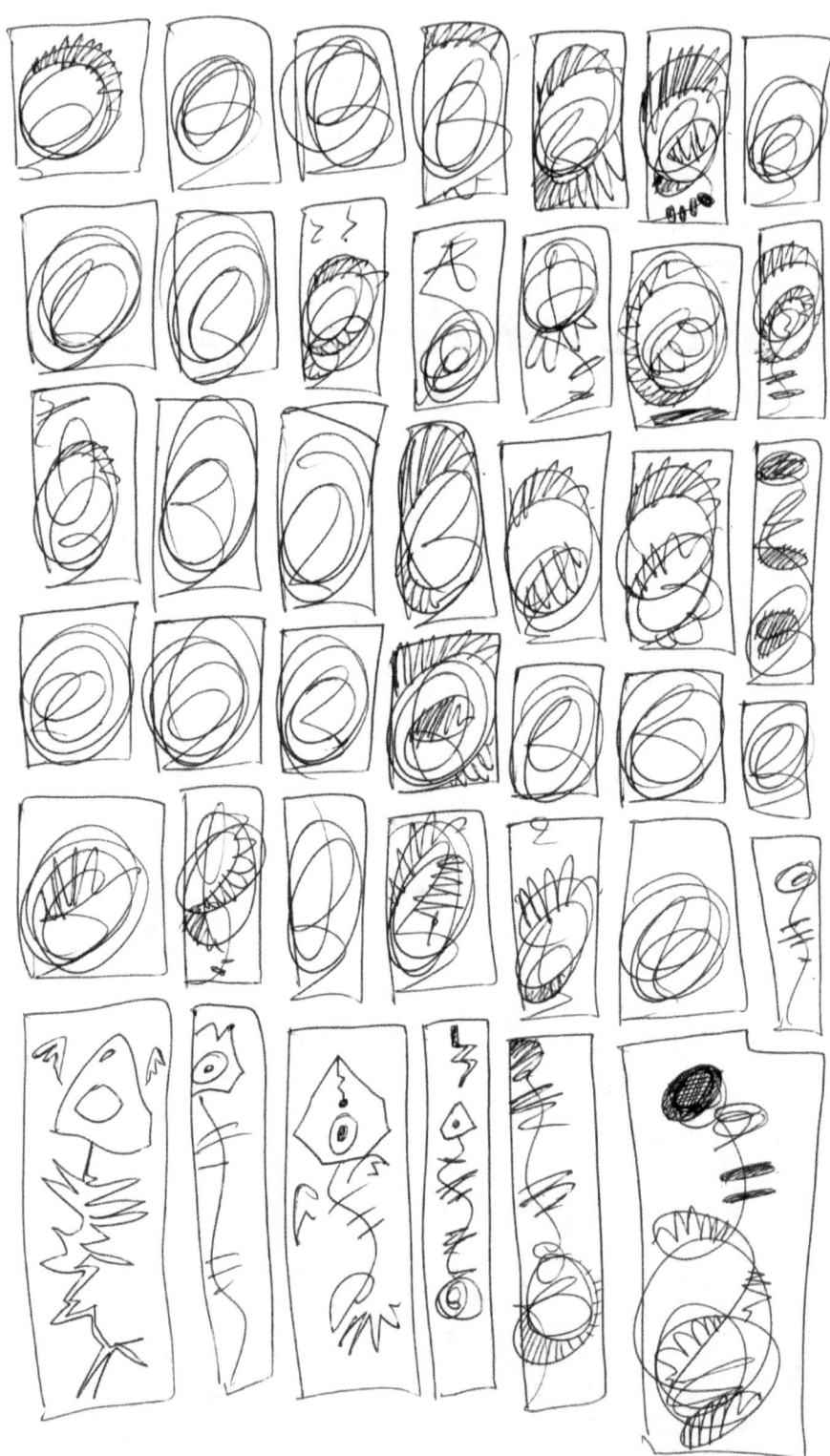

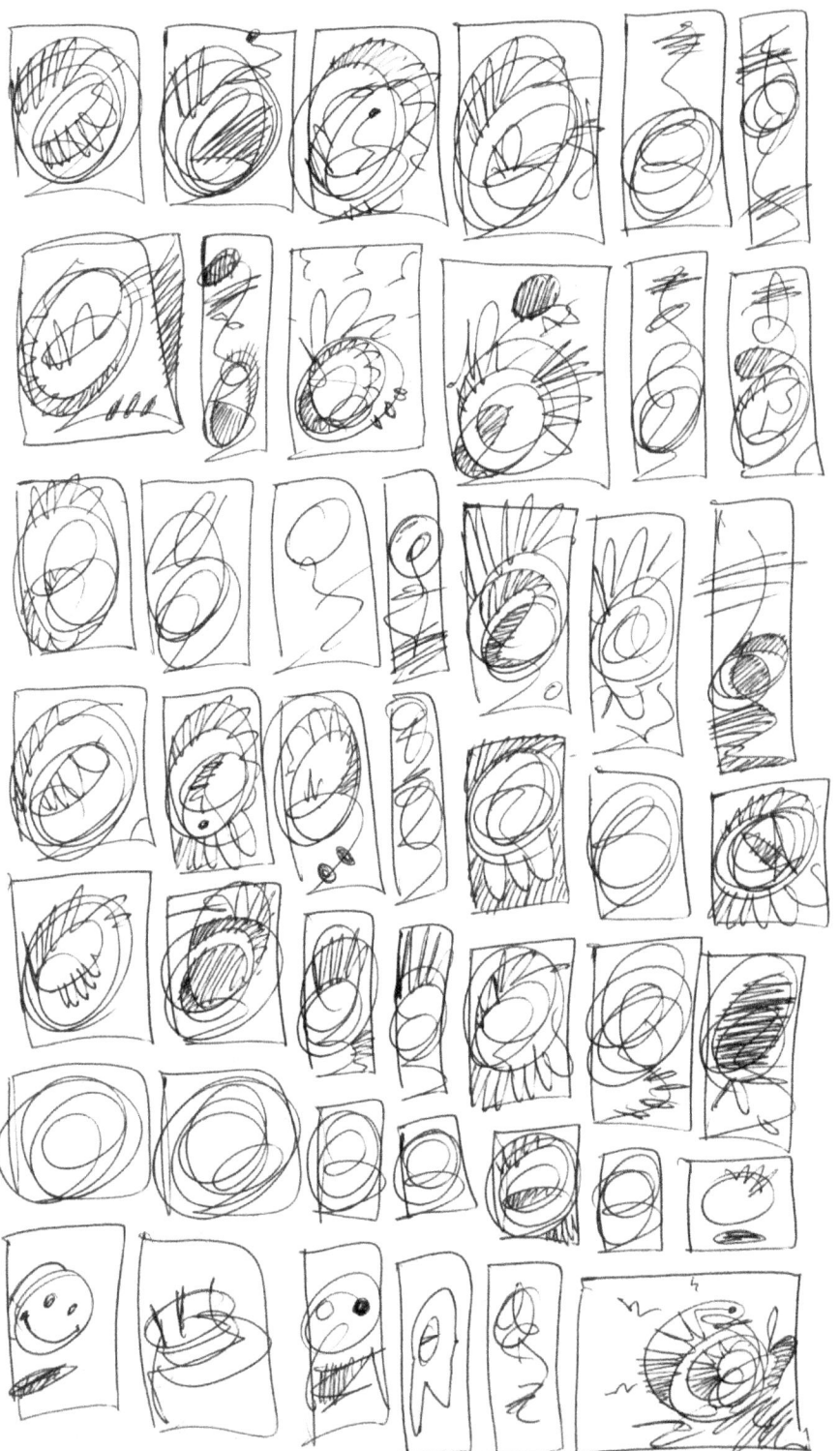

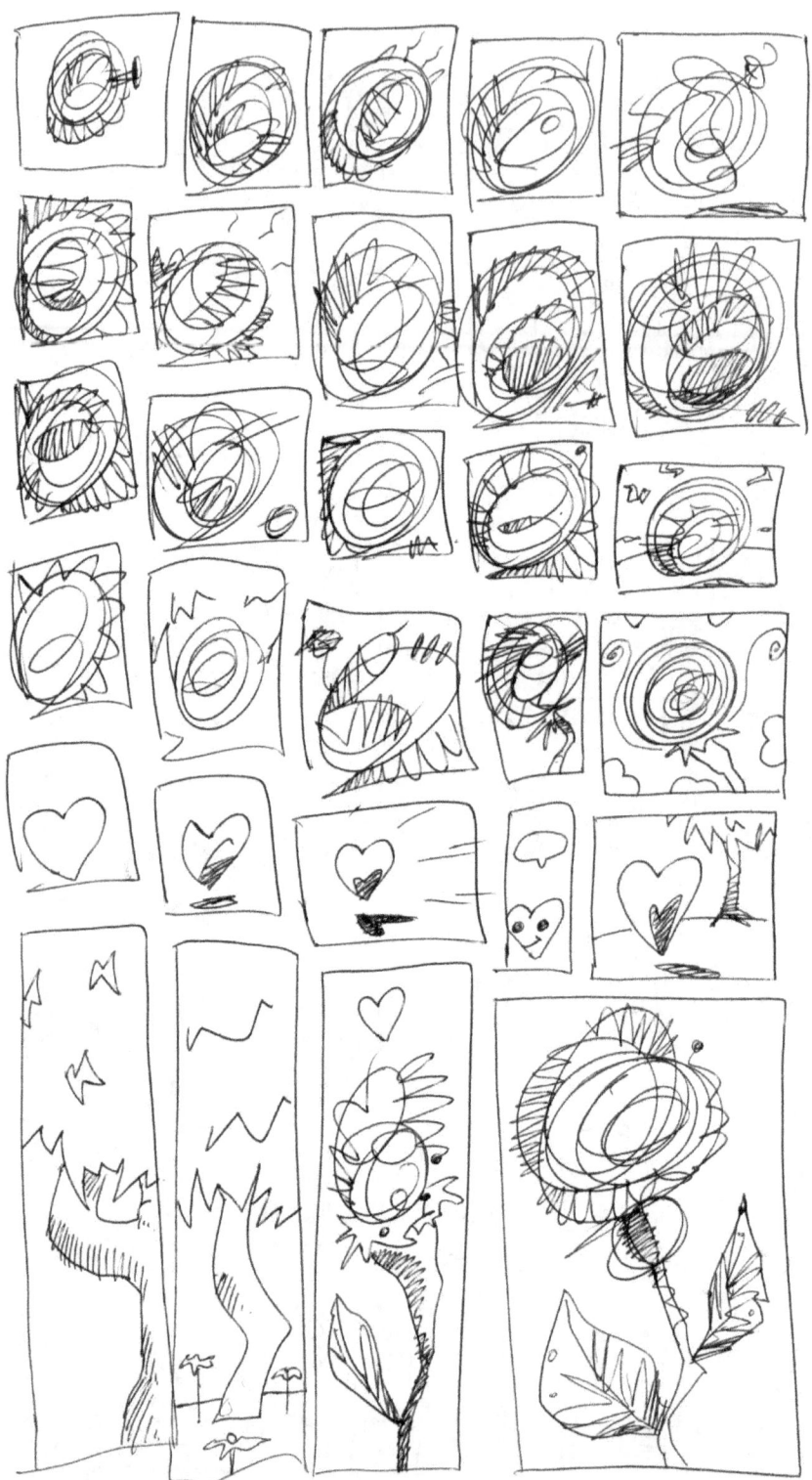

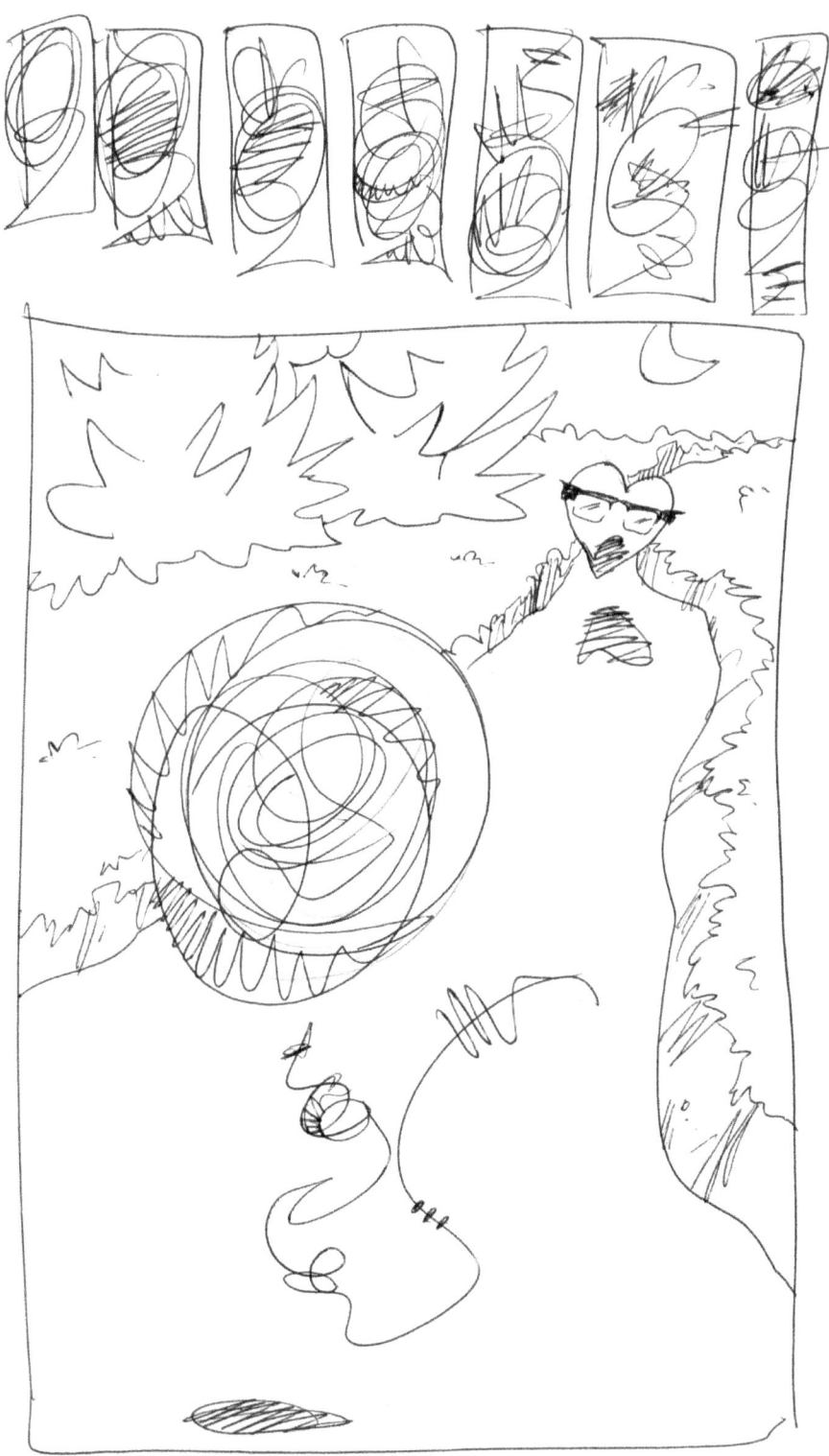

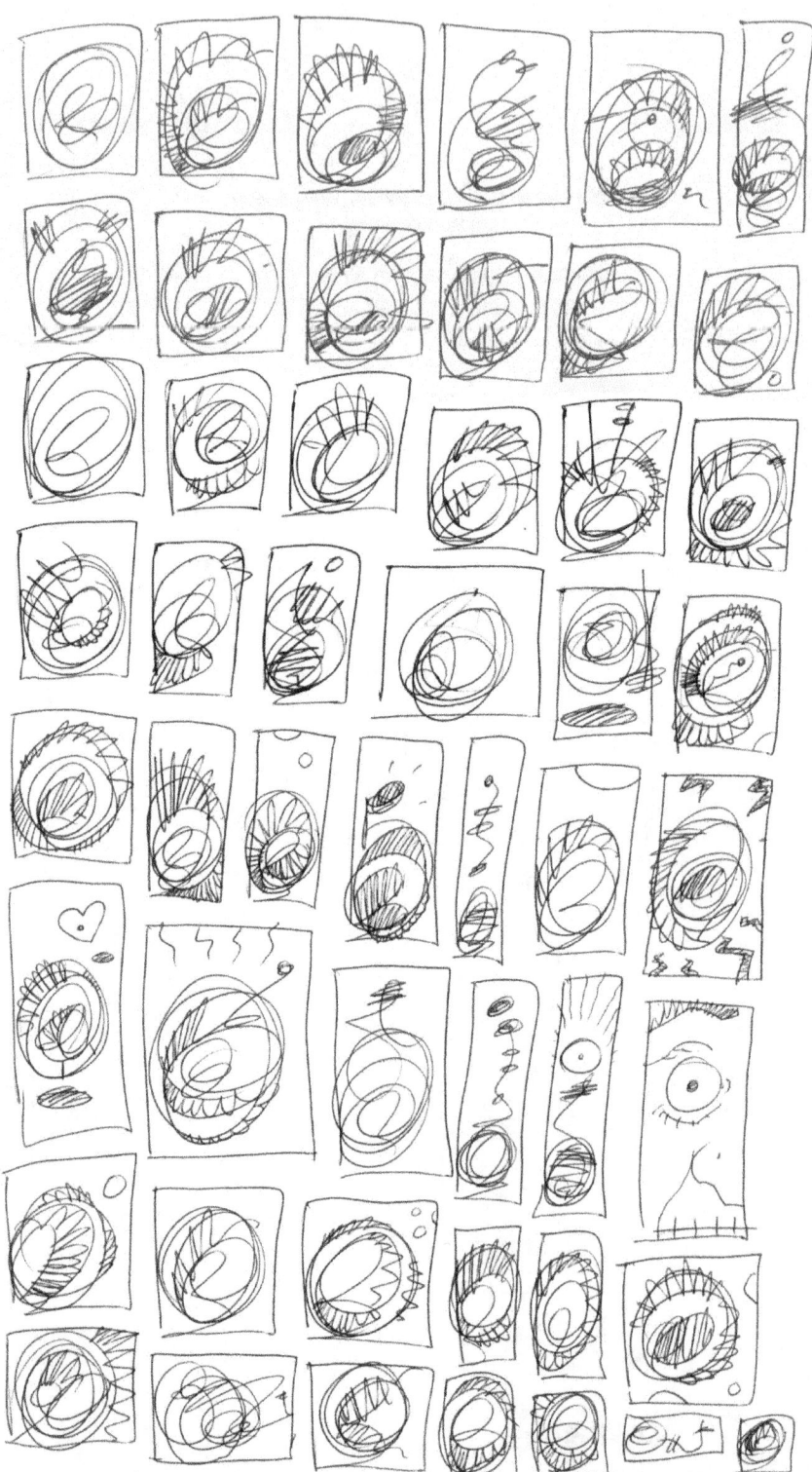

50

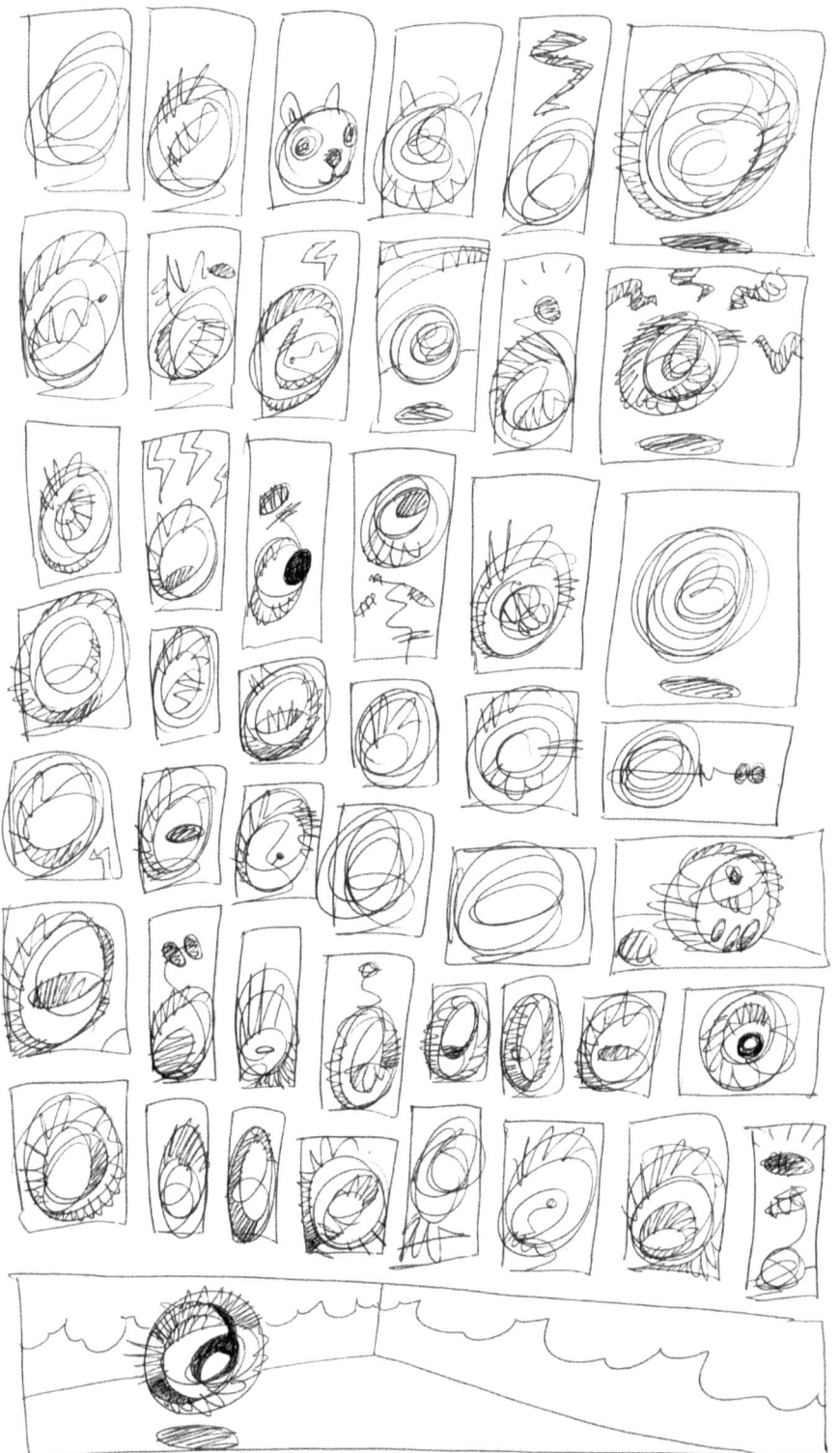

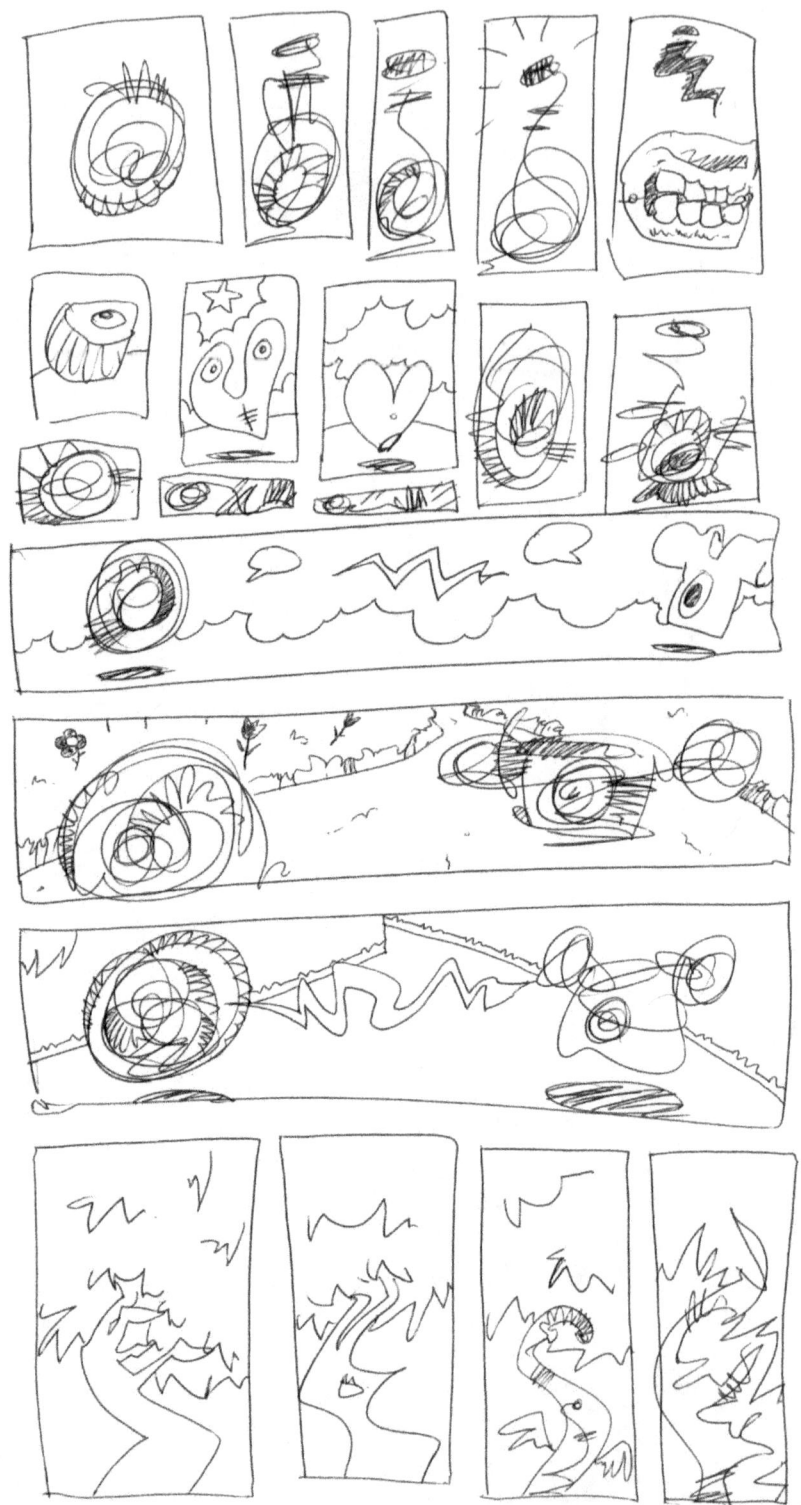

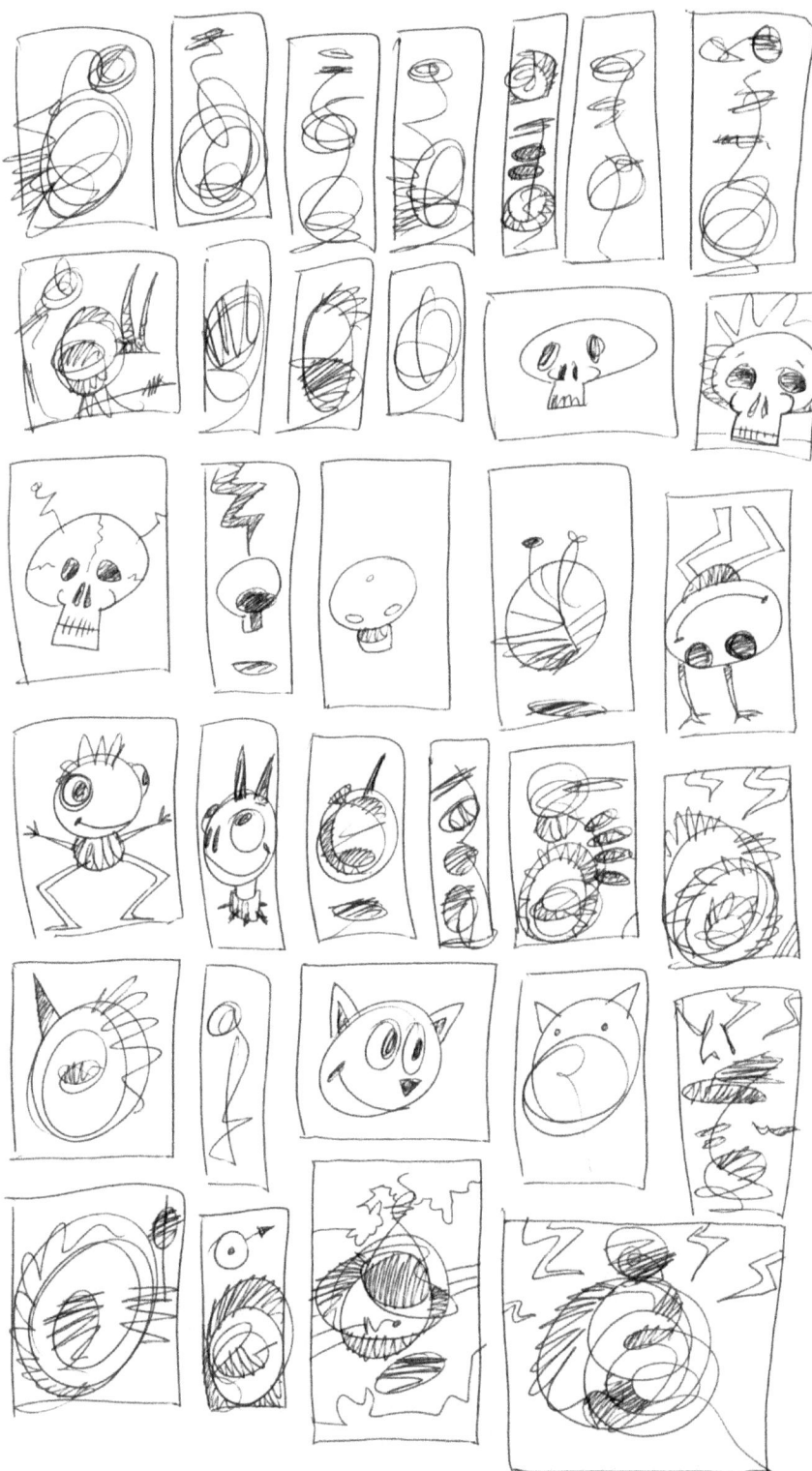

53

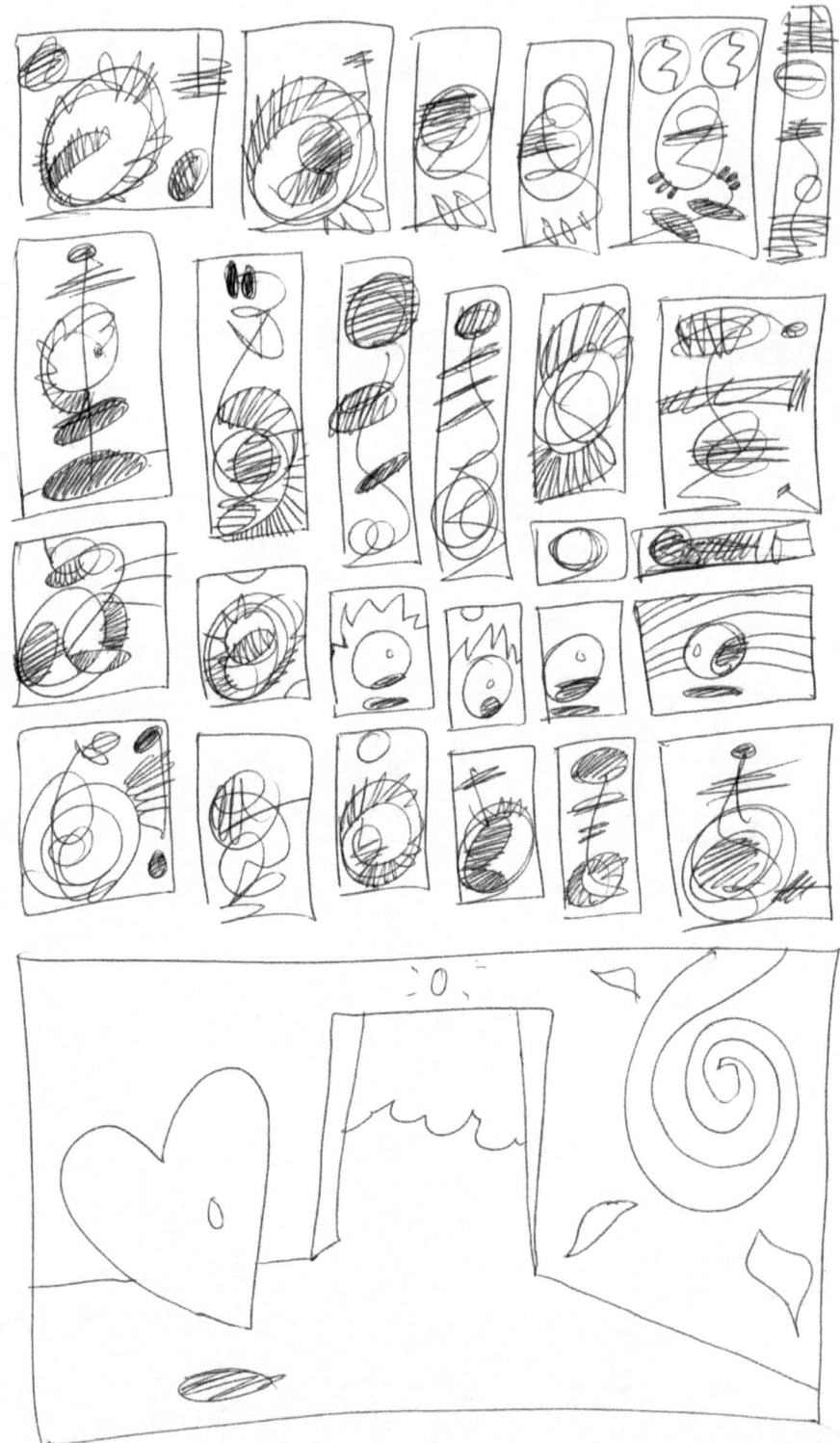

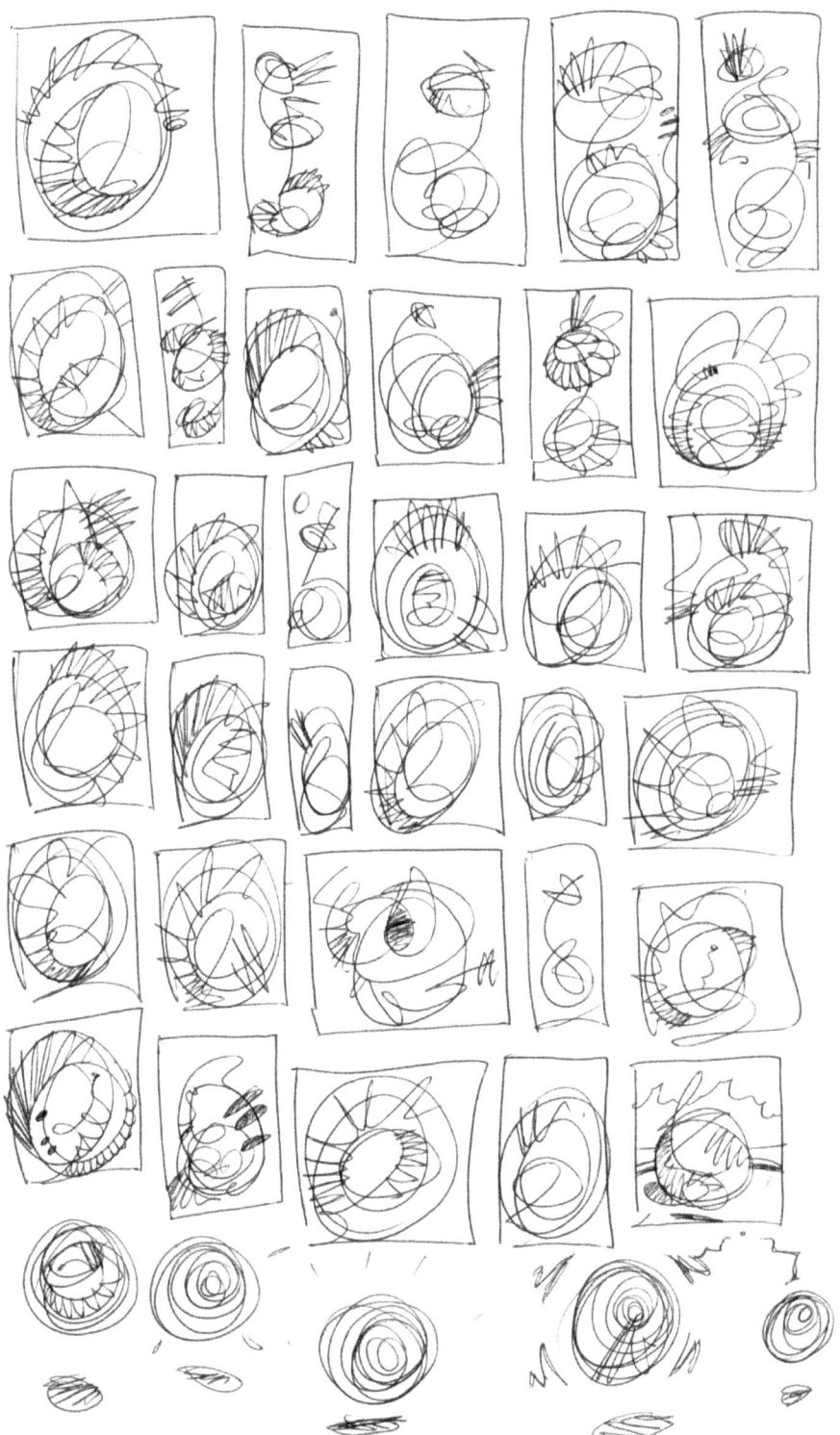

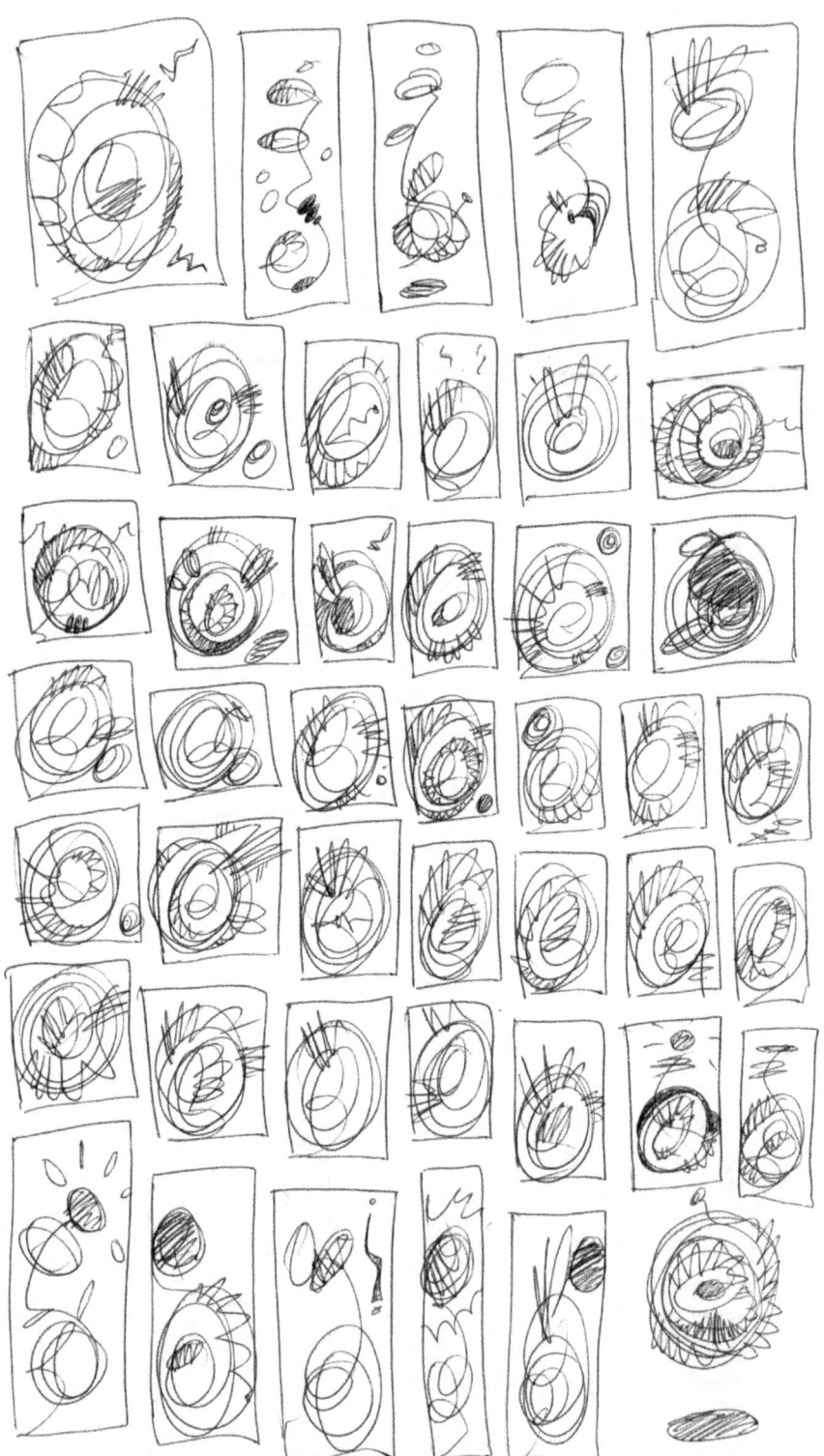

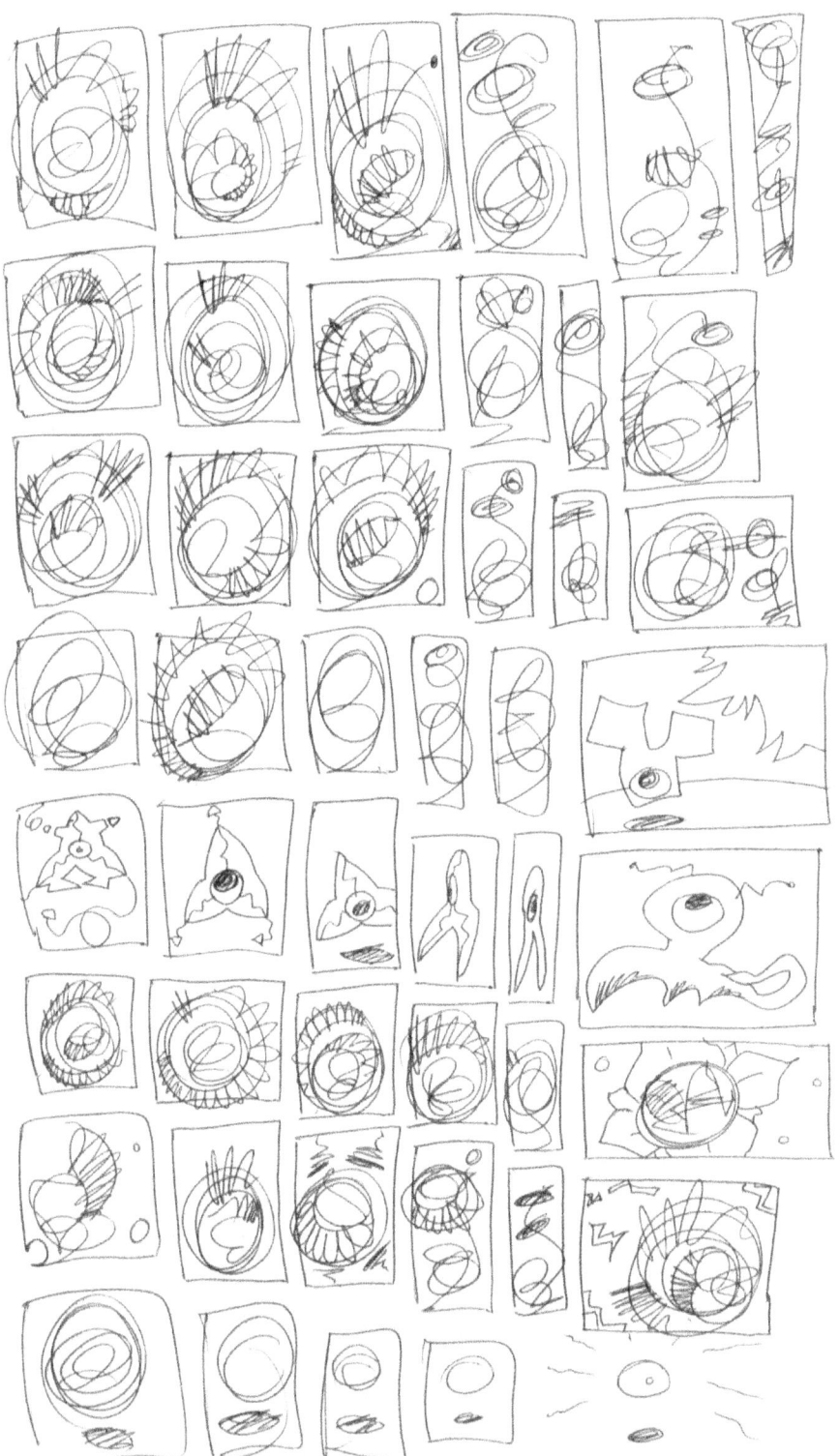

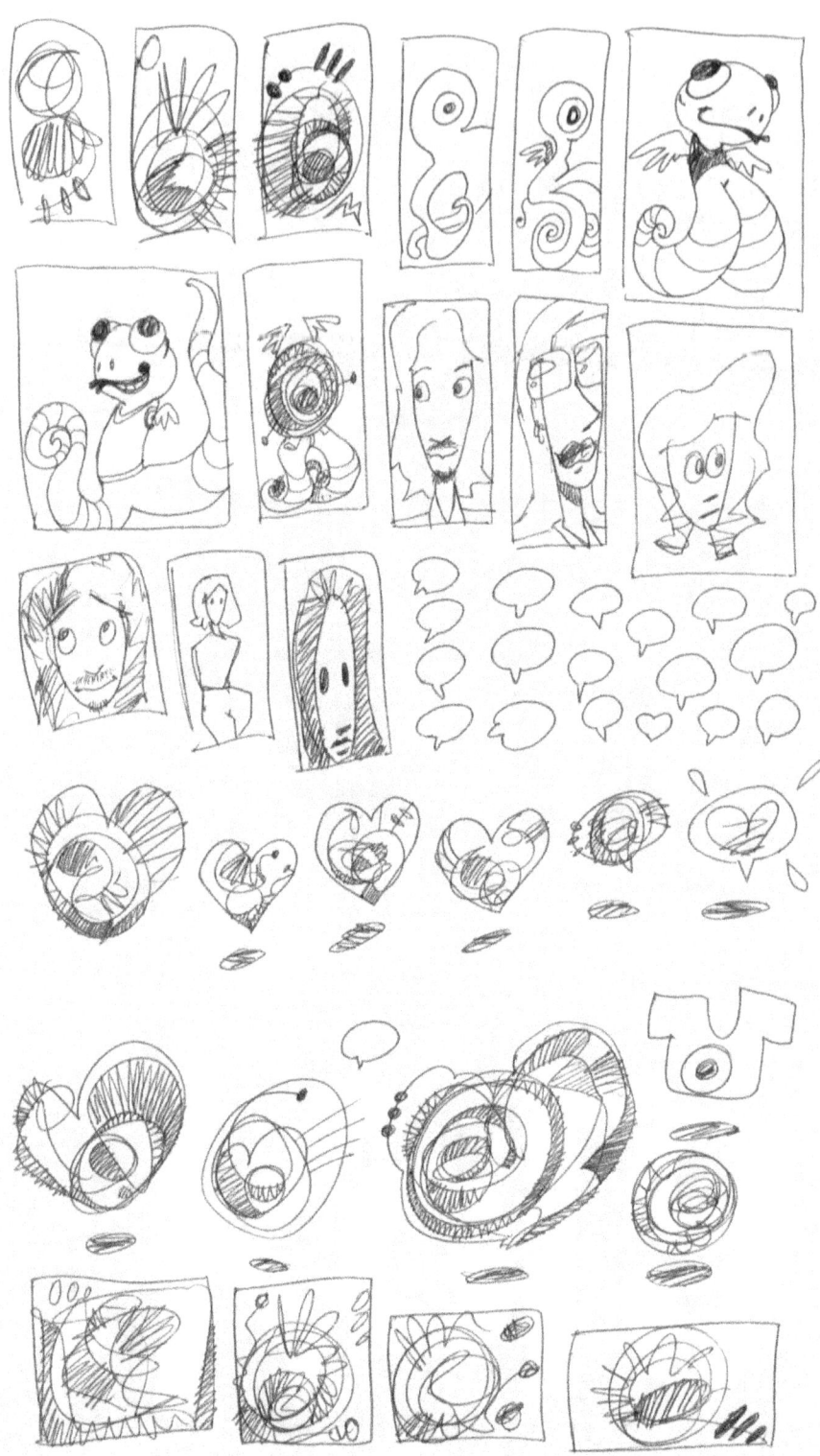

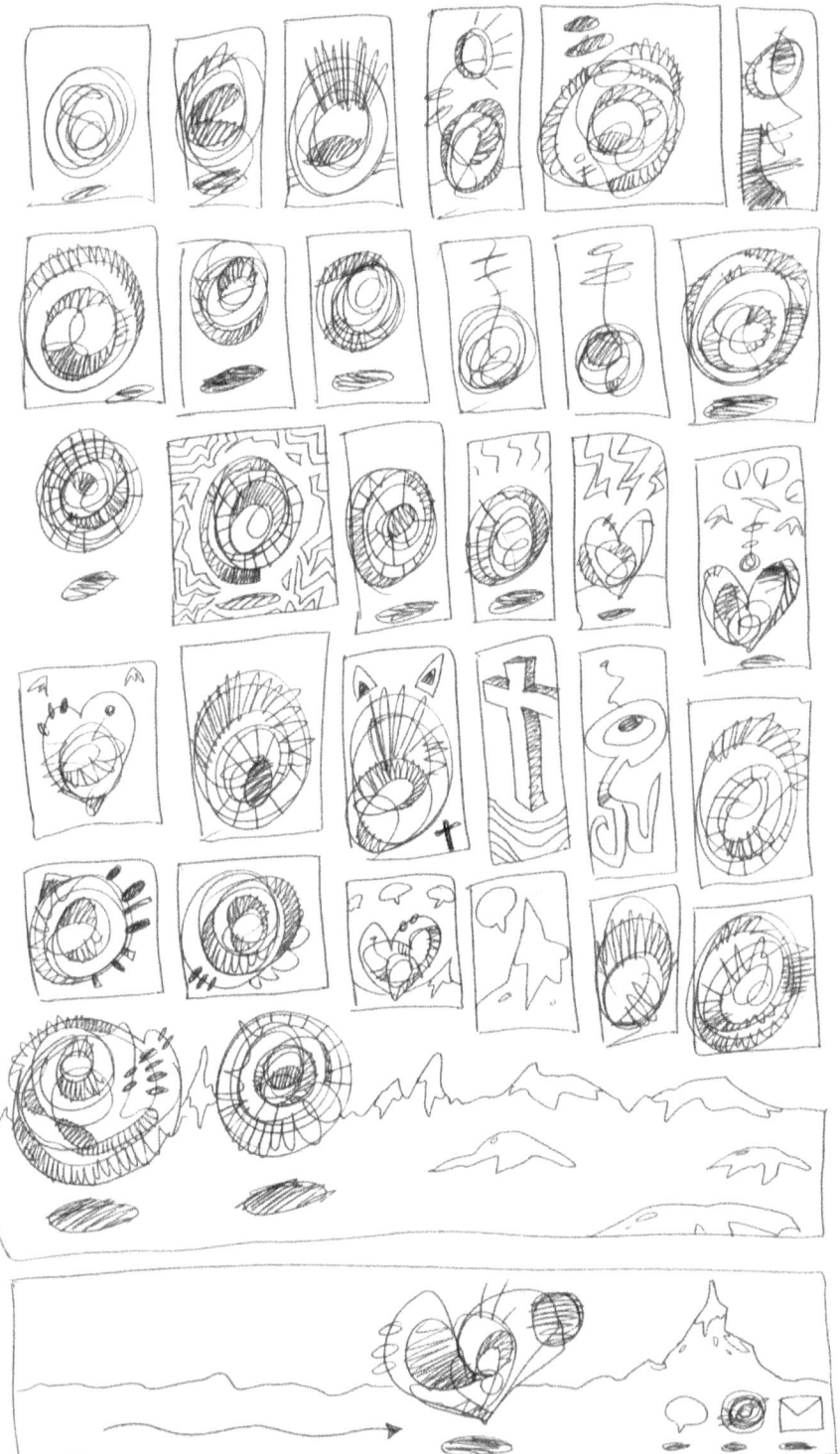

59

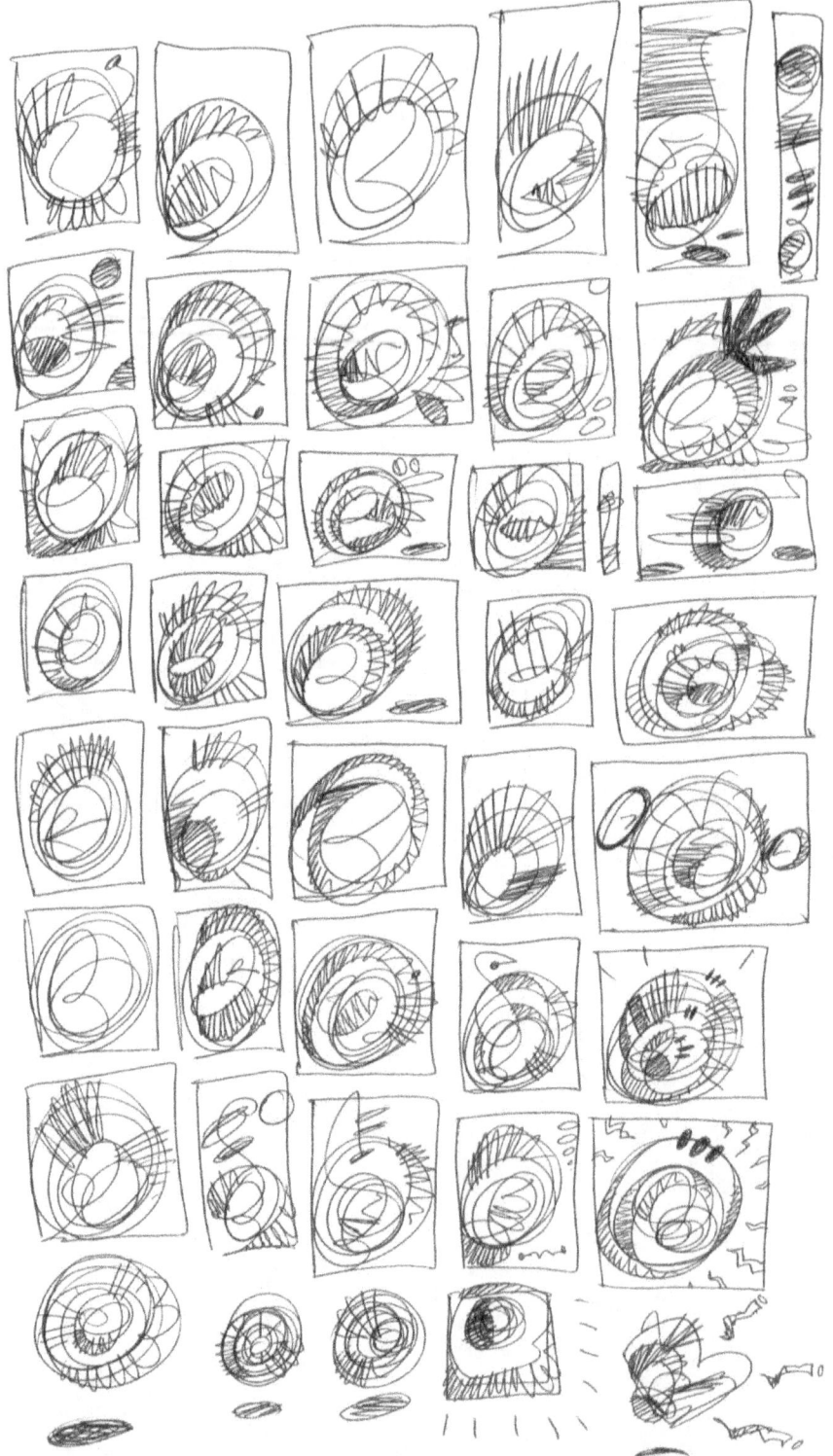

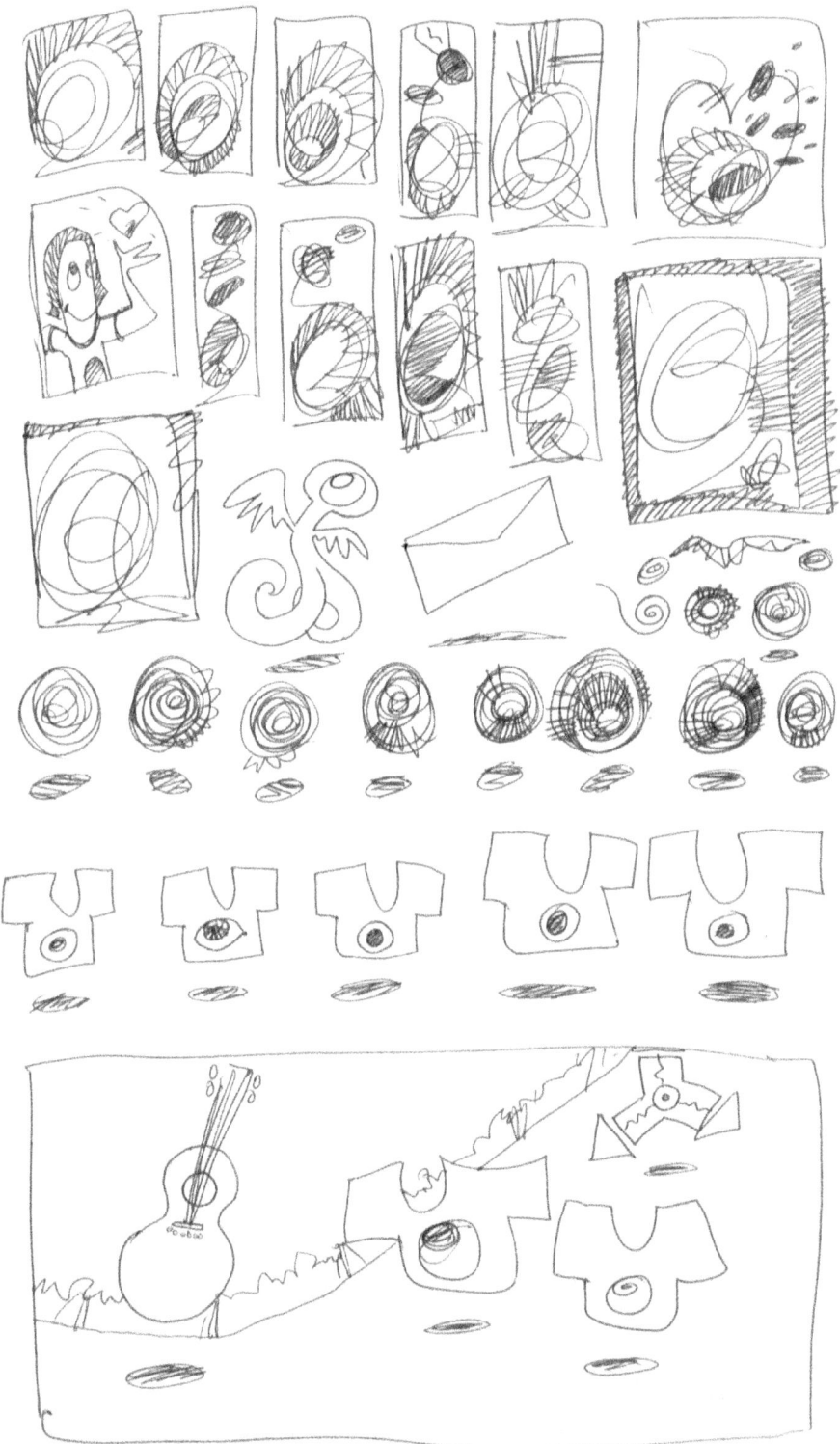

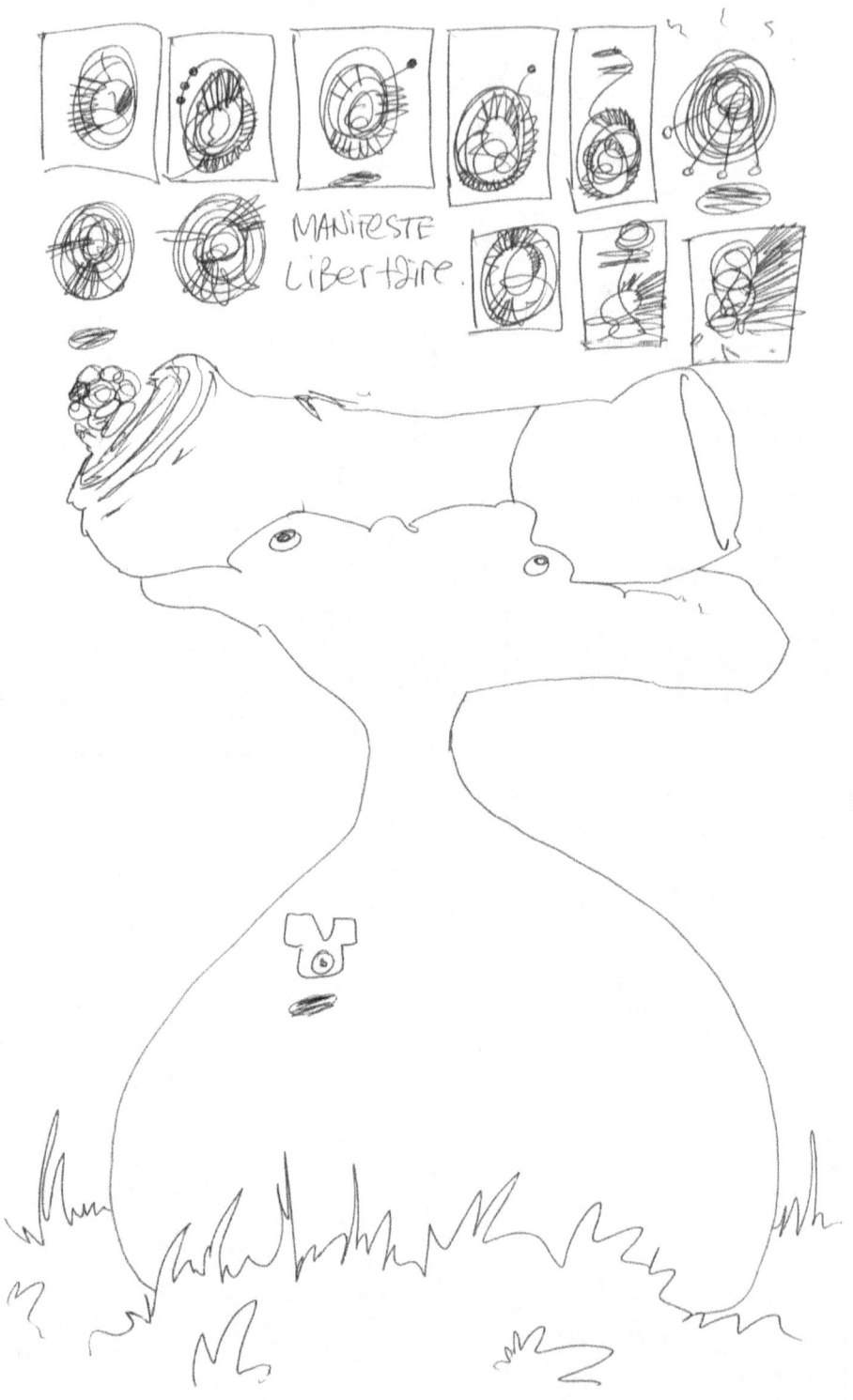

ici NAît LA Liberté

ici meurt
LA conscience..

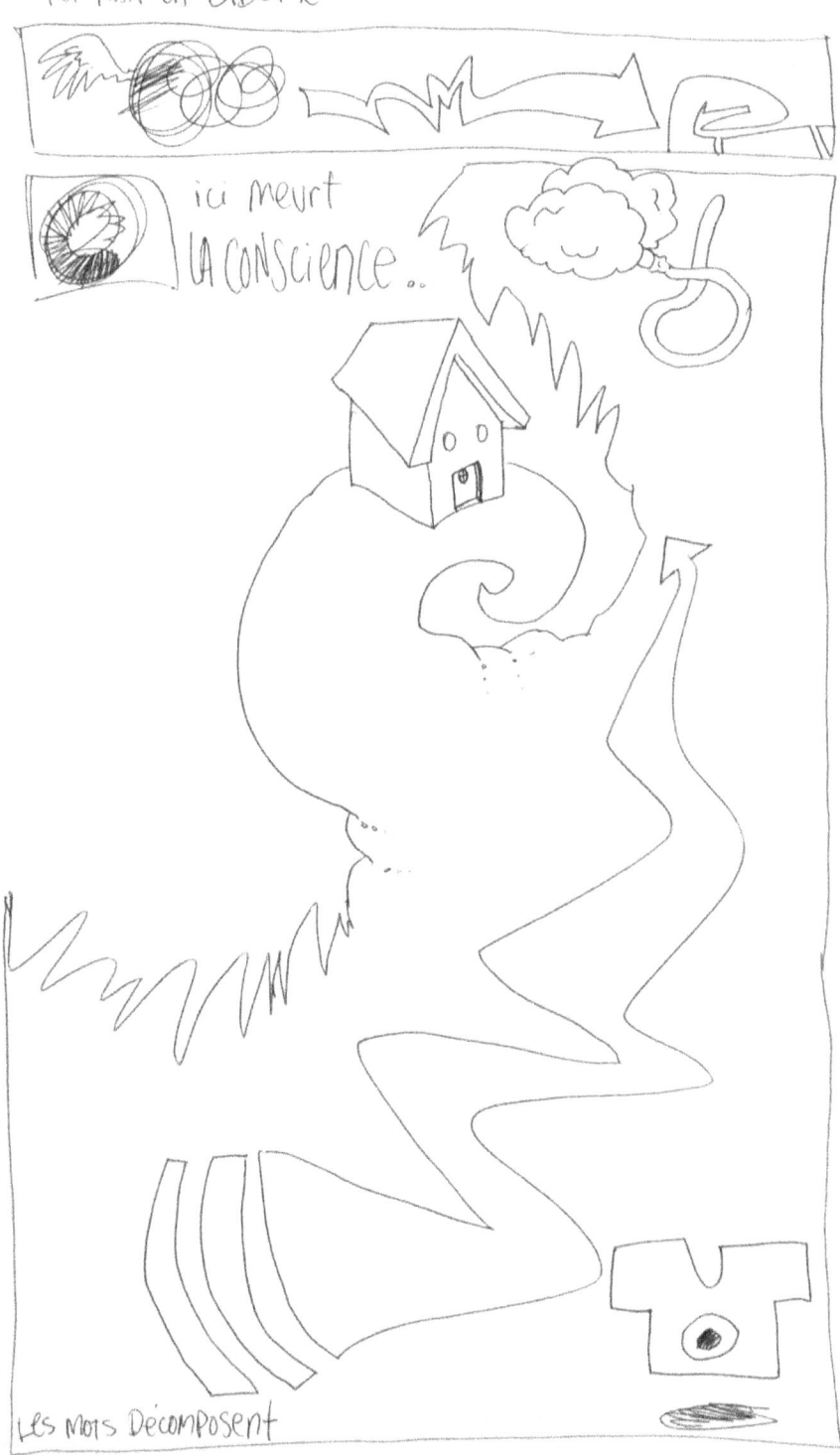

Les mots Décomposent

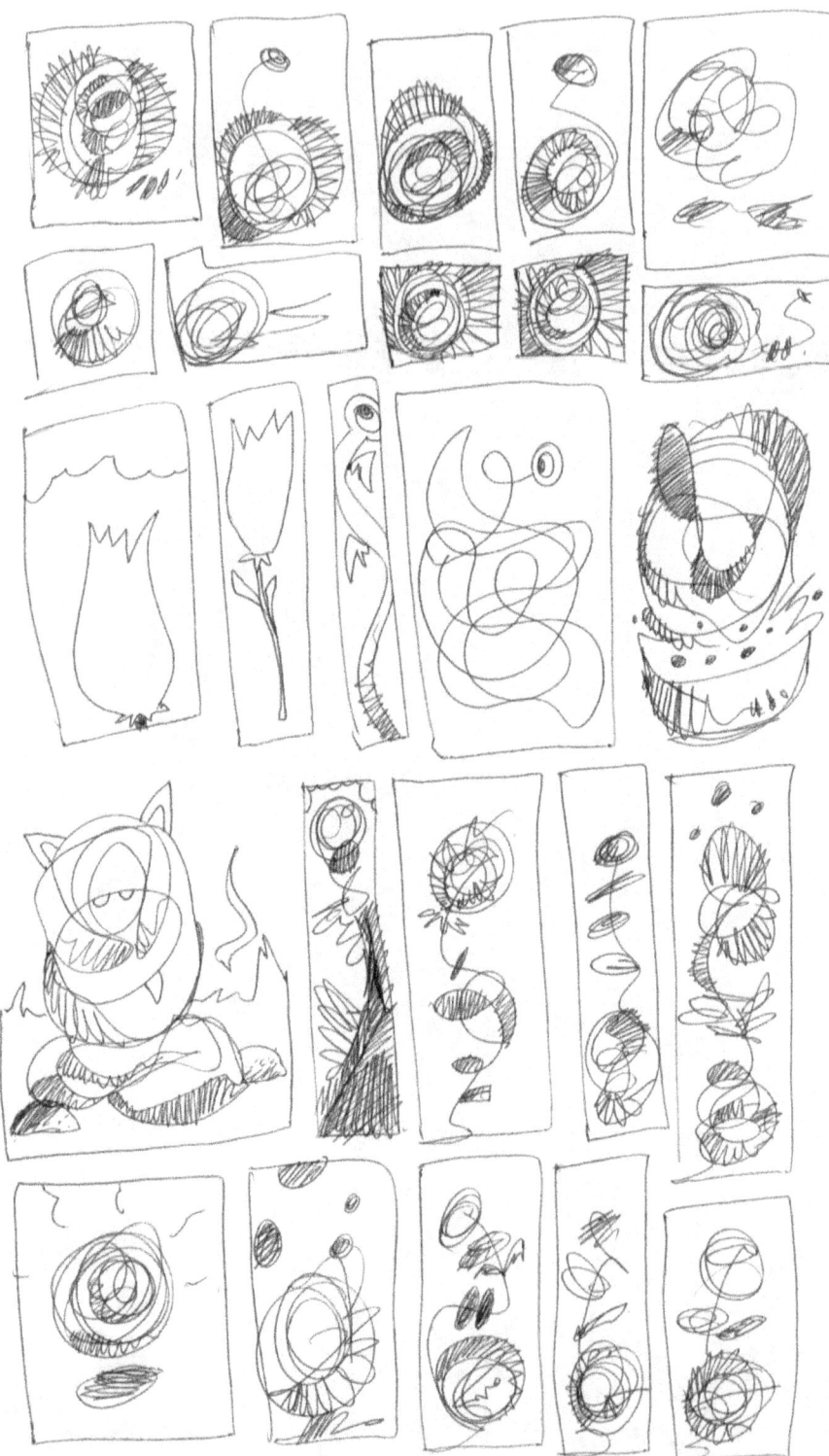

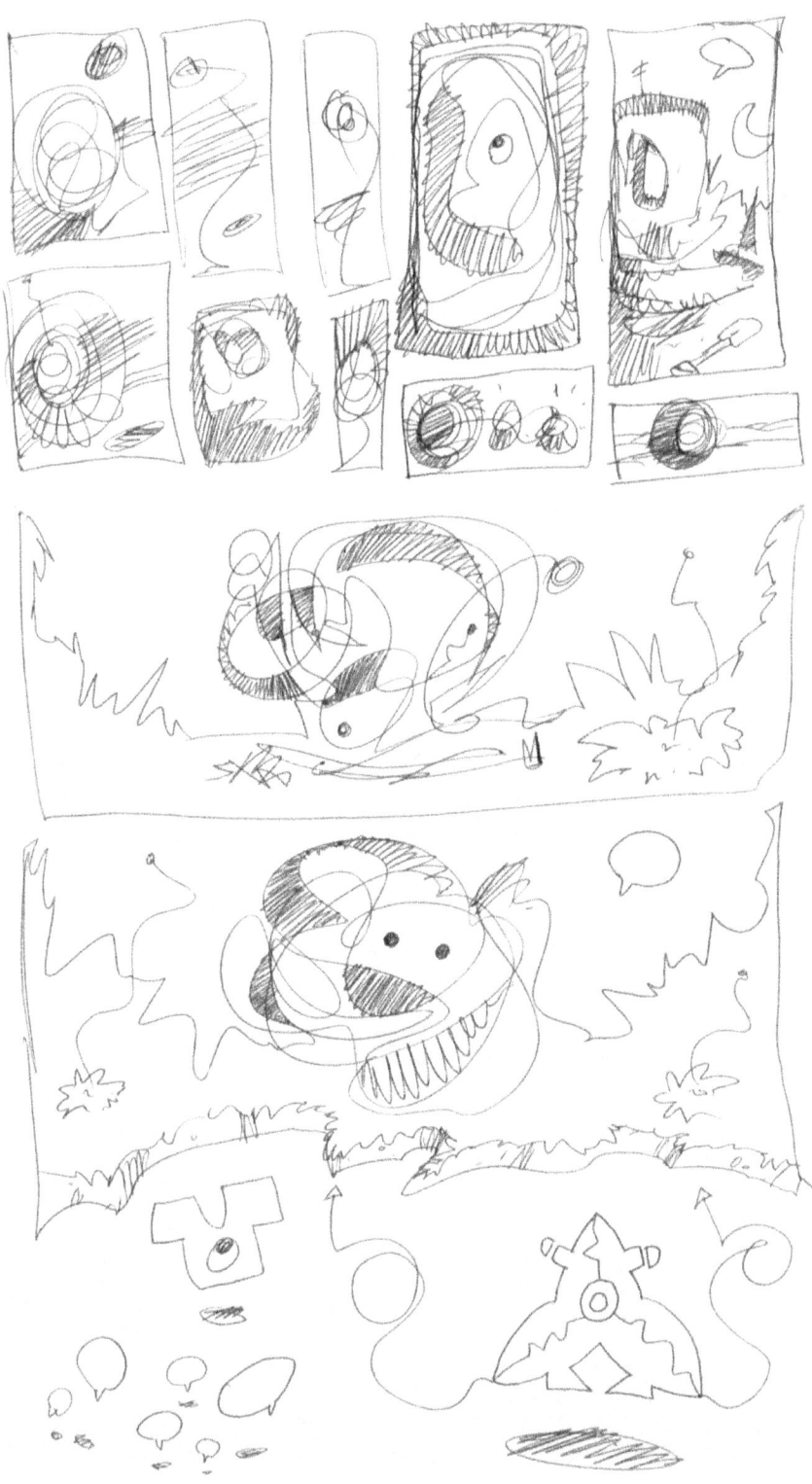

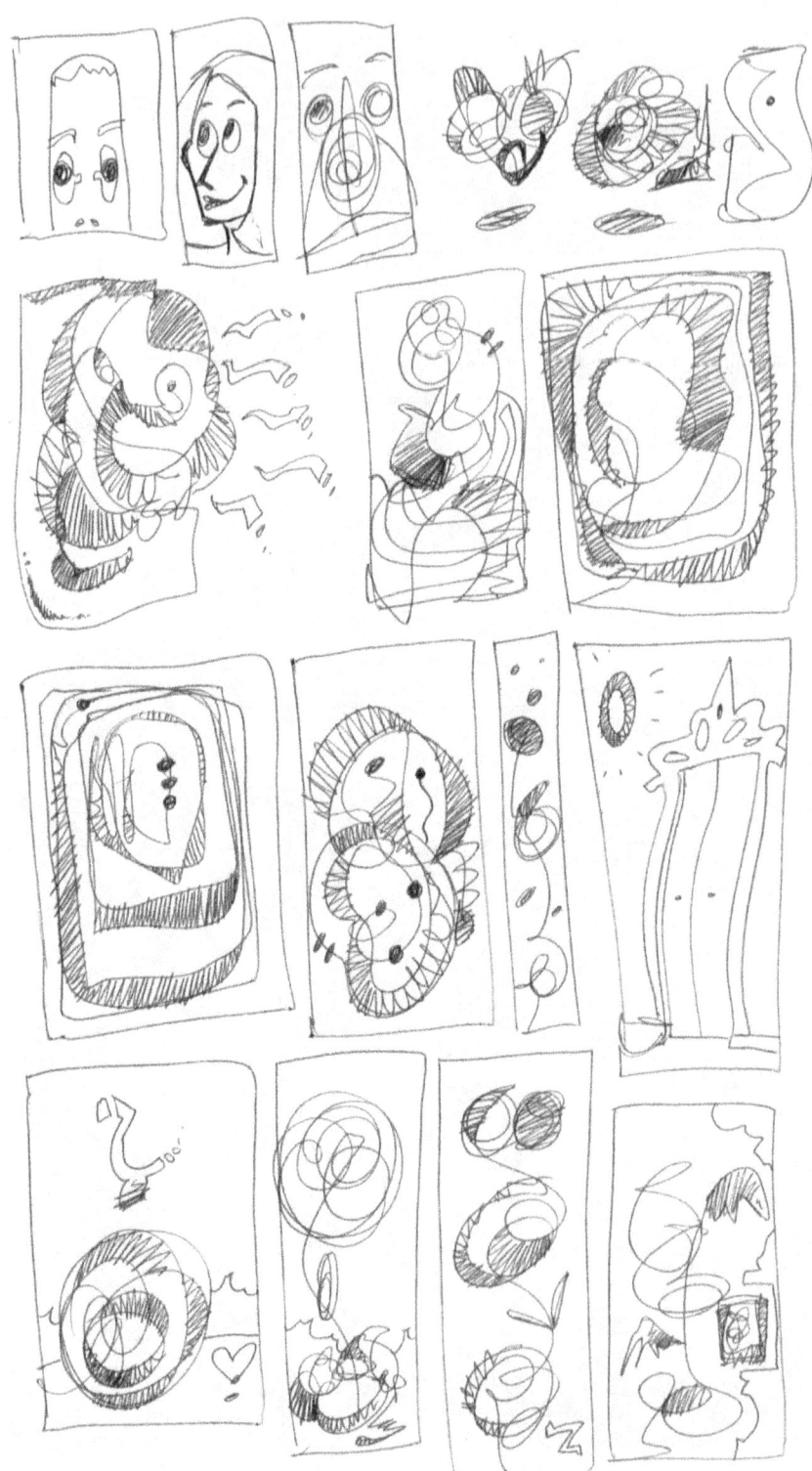

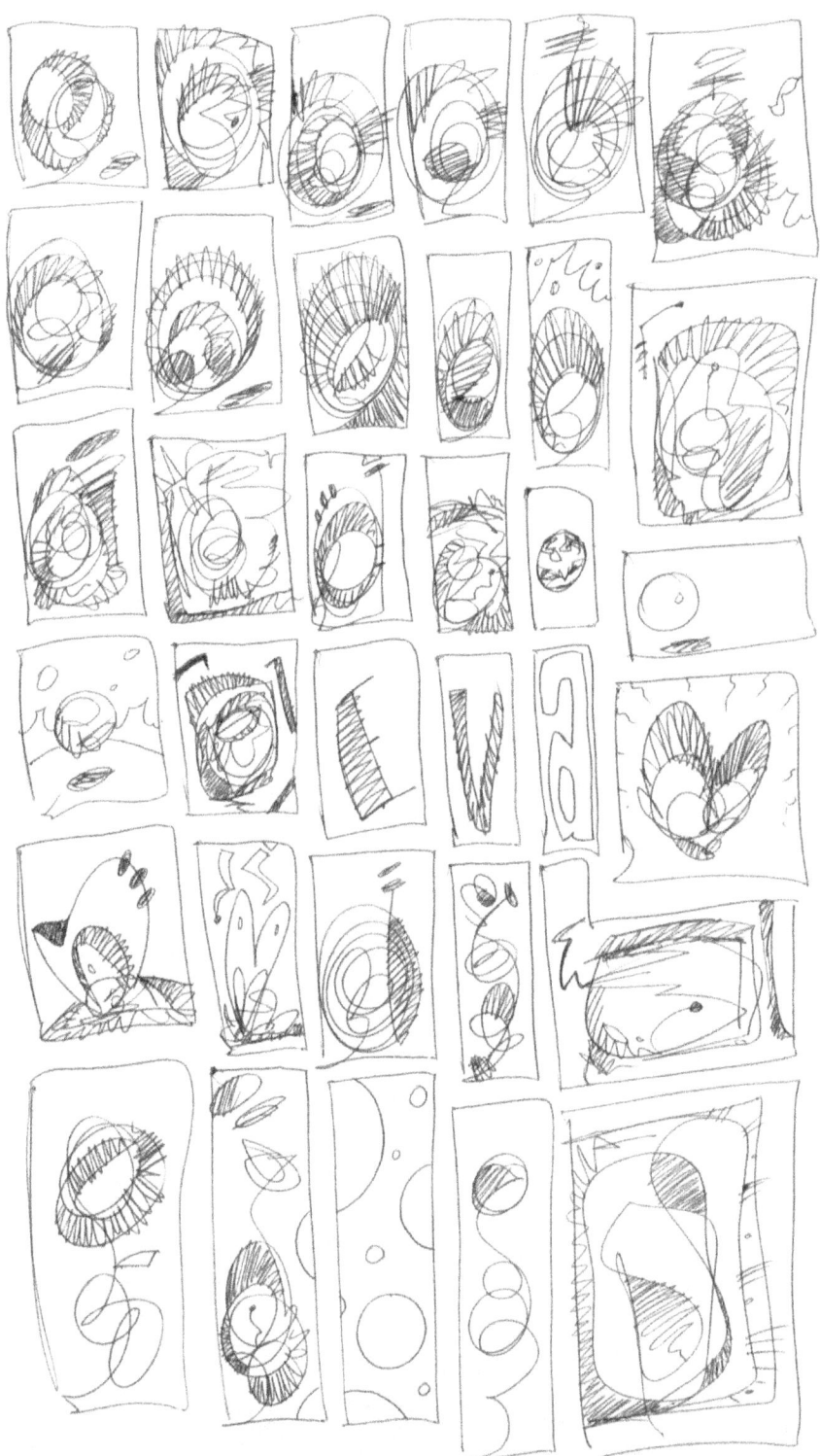

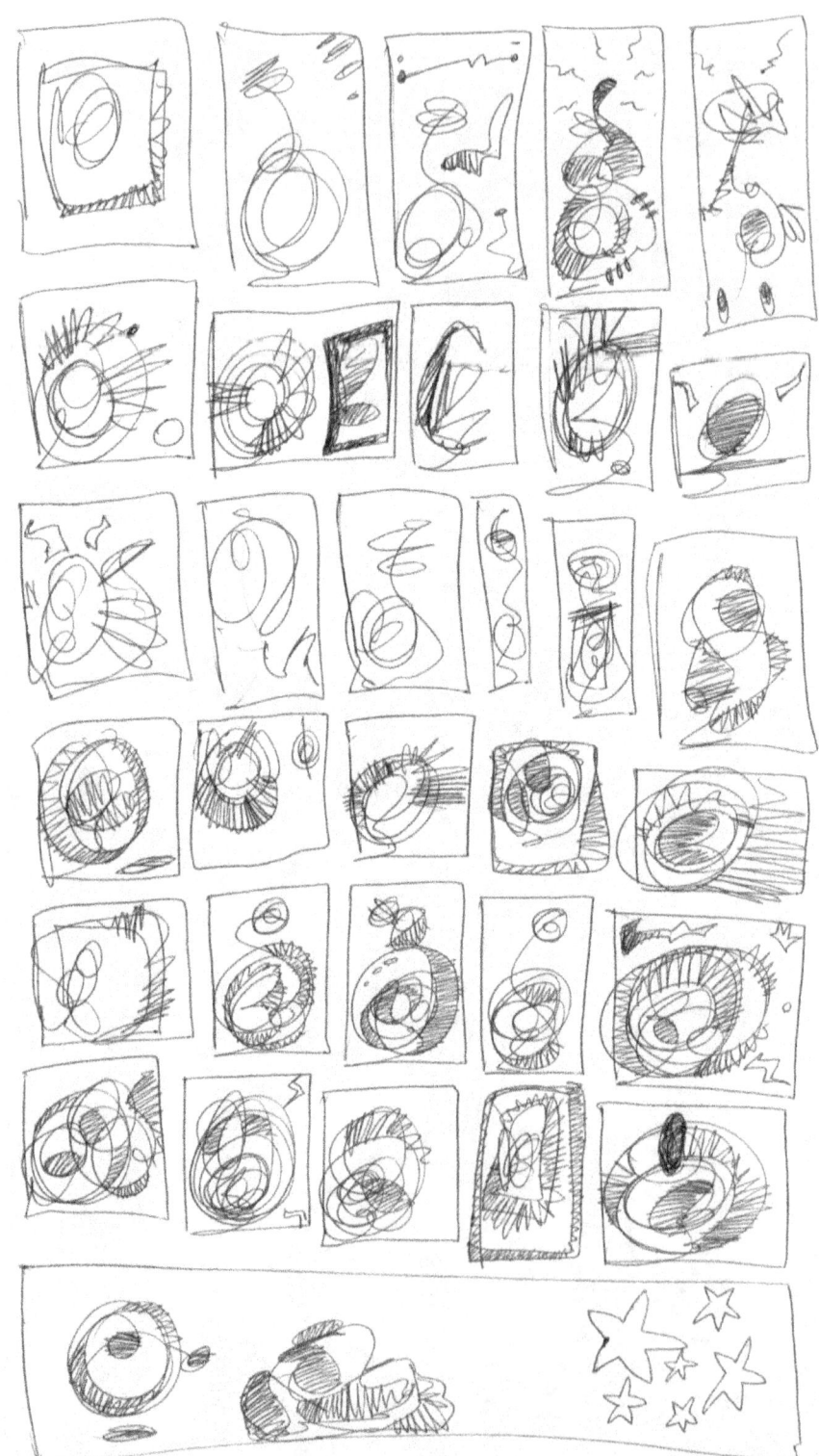

68

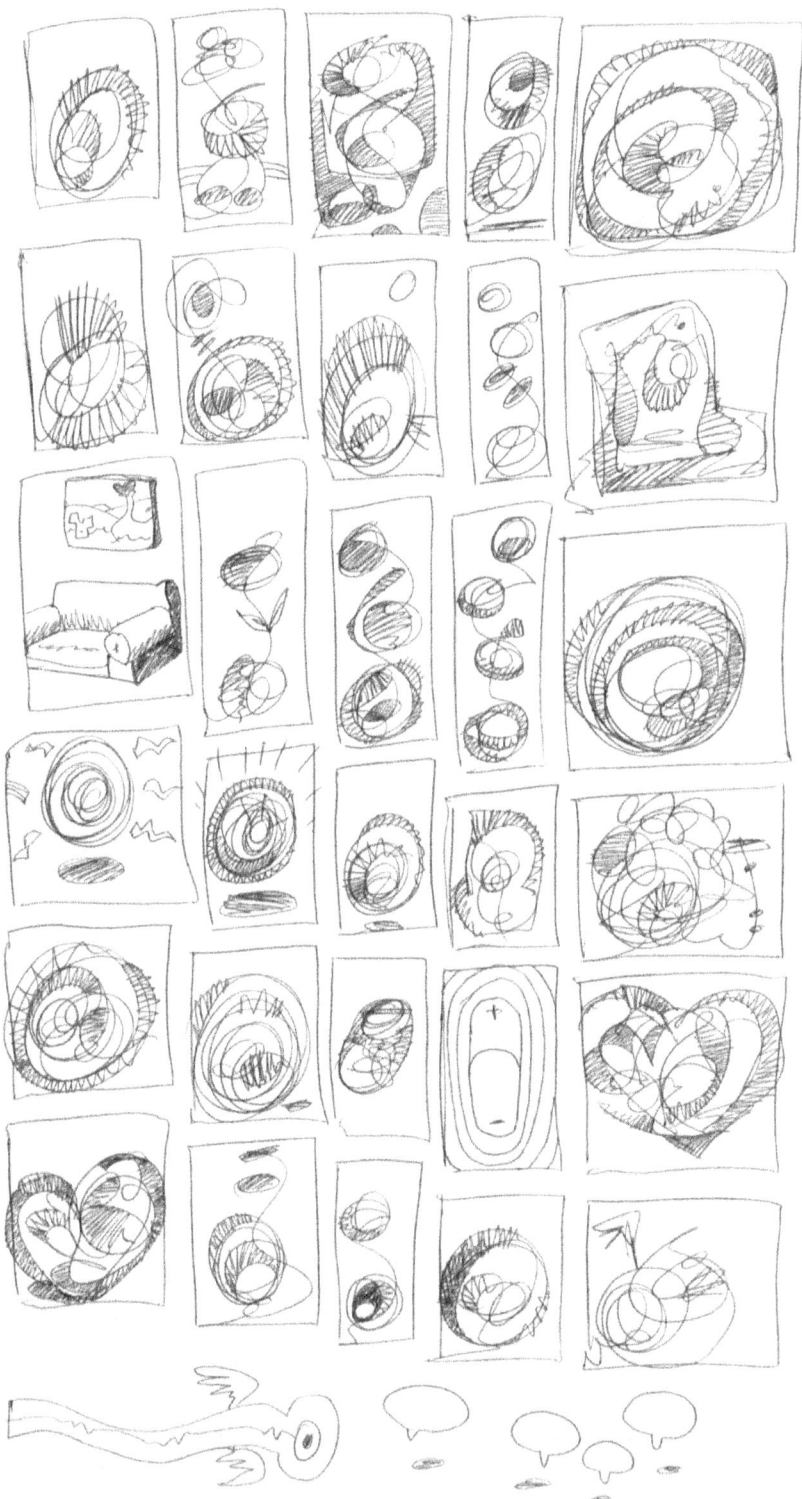

69

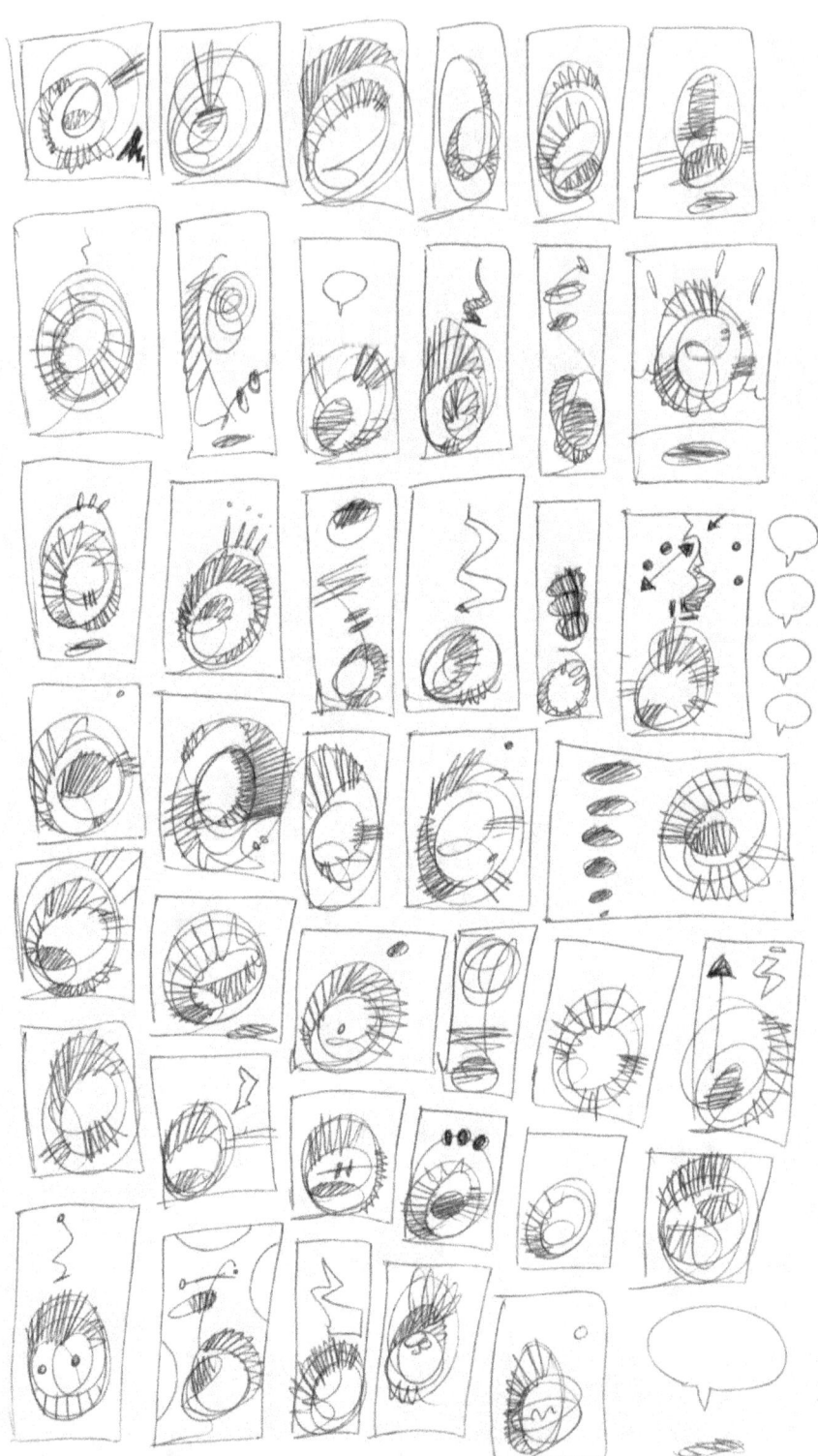

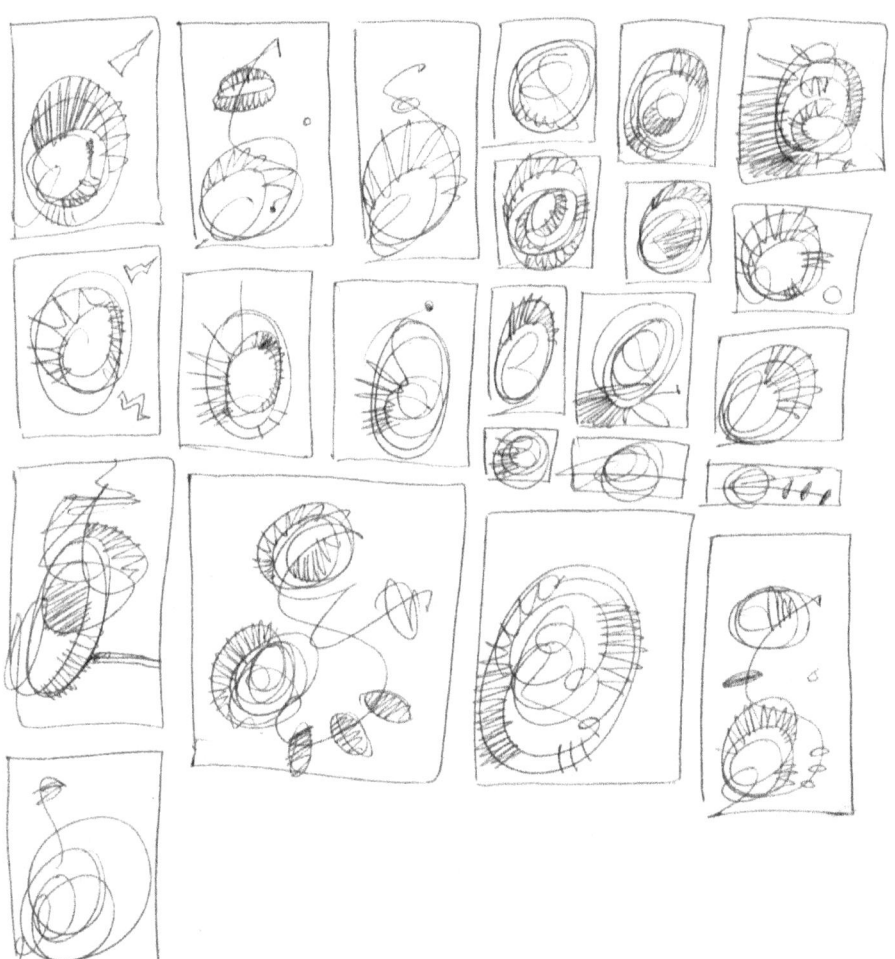

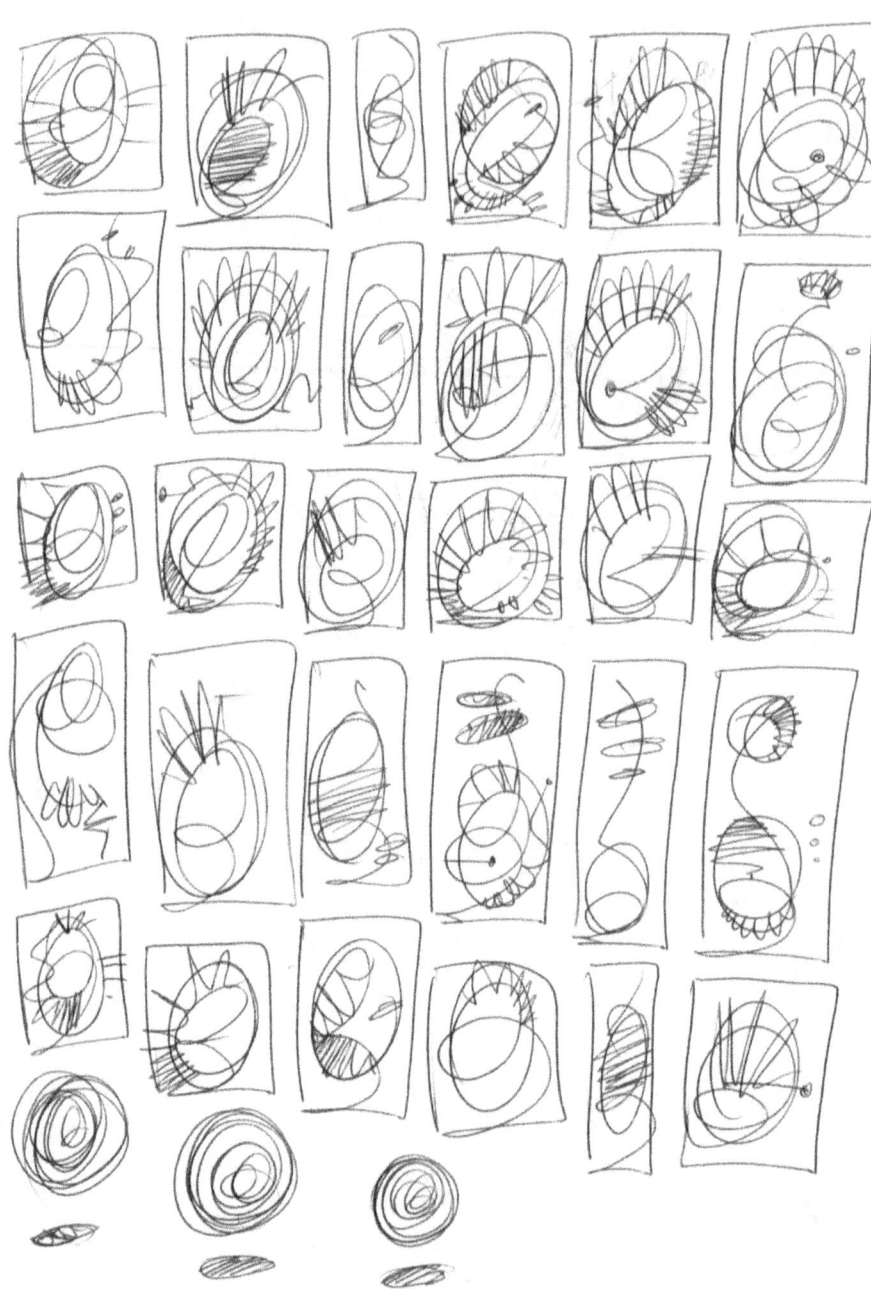

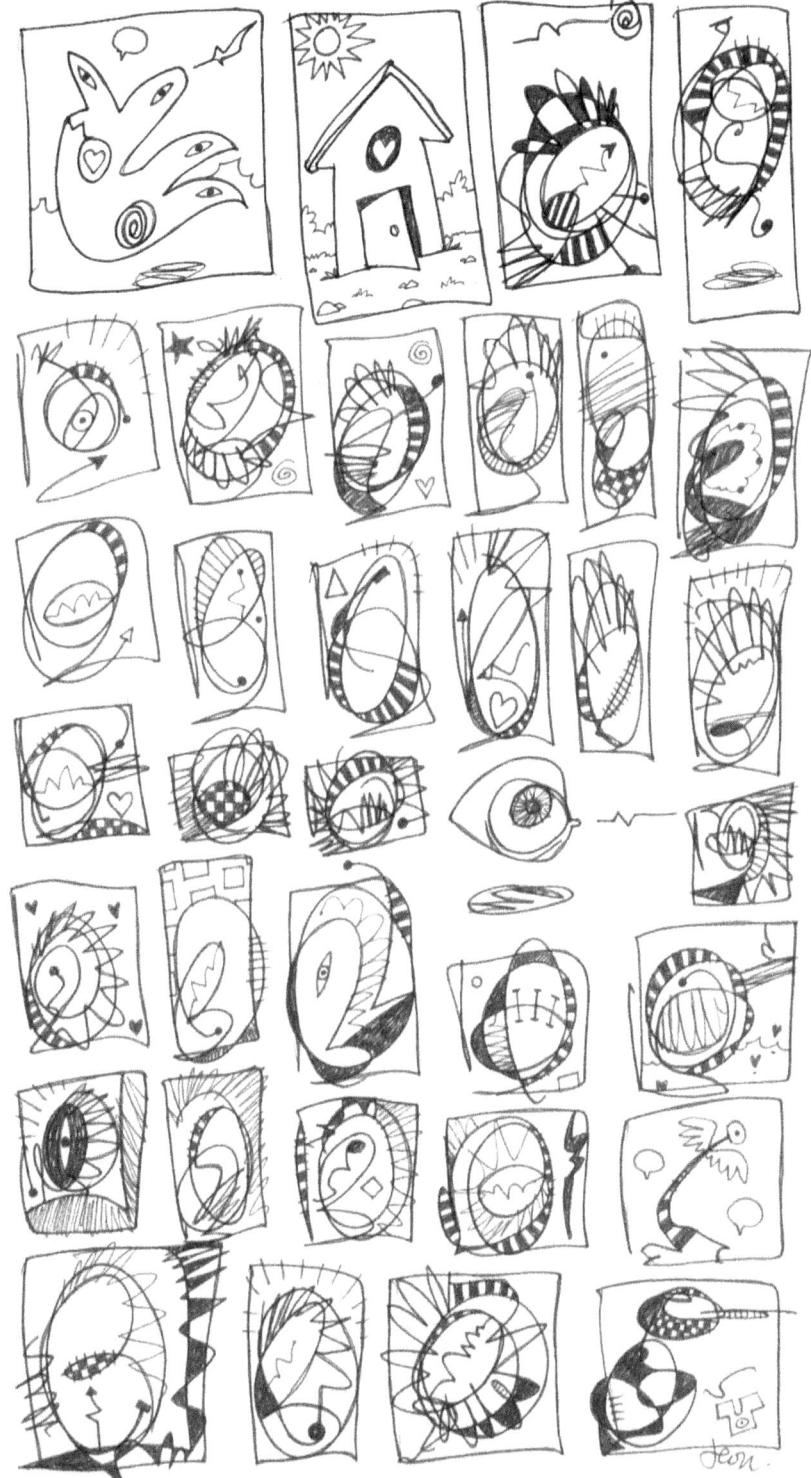

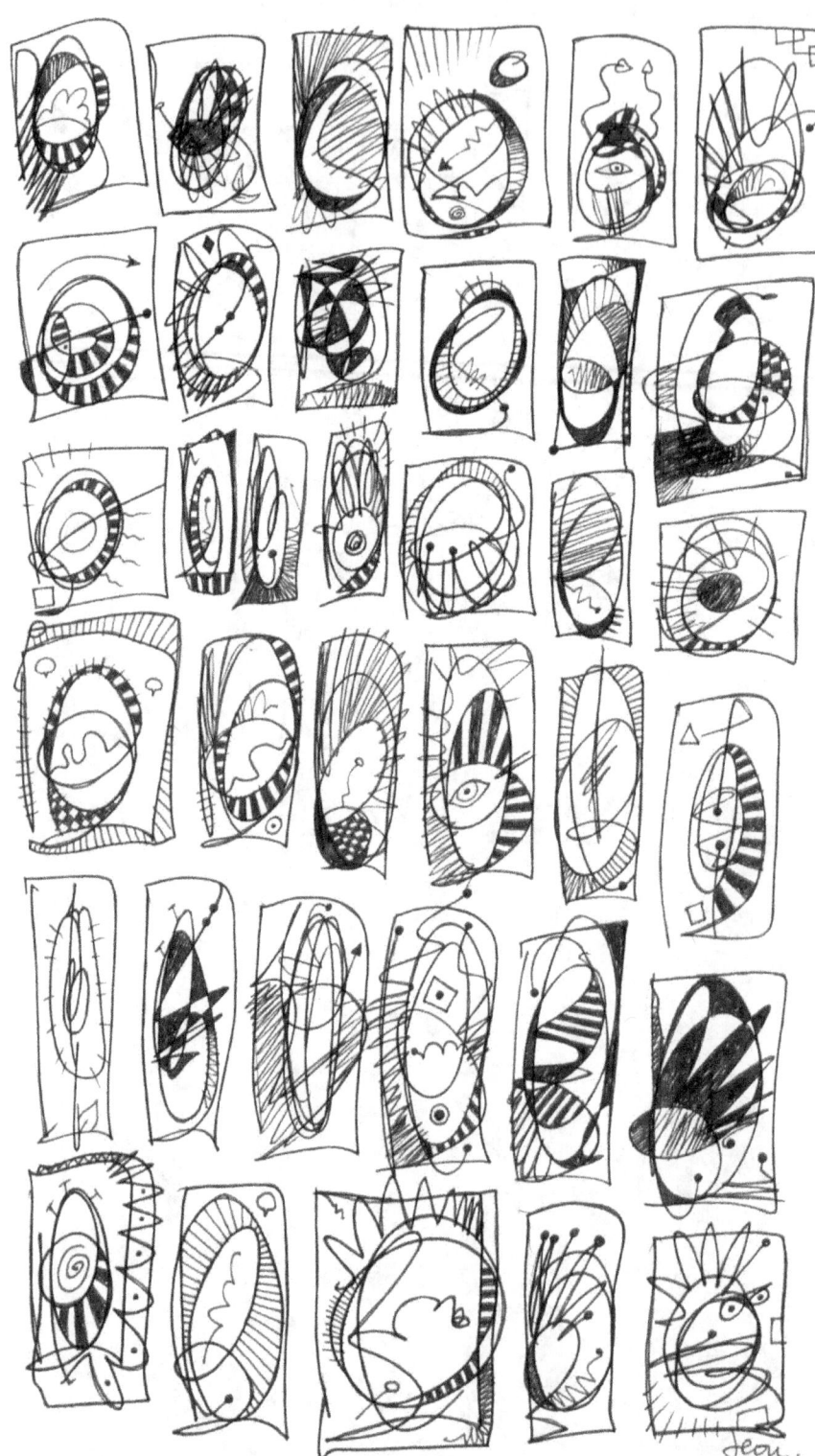

74

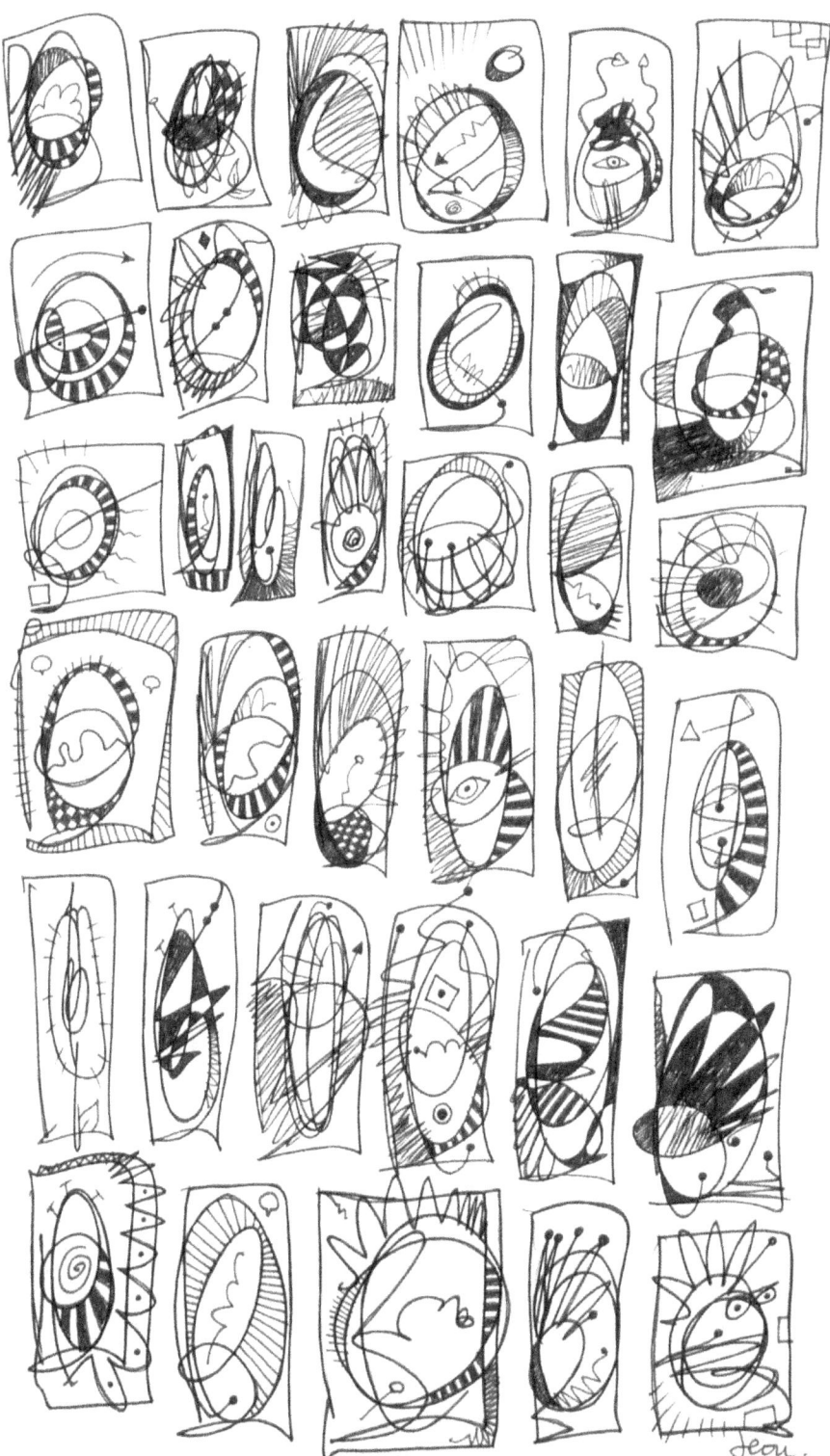

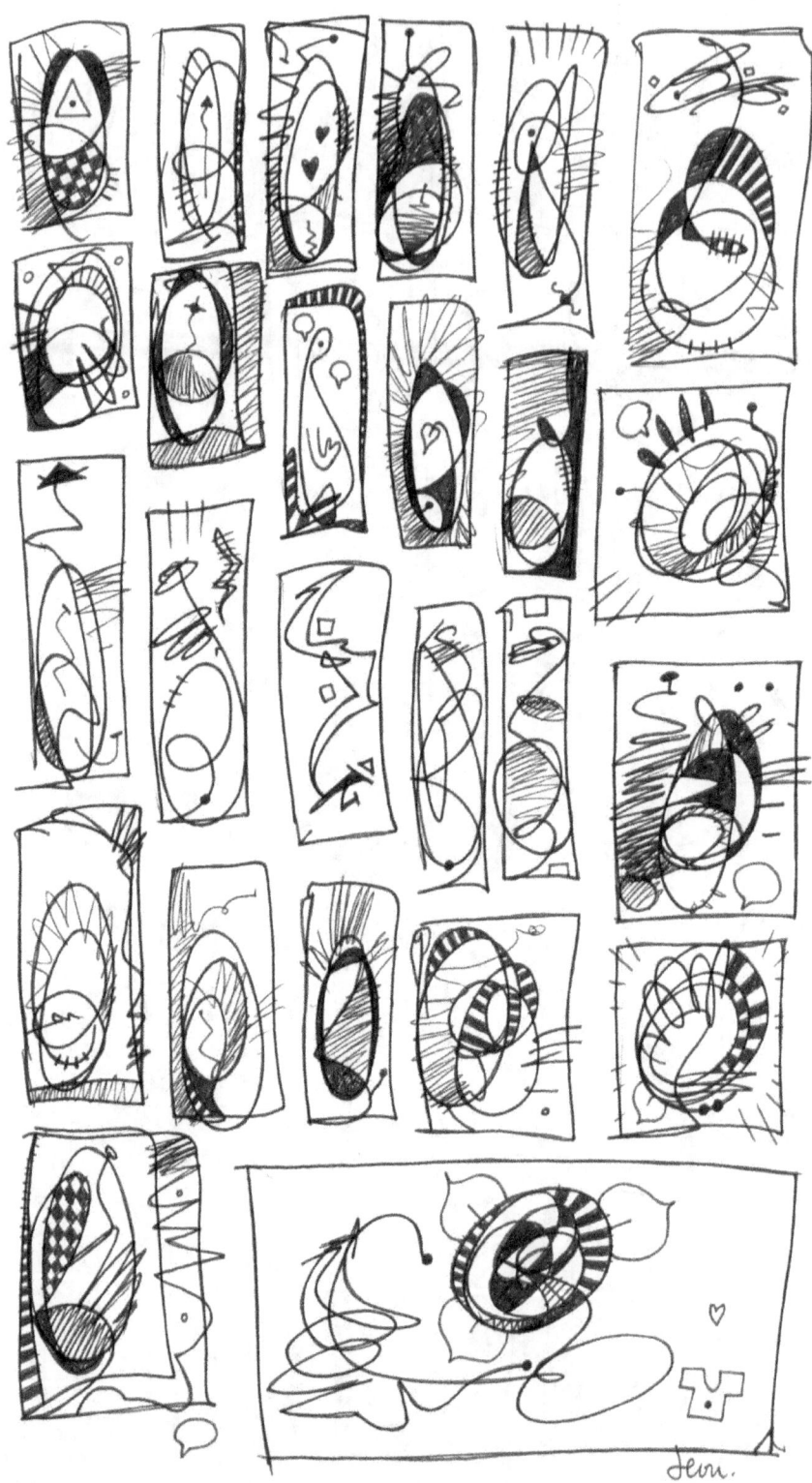

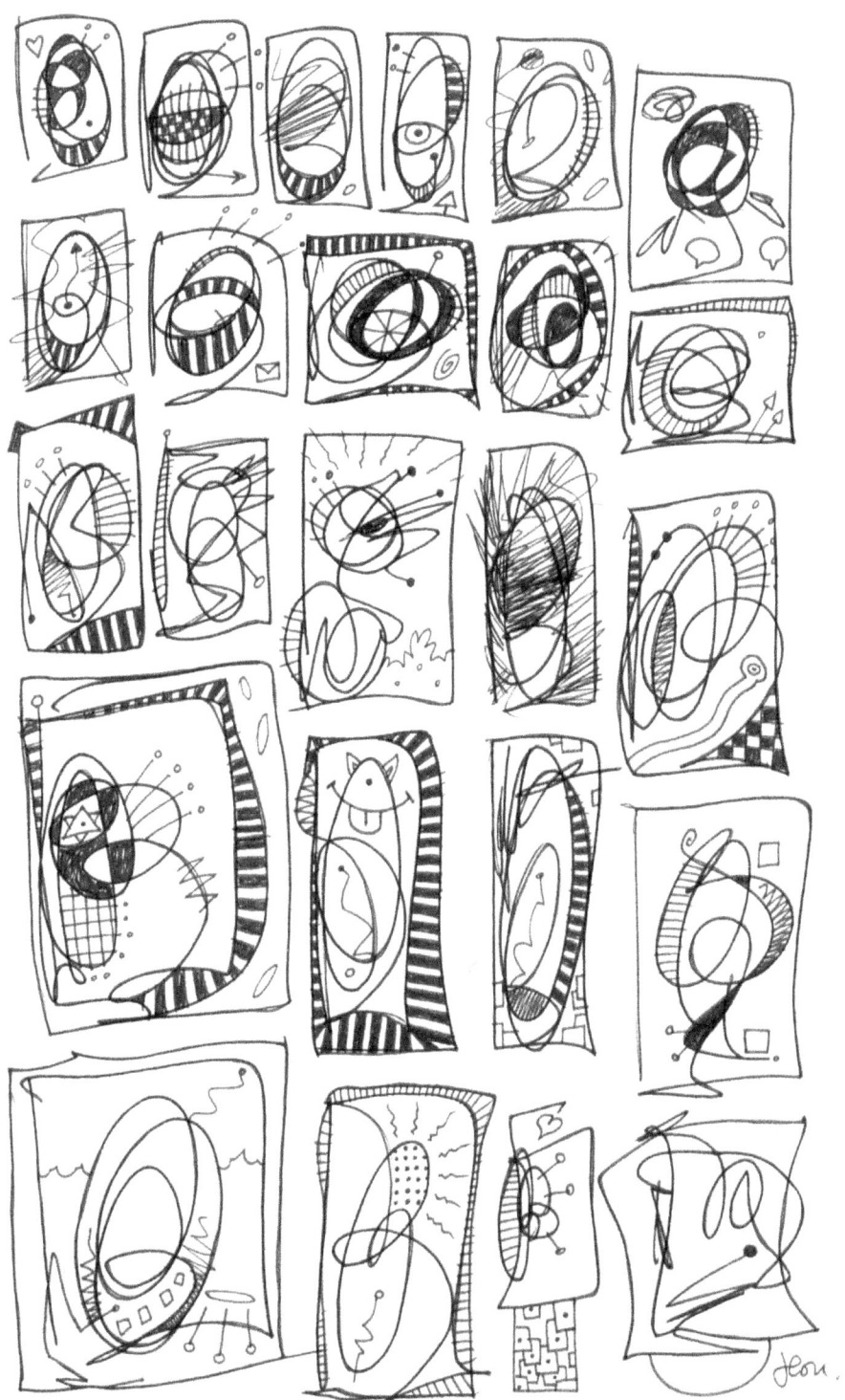

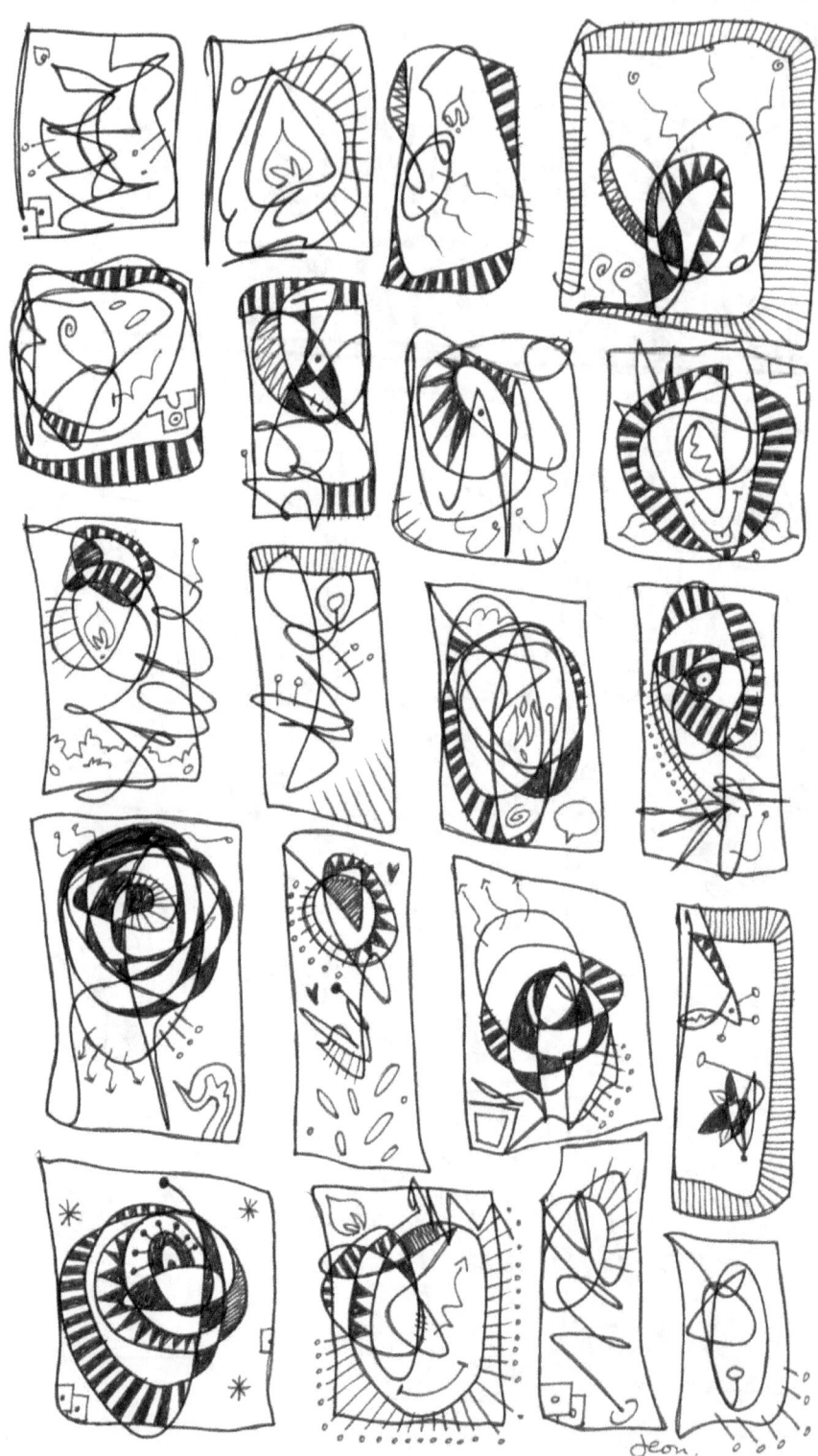

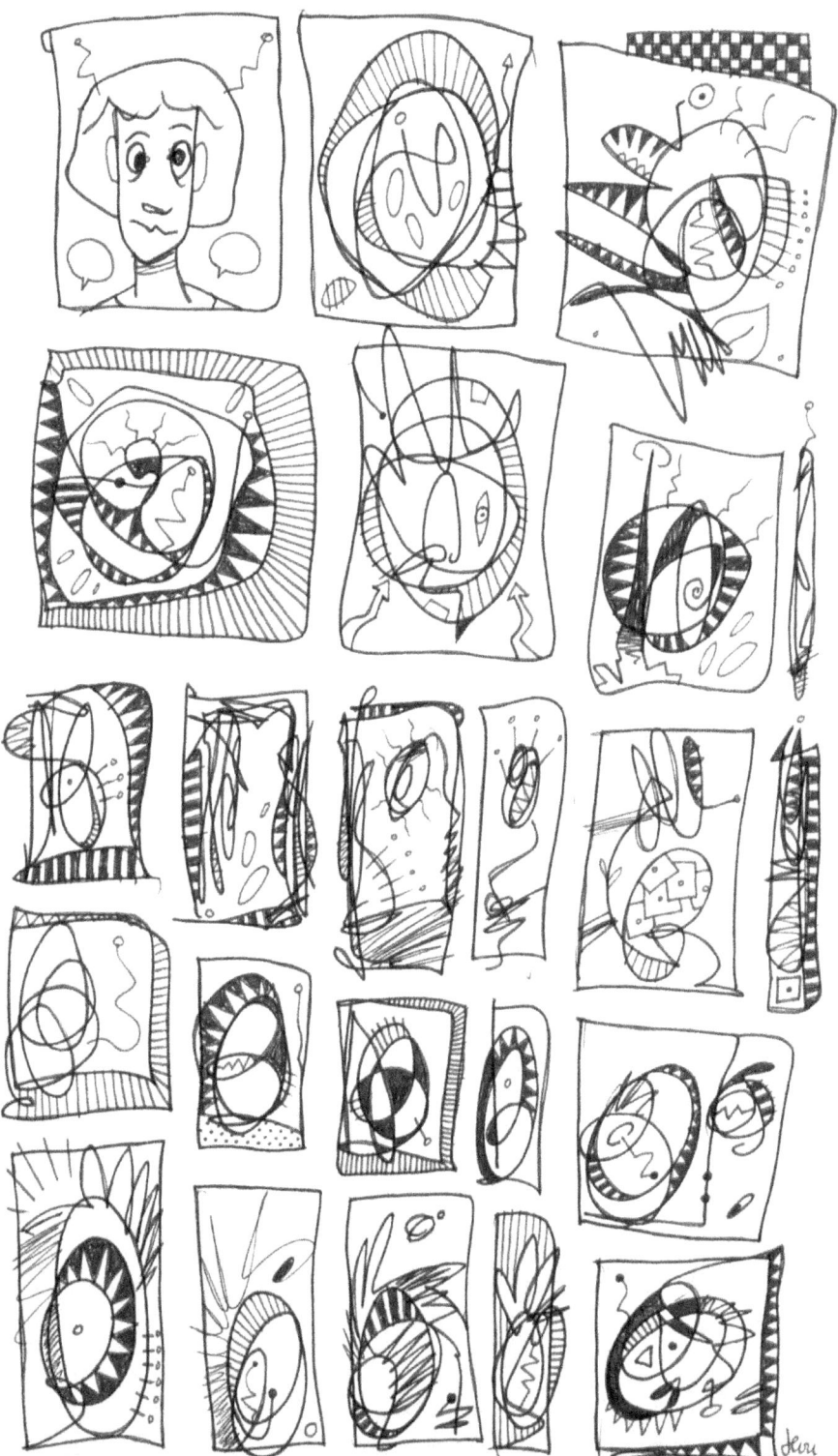

79

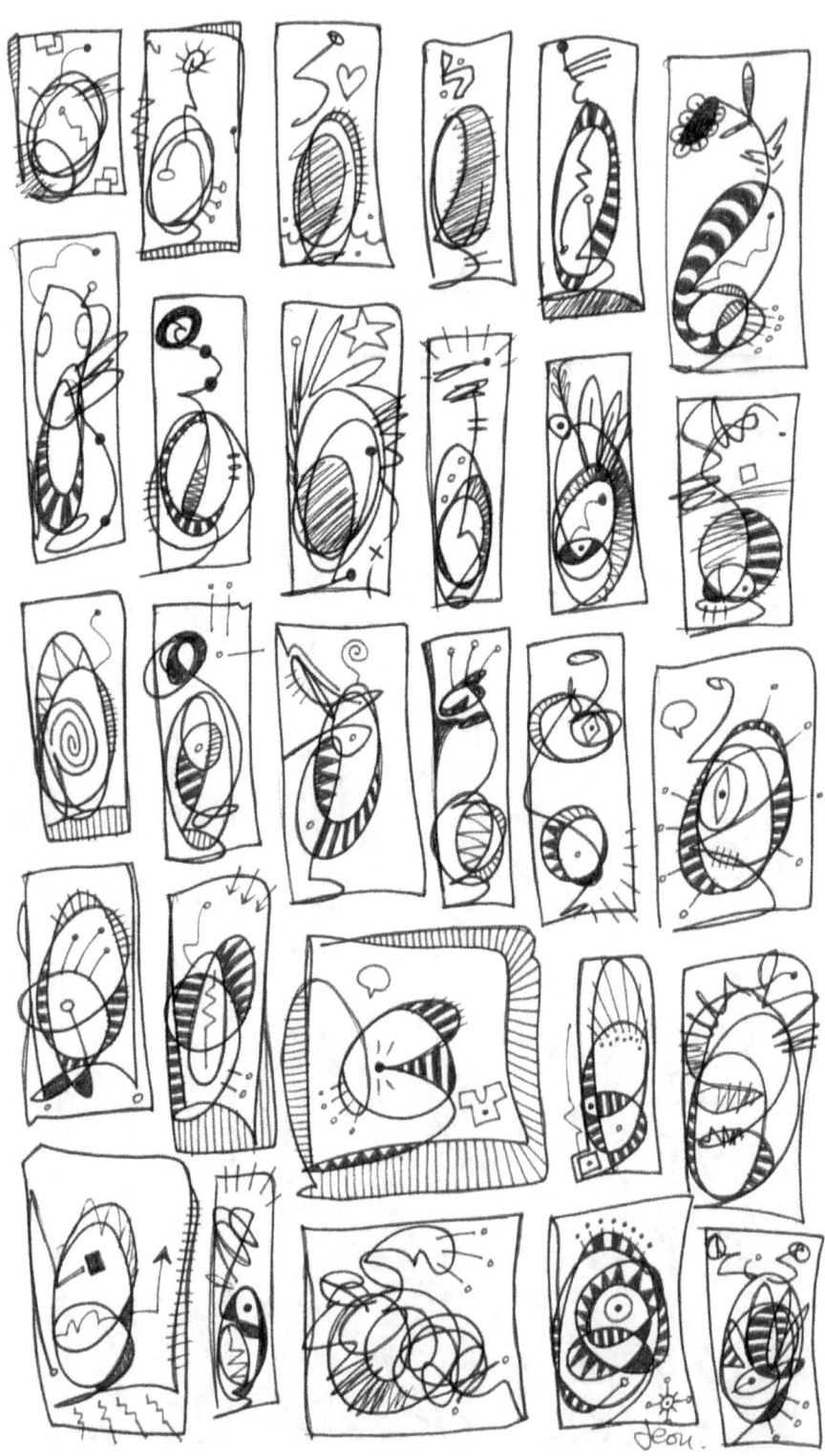

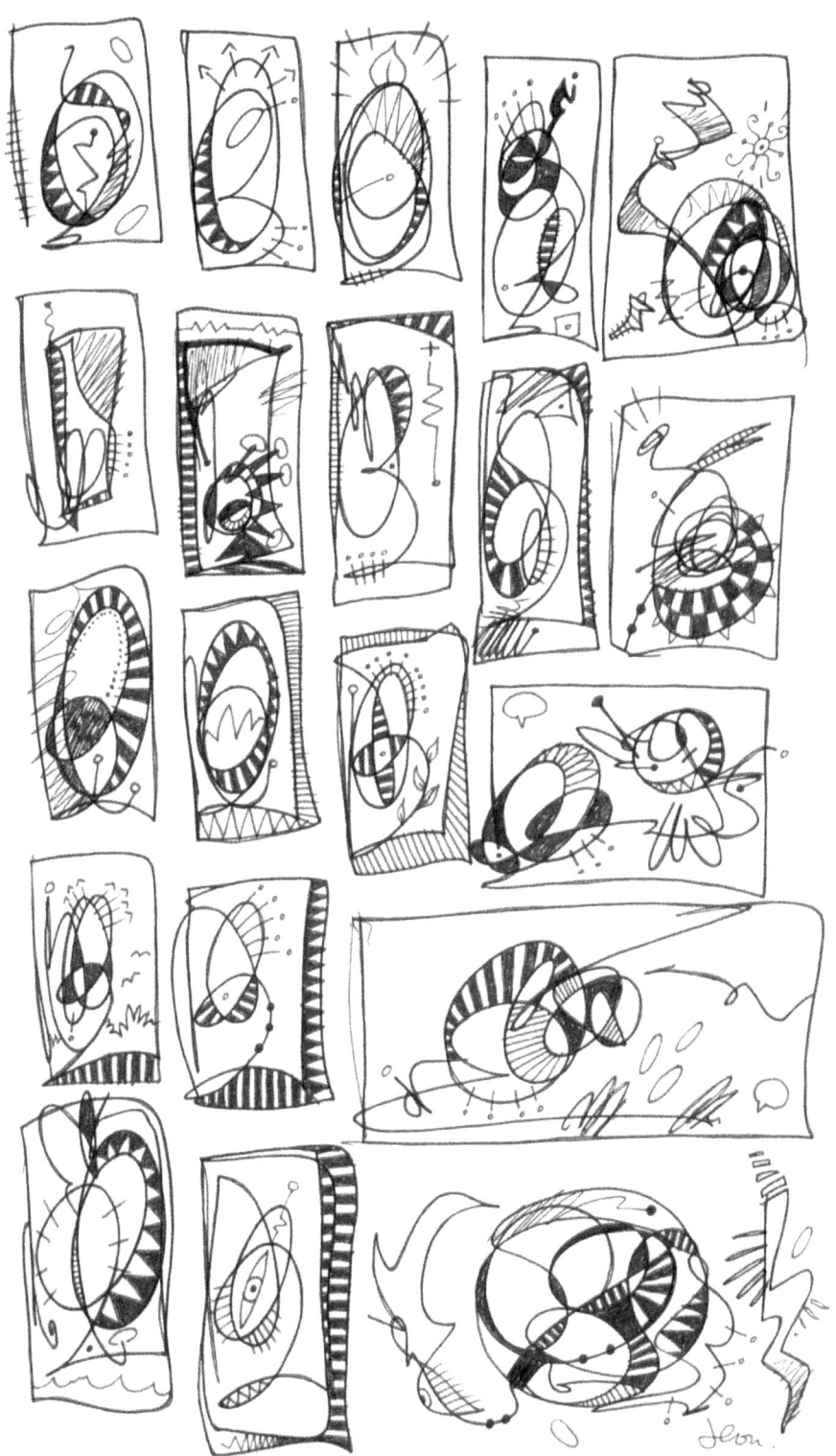

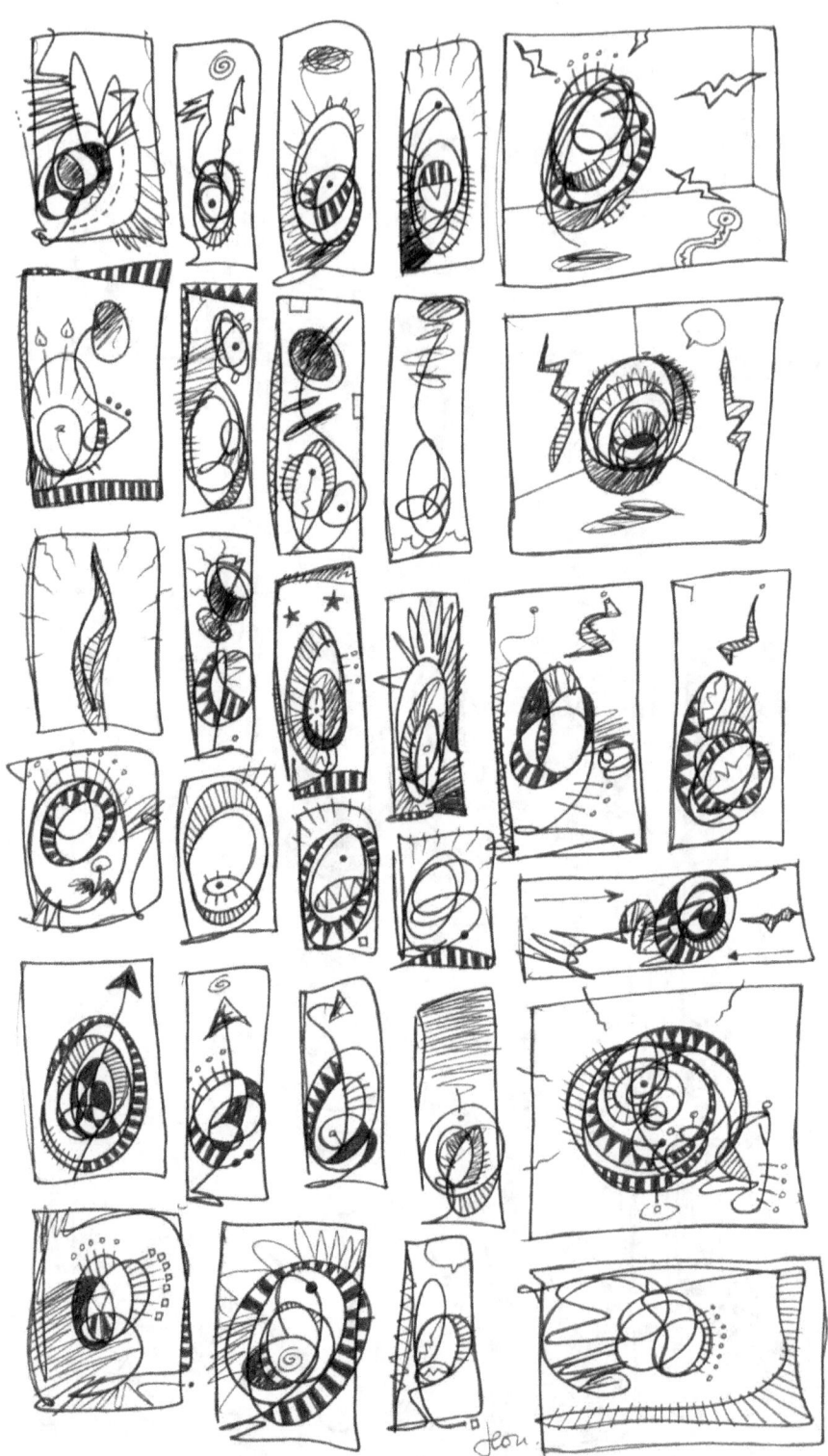

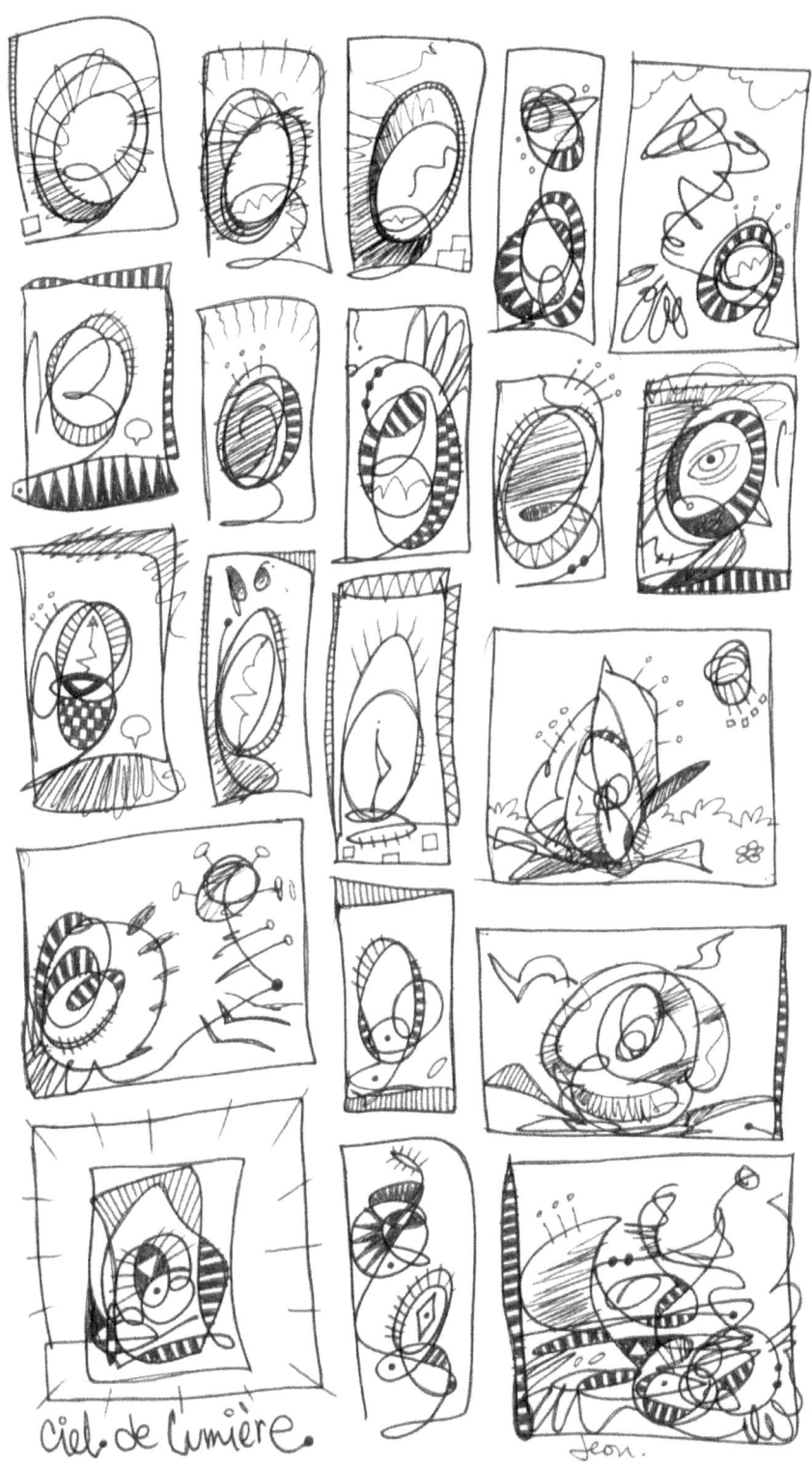

ciel de lumière.

Je t'acclame.
Ma révolte
si SAINE
observable.

Pétrole de
conscience
sereine
Beauté

majeure
vérité
de Grand
calibre.

ALPHABET
Pur
étage

Verni

Bien ?

MAL

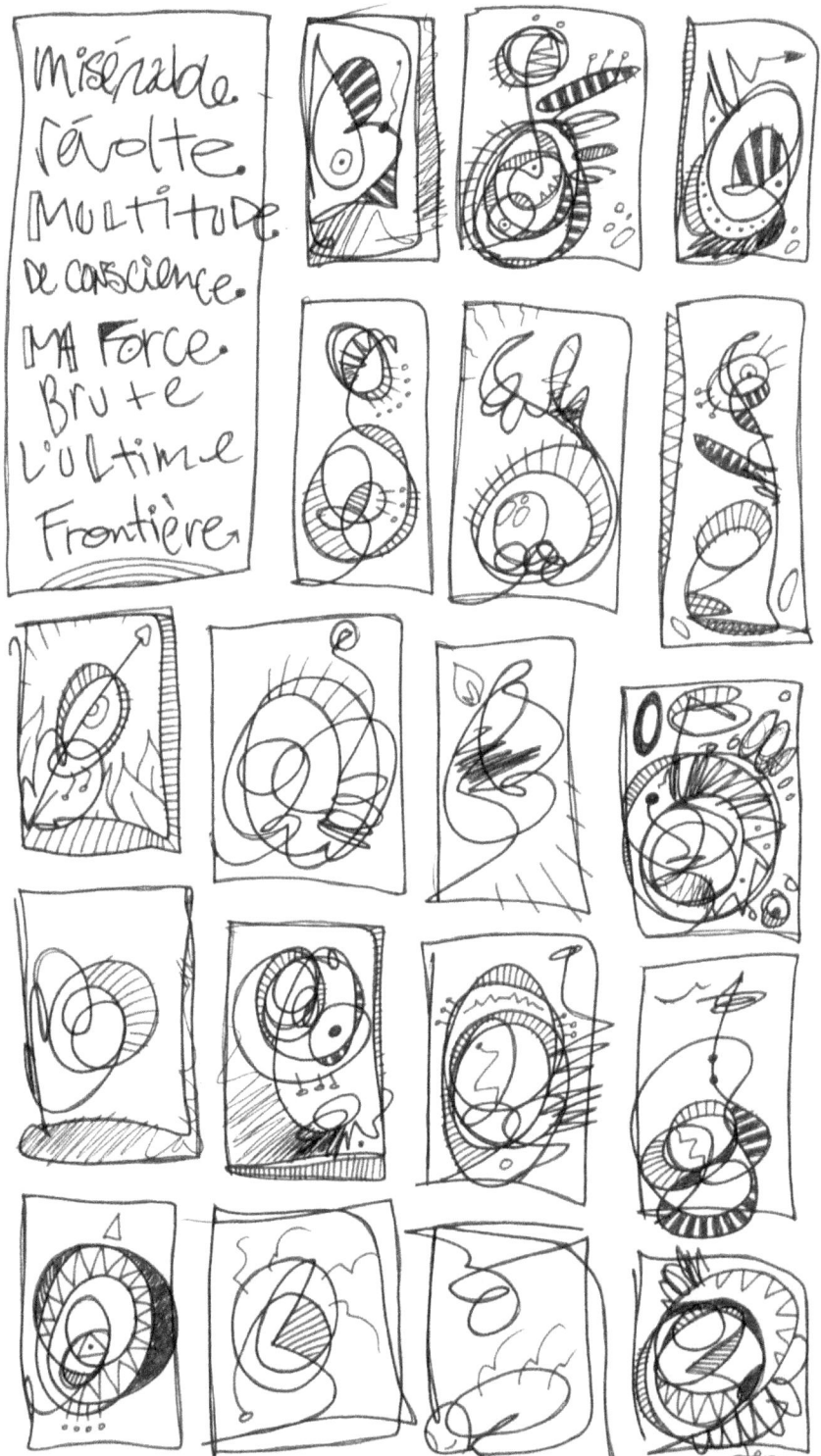

misérable.
révolte.
Multitude
de conscience.
MA Force.
Brute
L'ultime
Frontière.

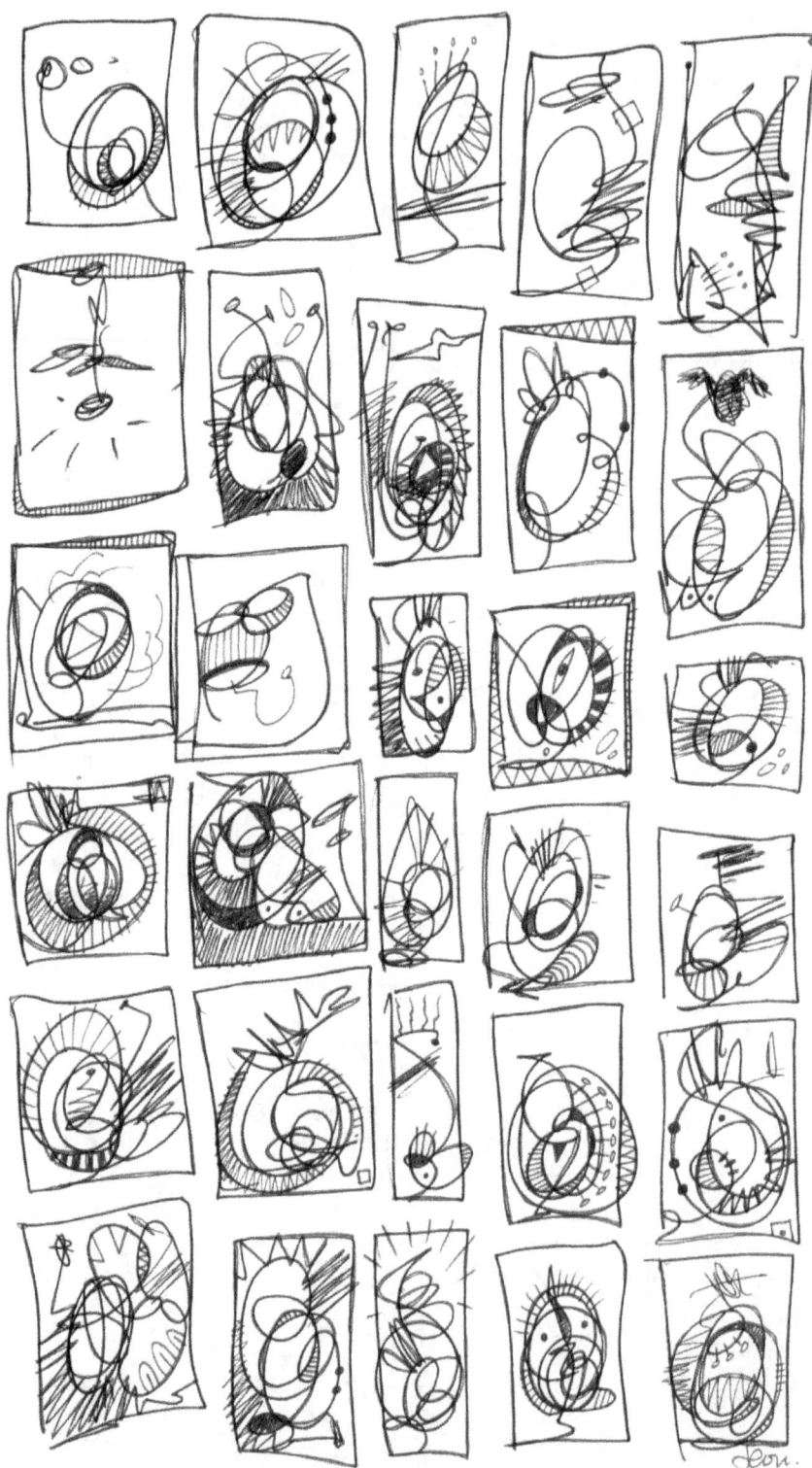

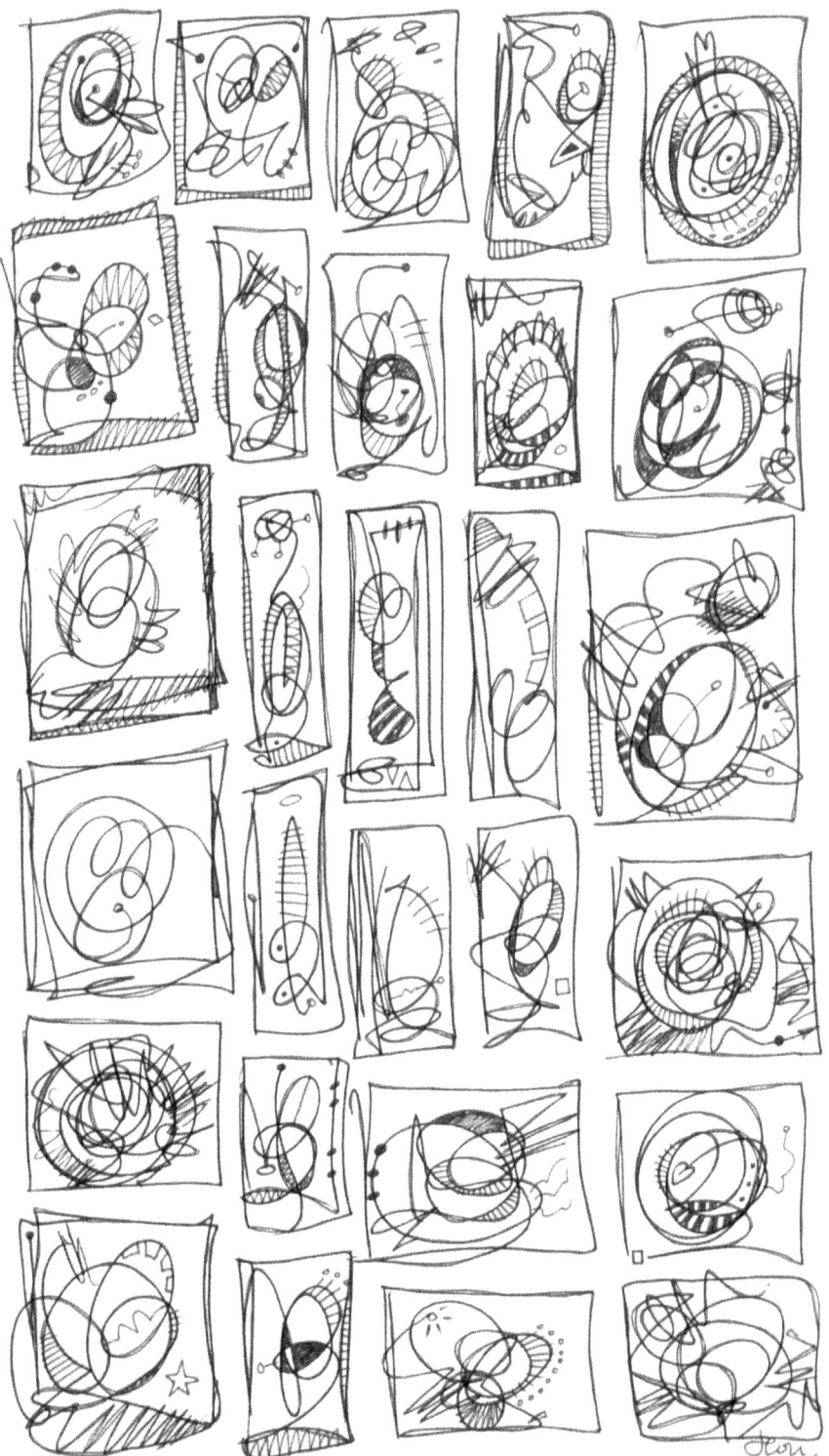

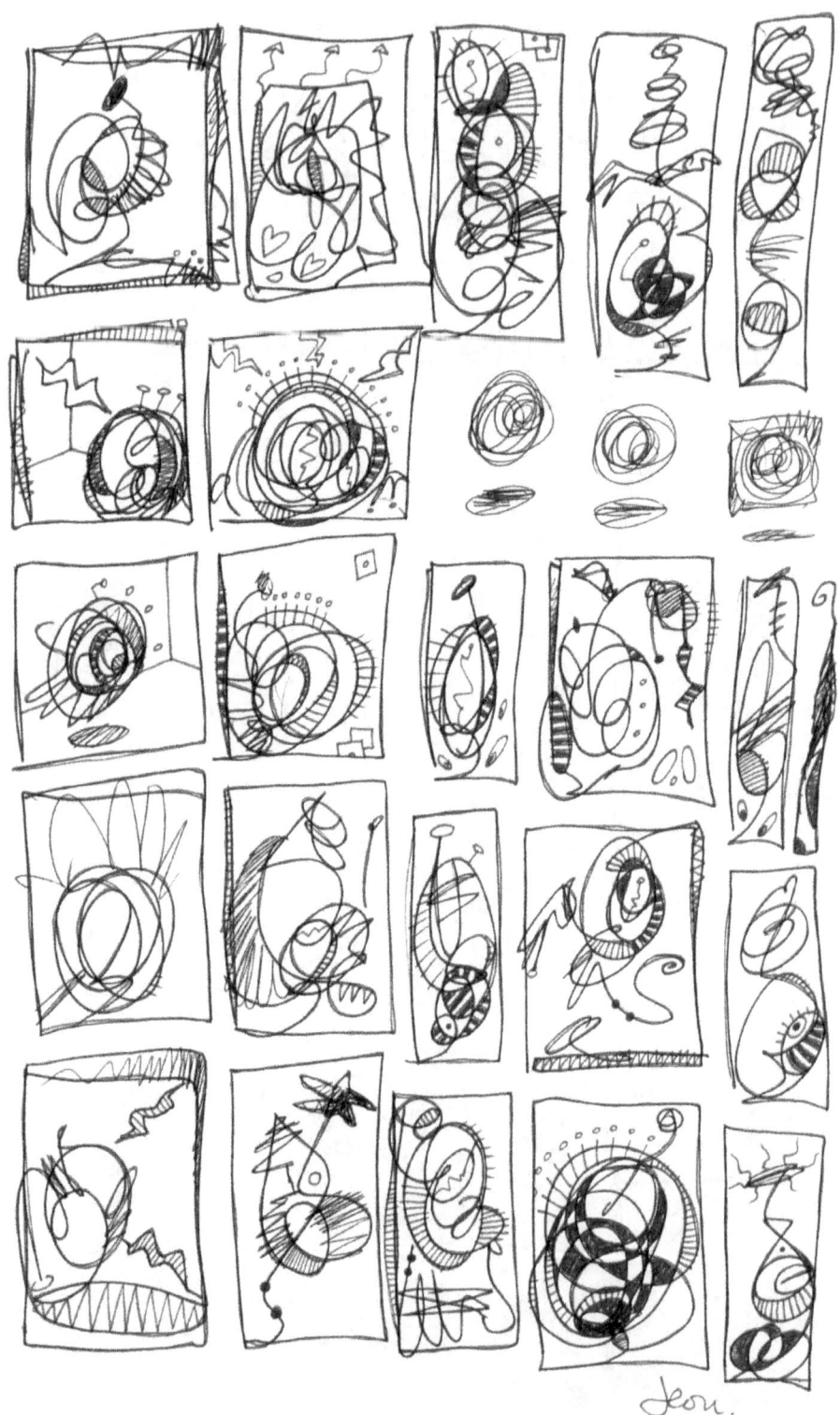

Jeon.

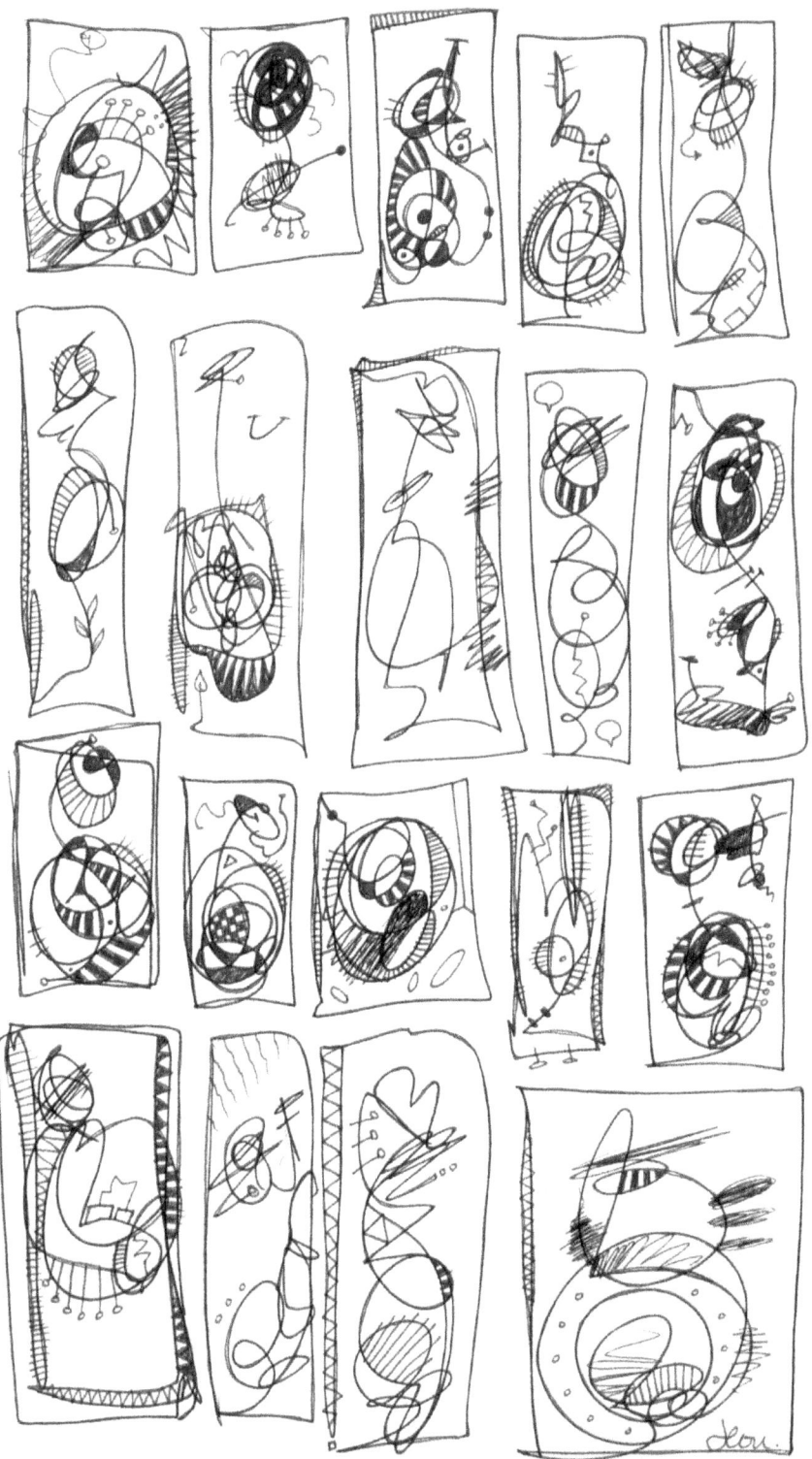

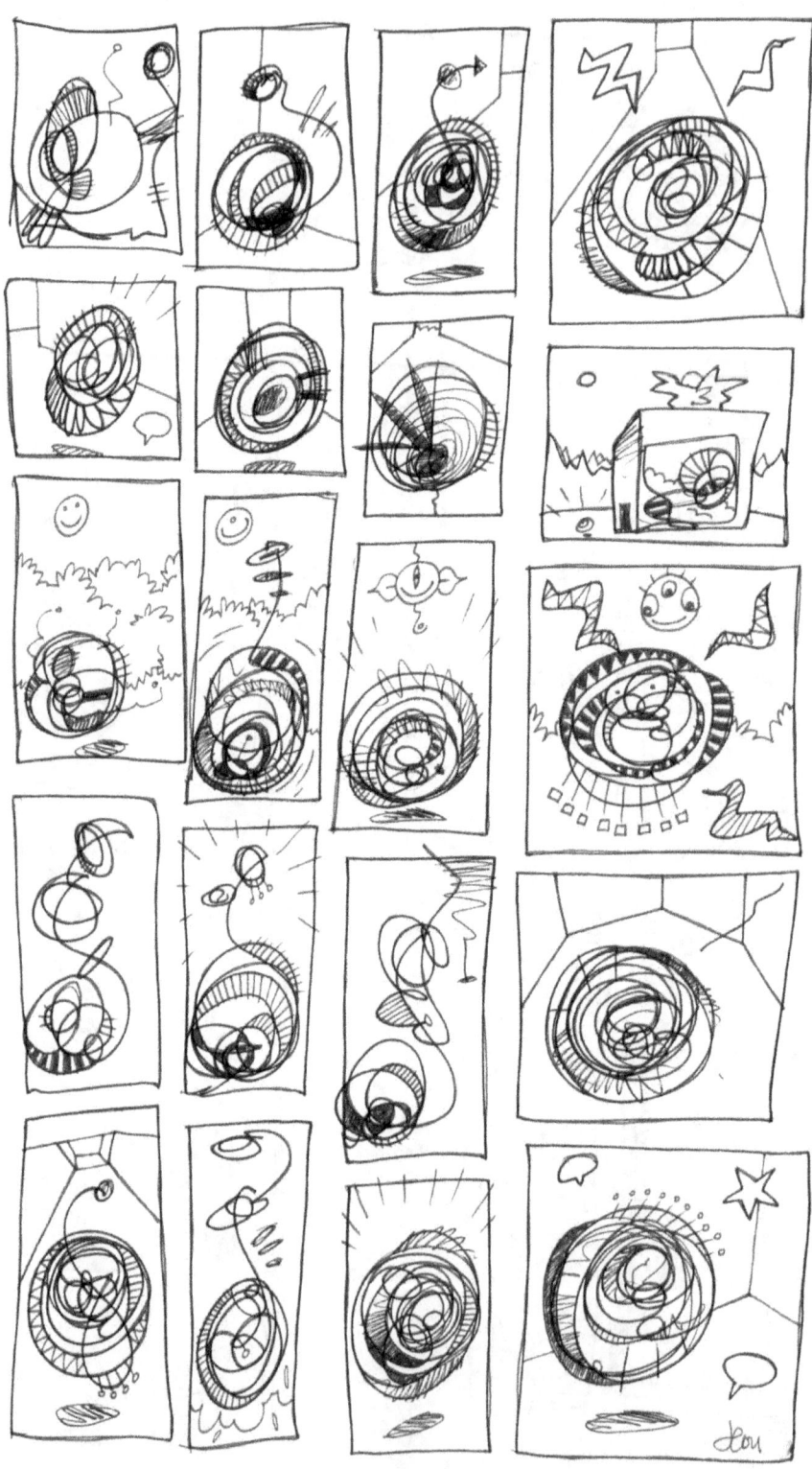

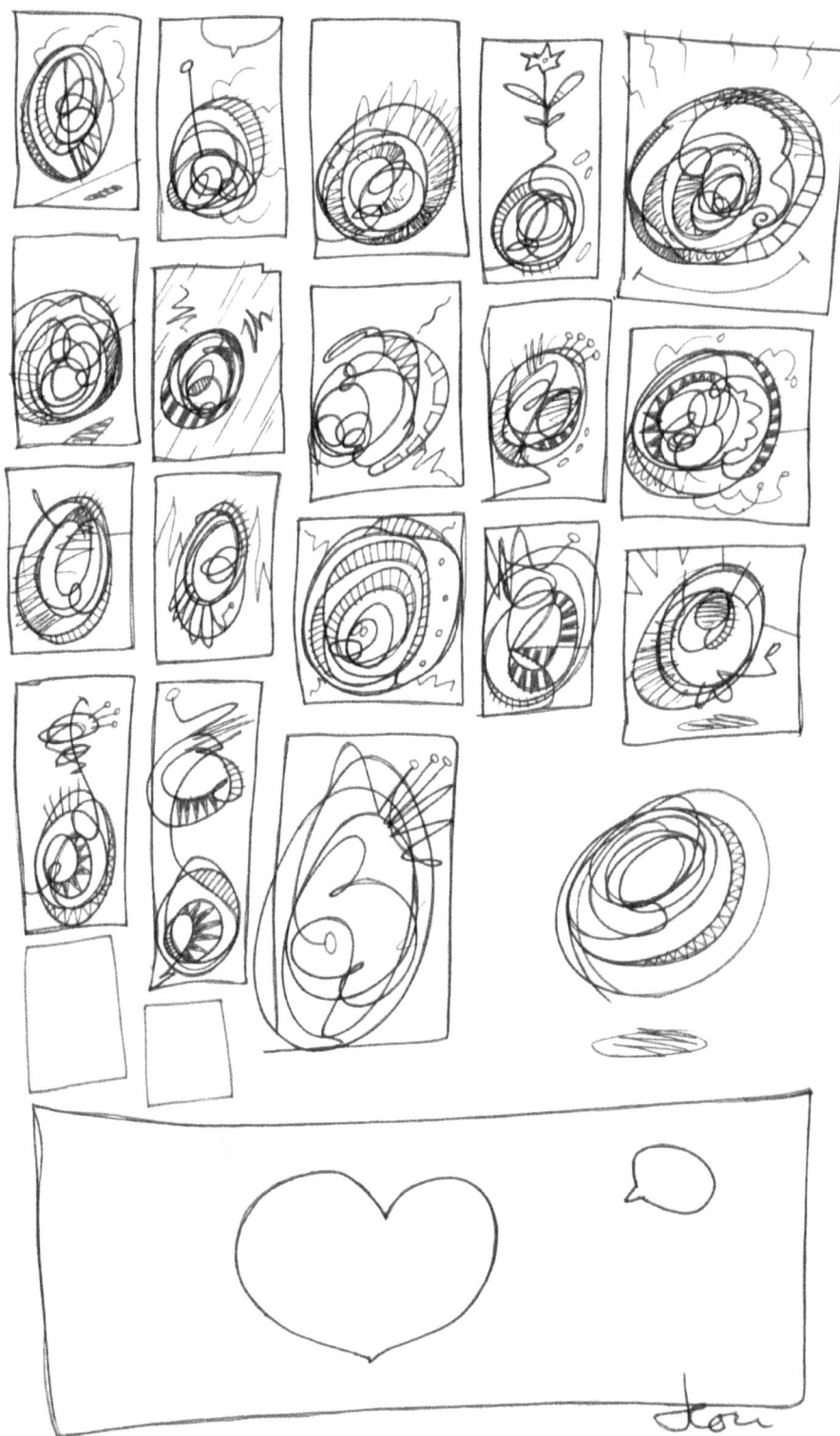

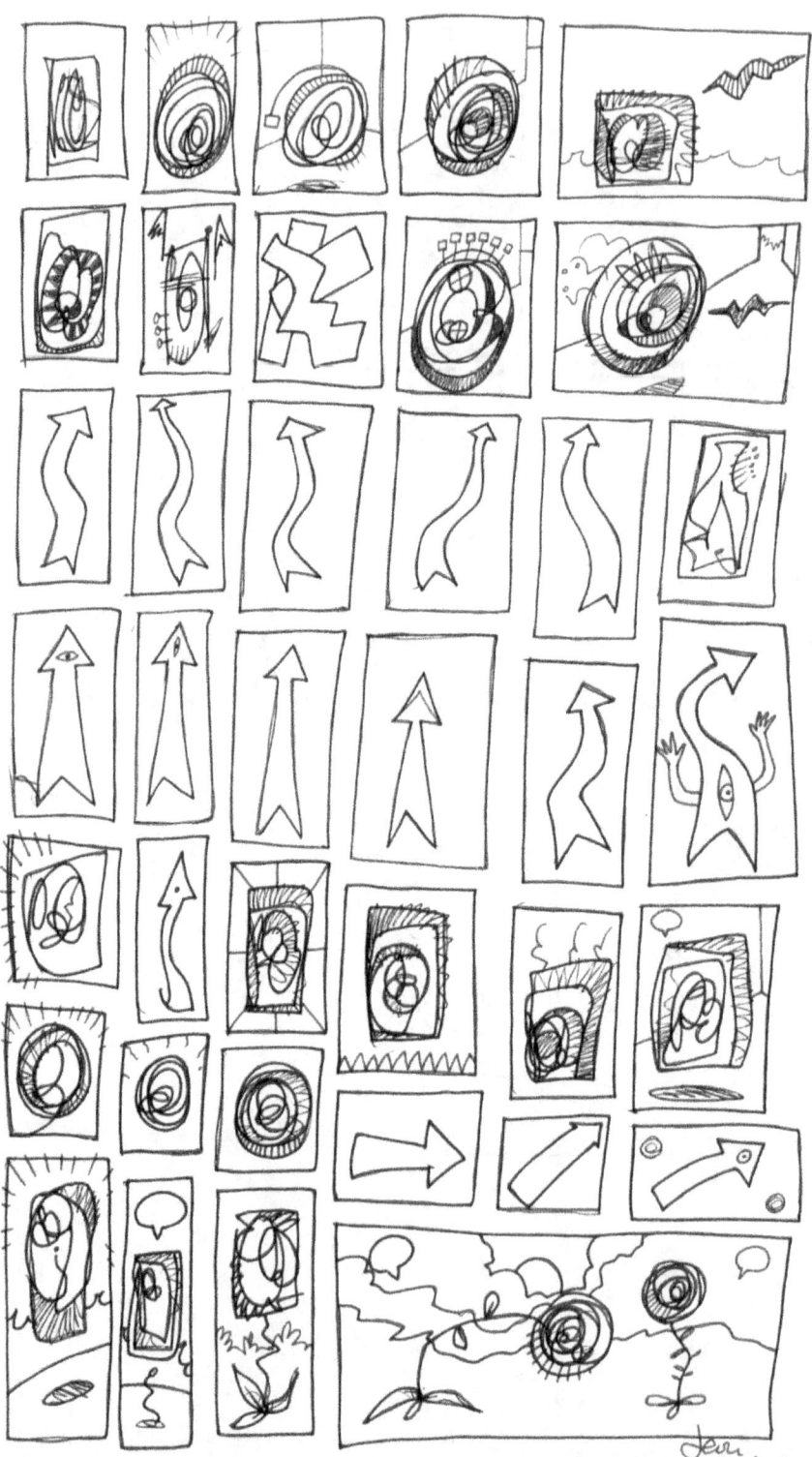

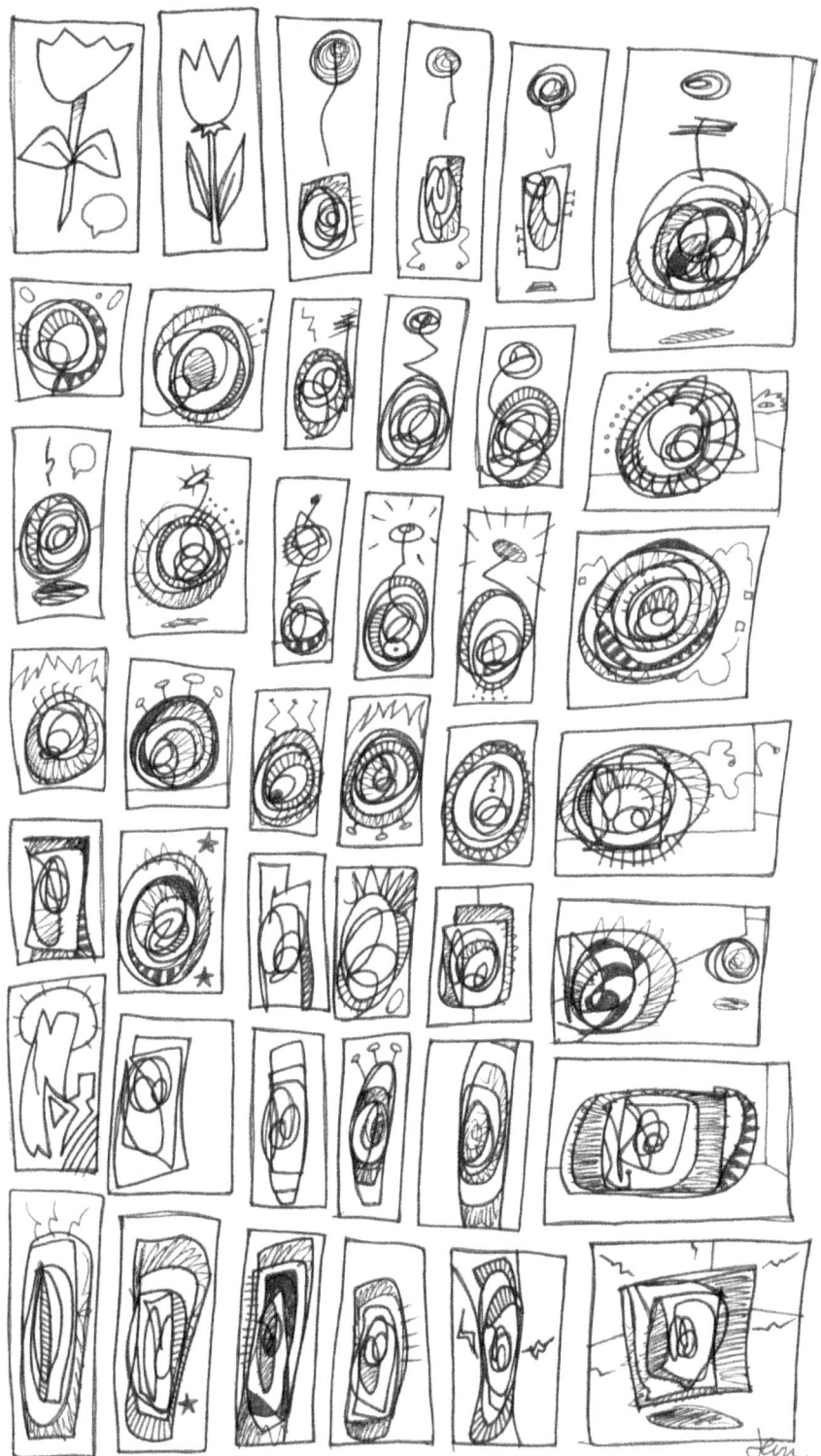

93

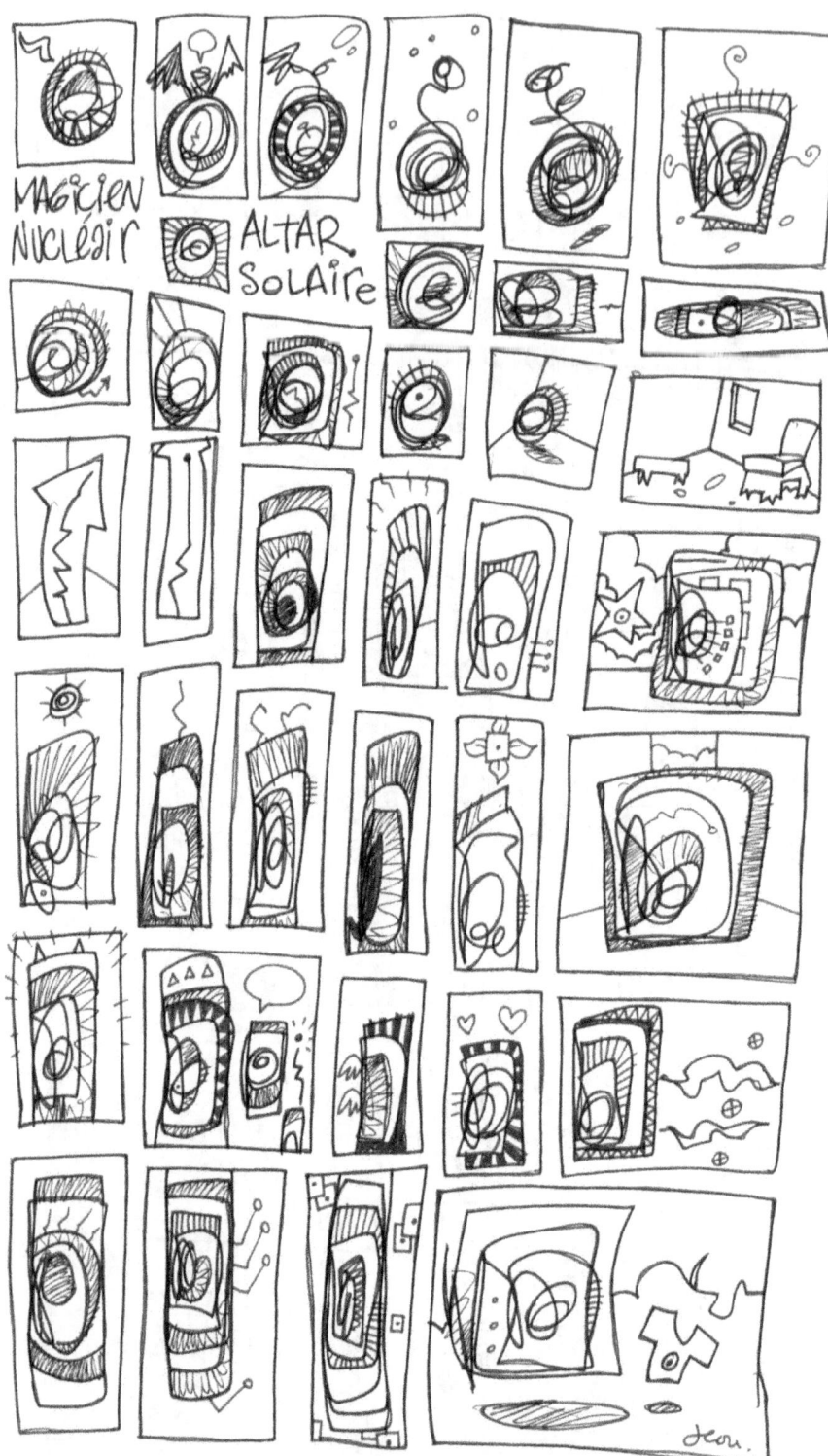

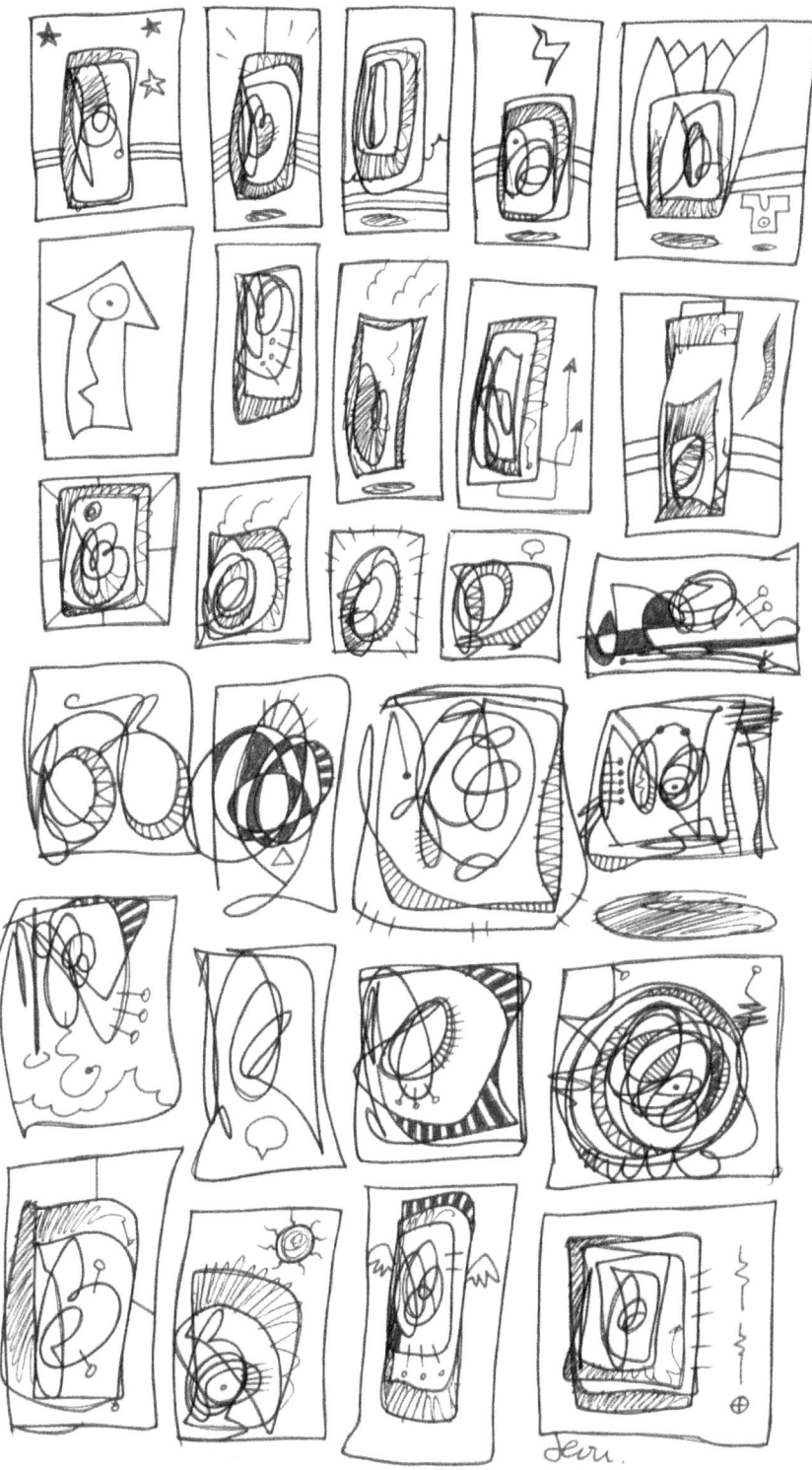

95

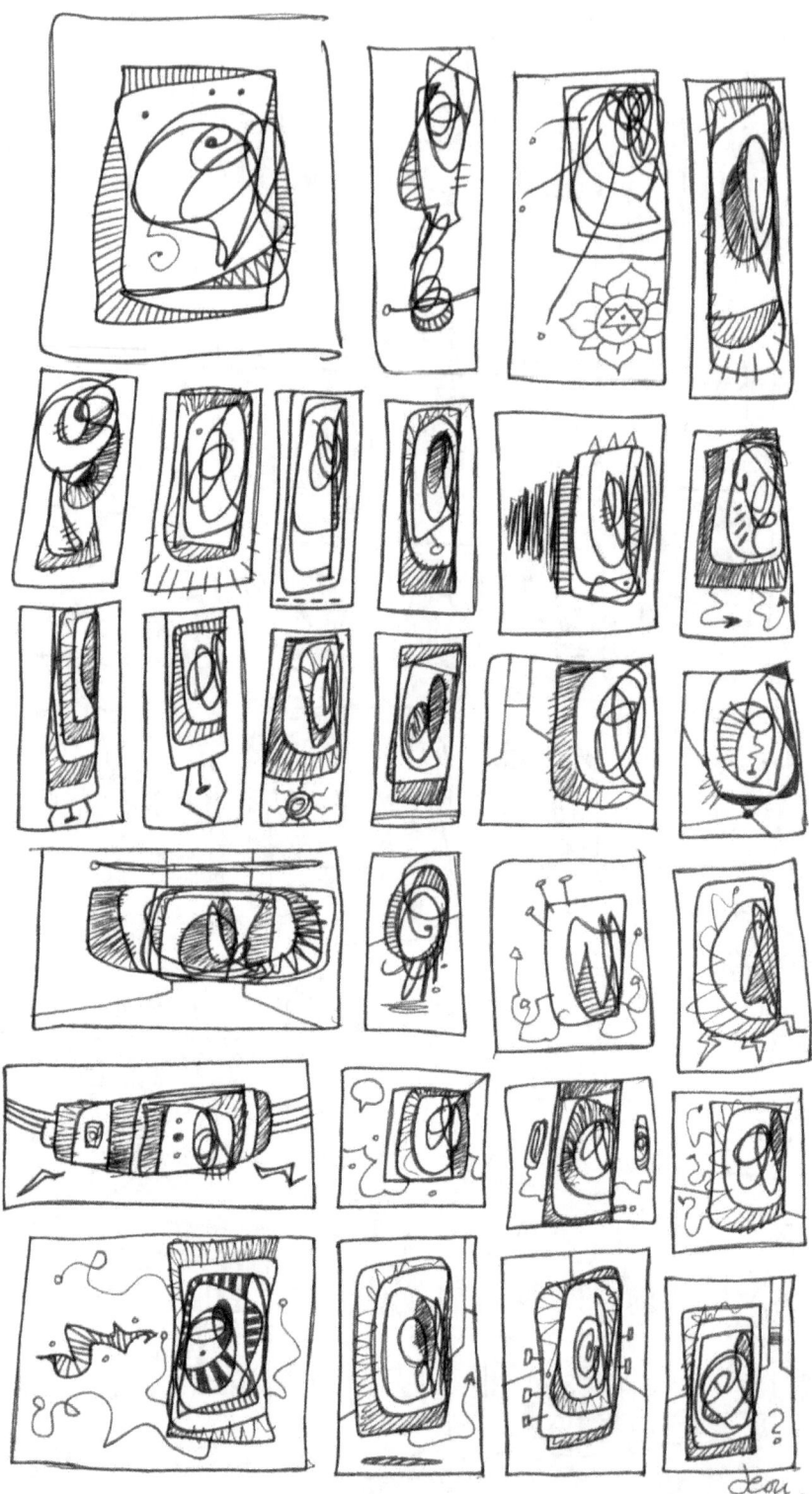

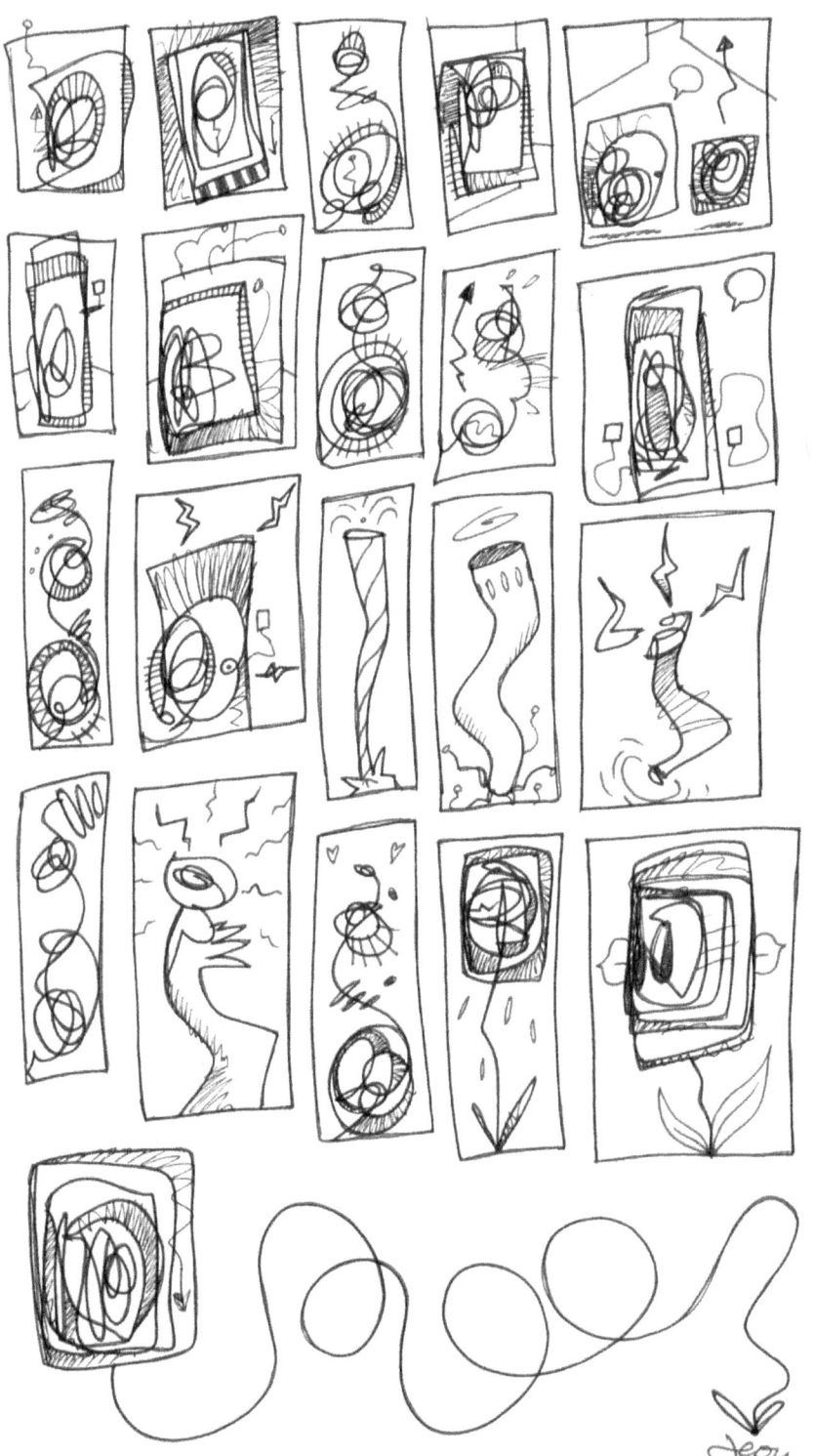

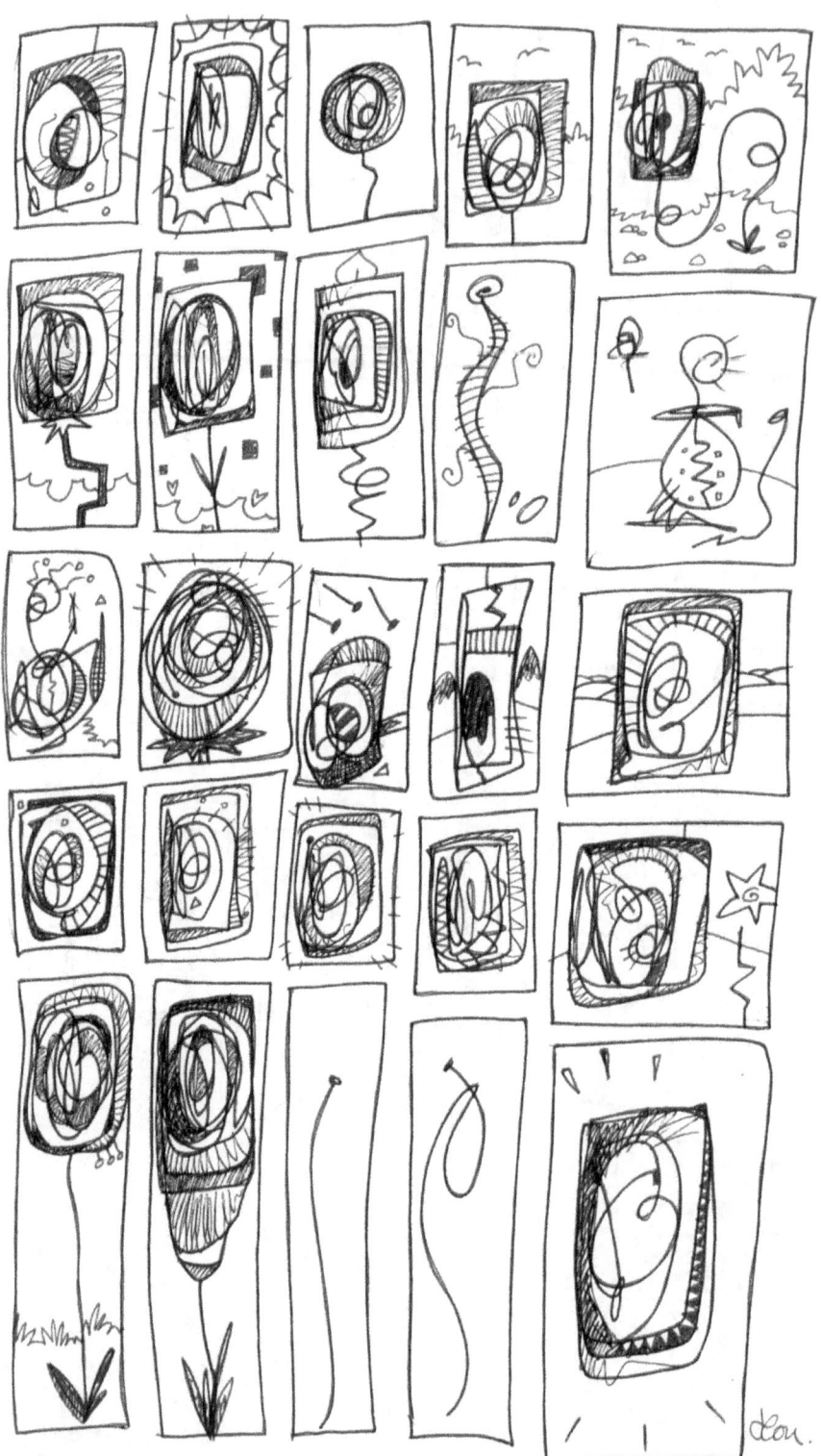

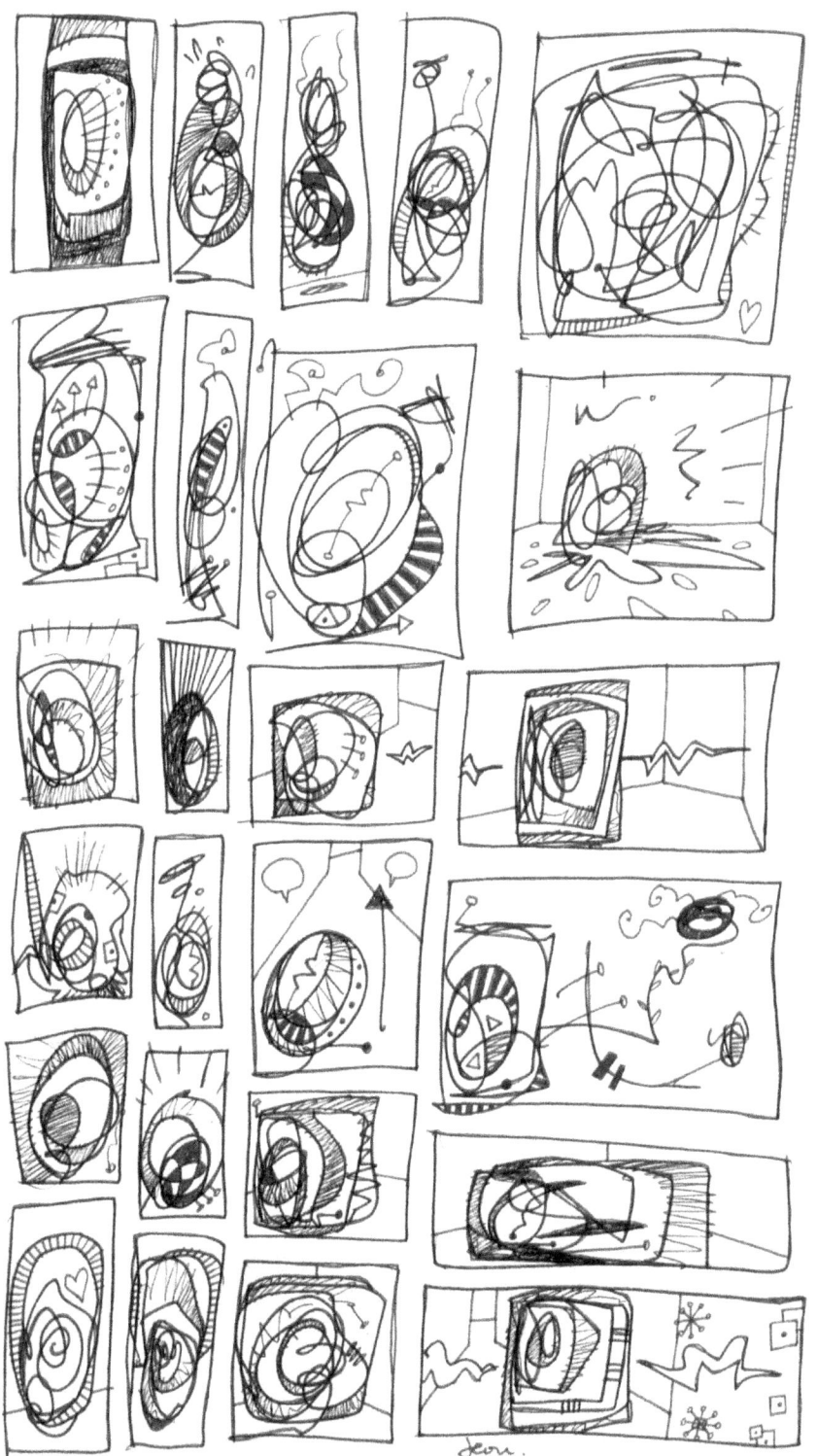

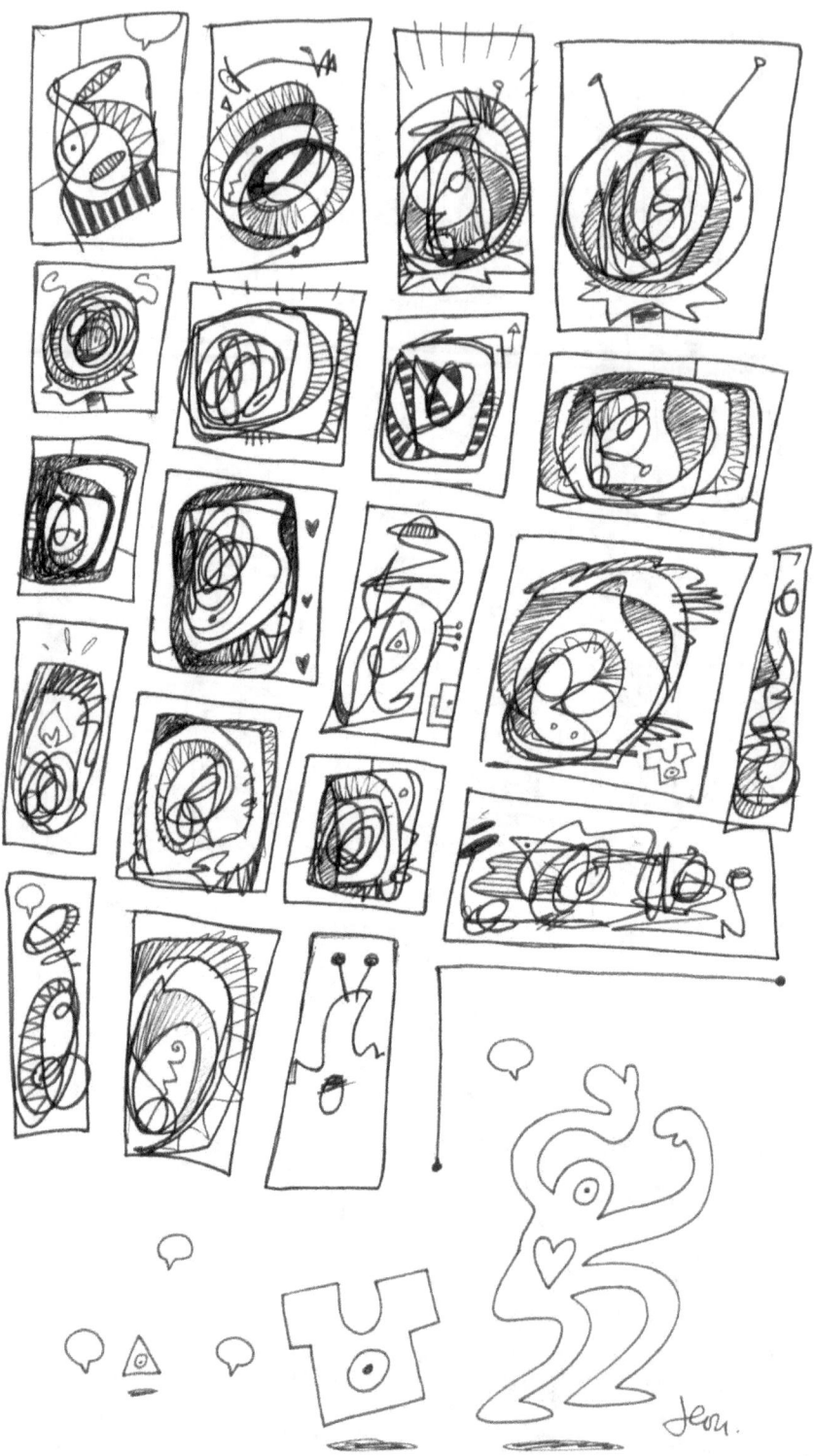

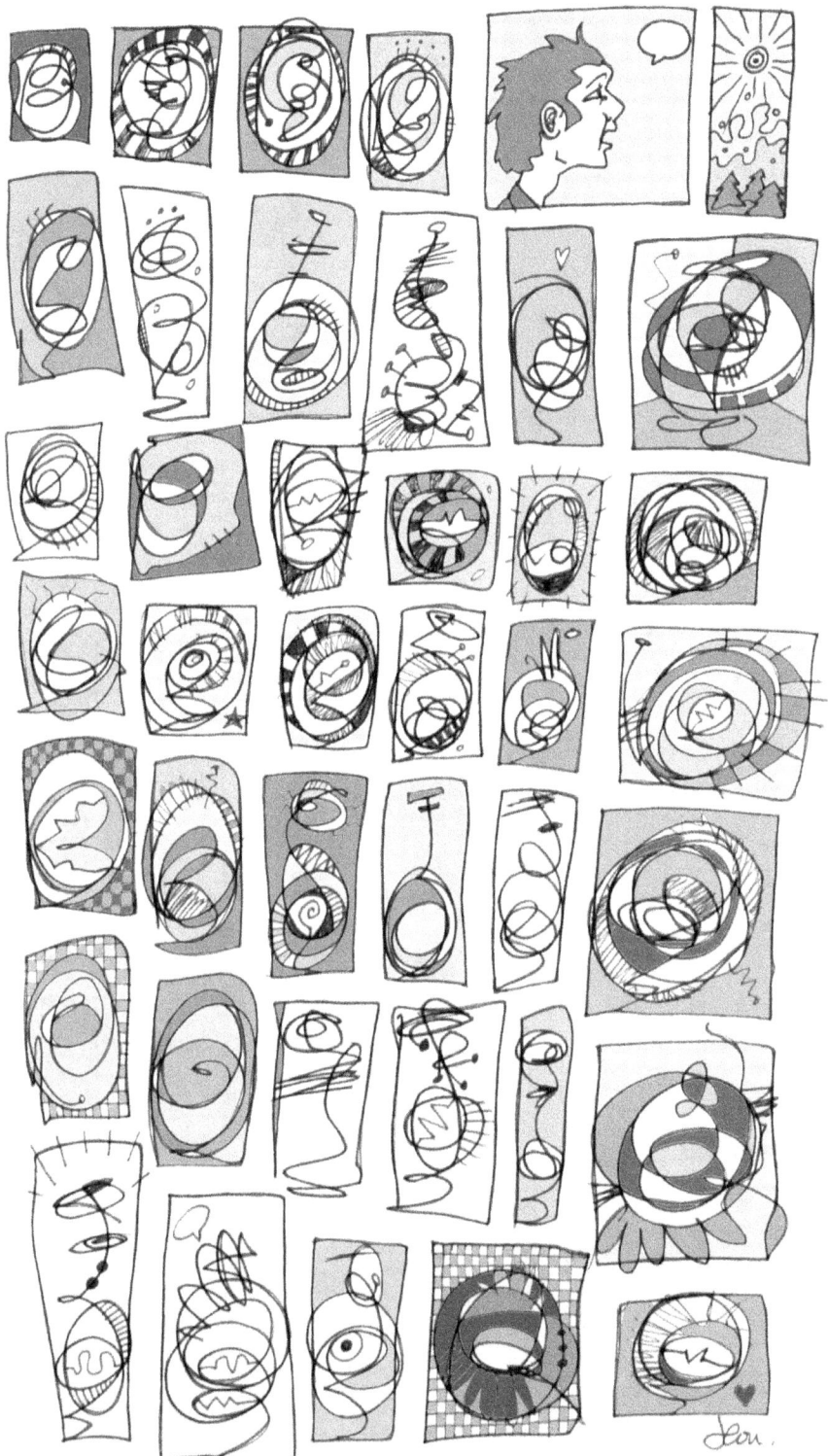

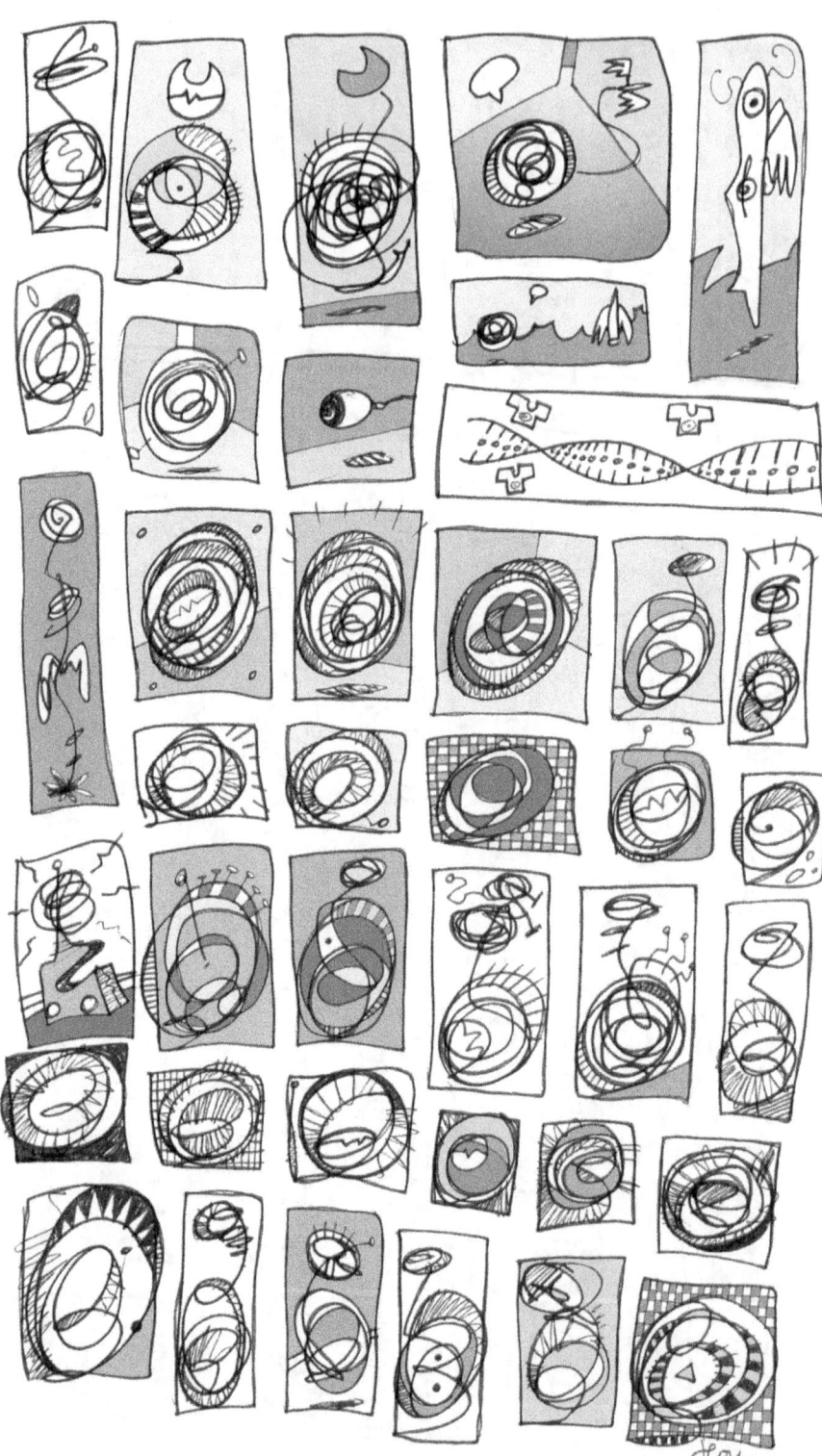

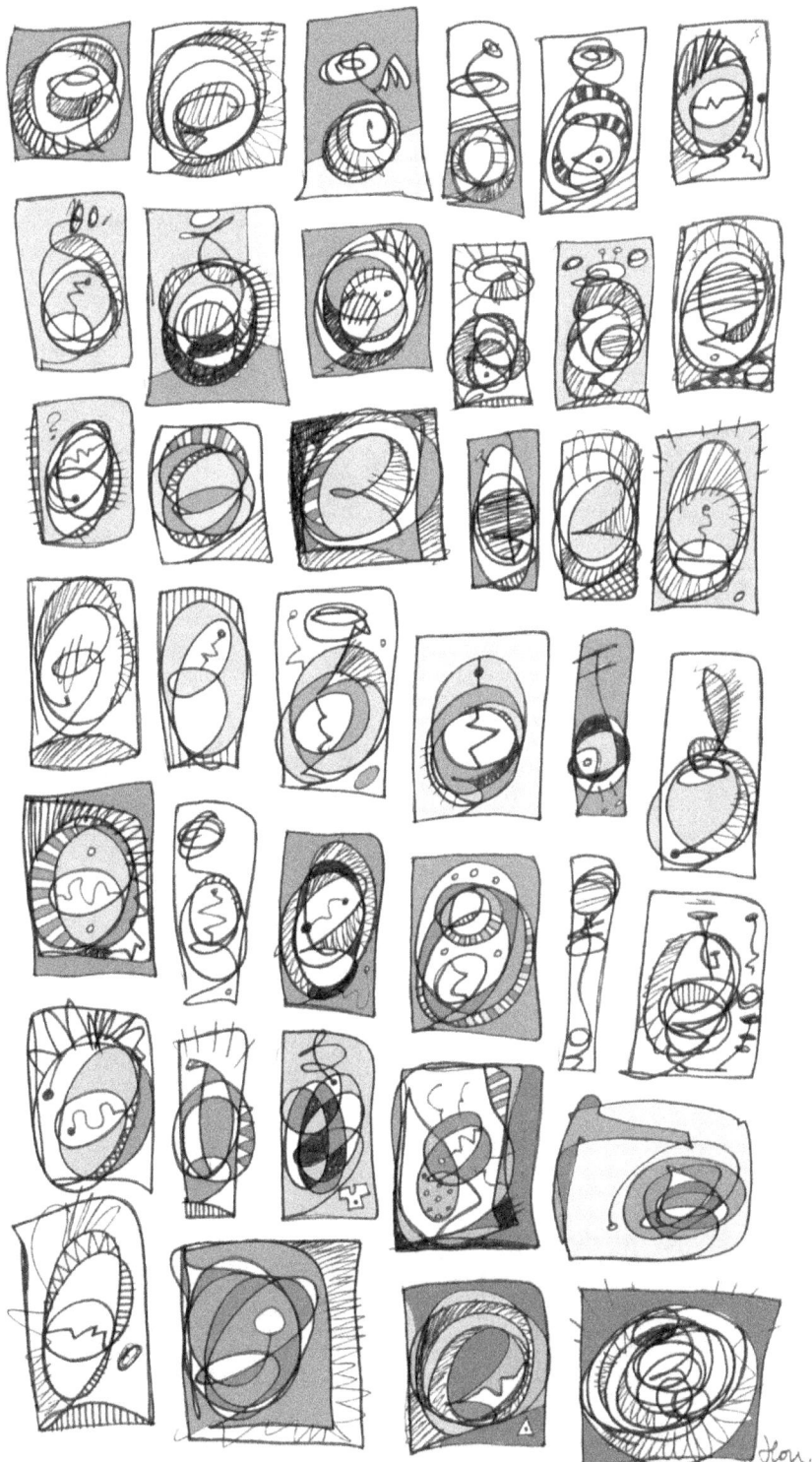

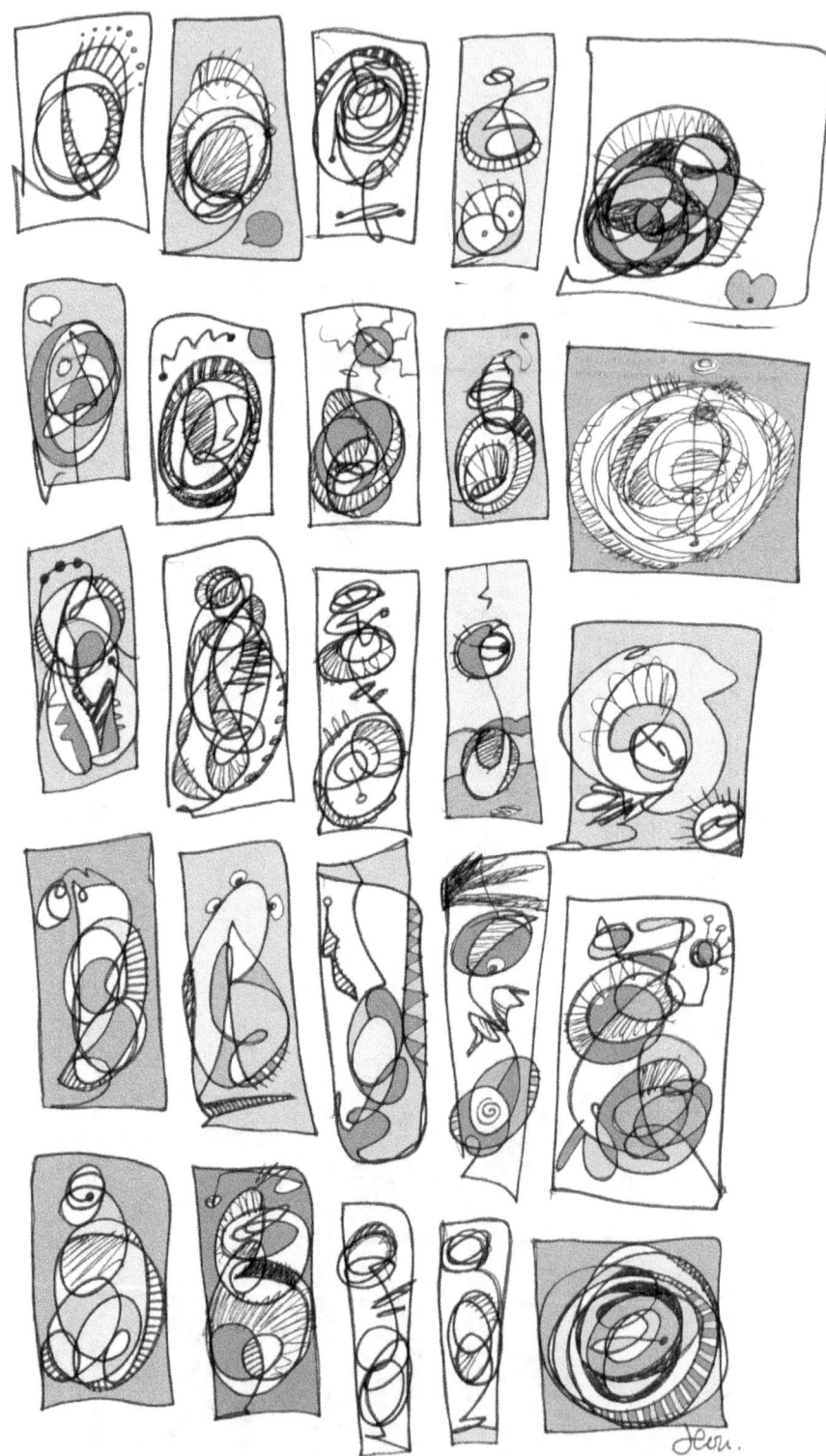

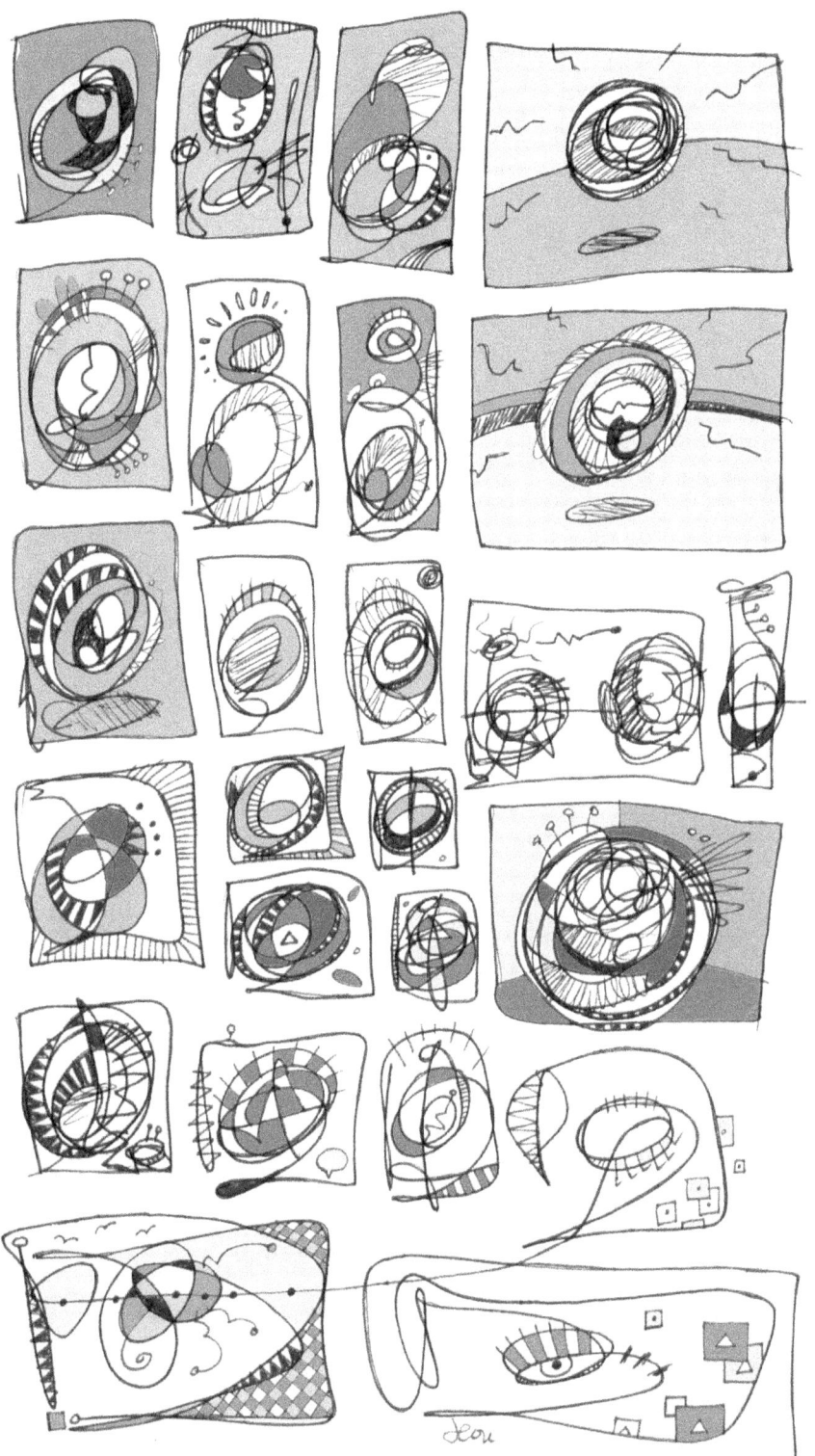

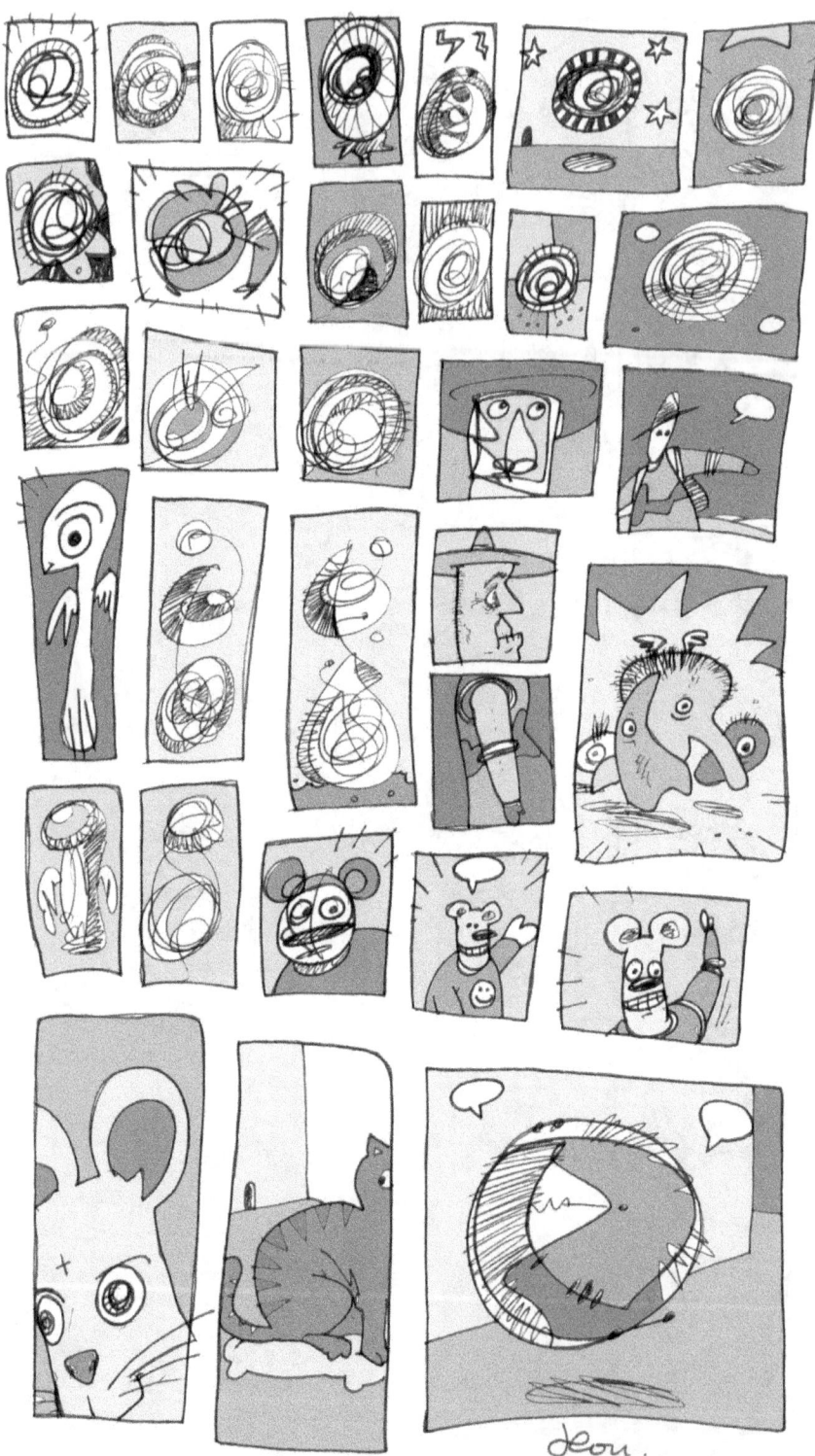

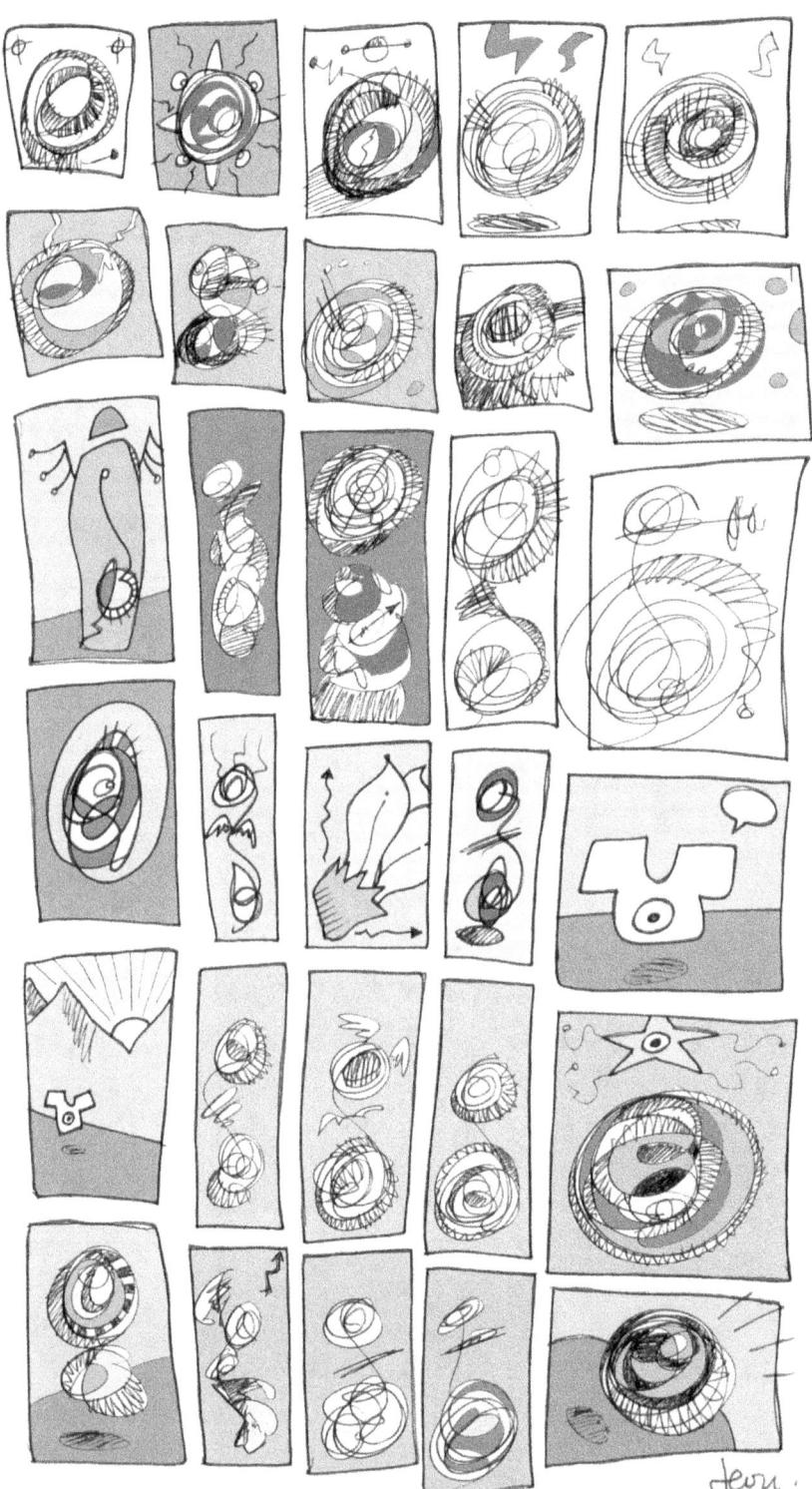

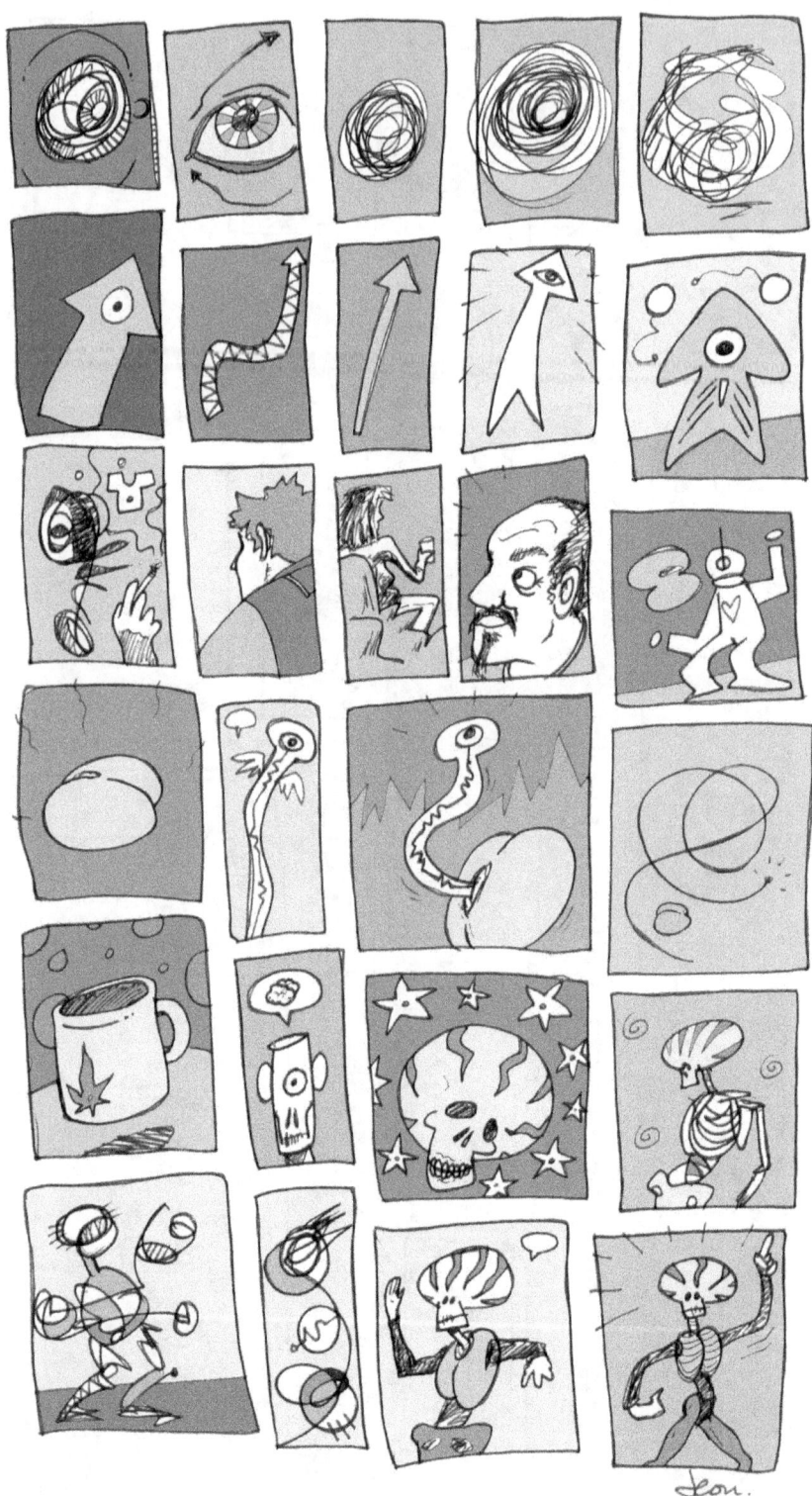

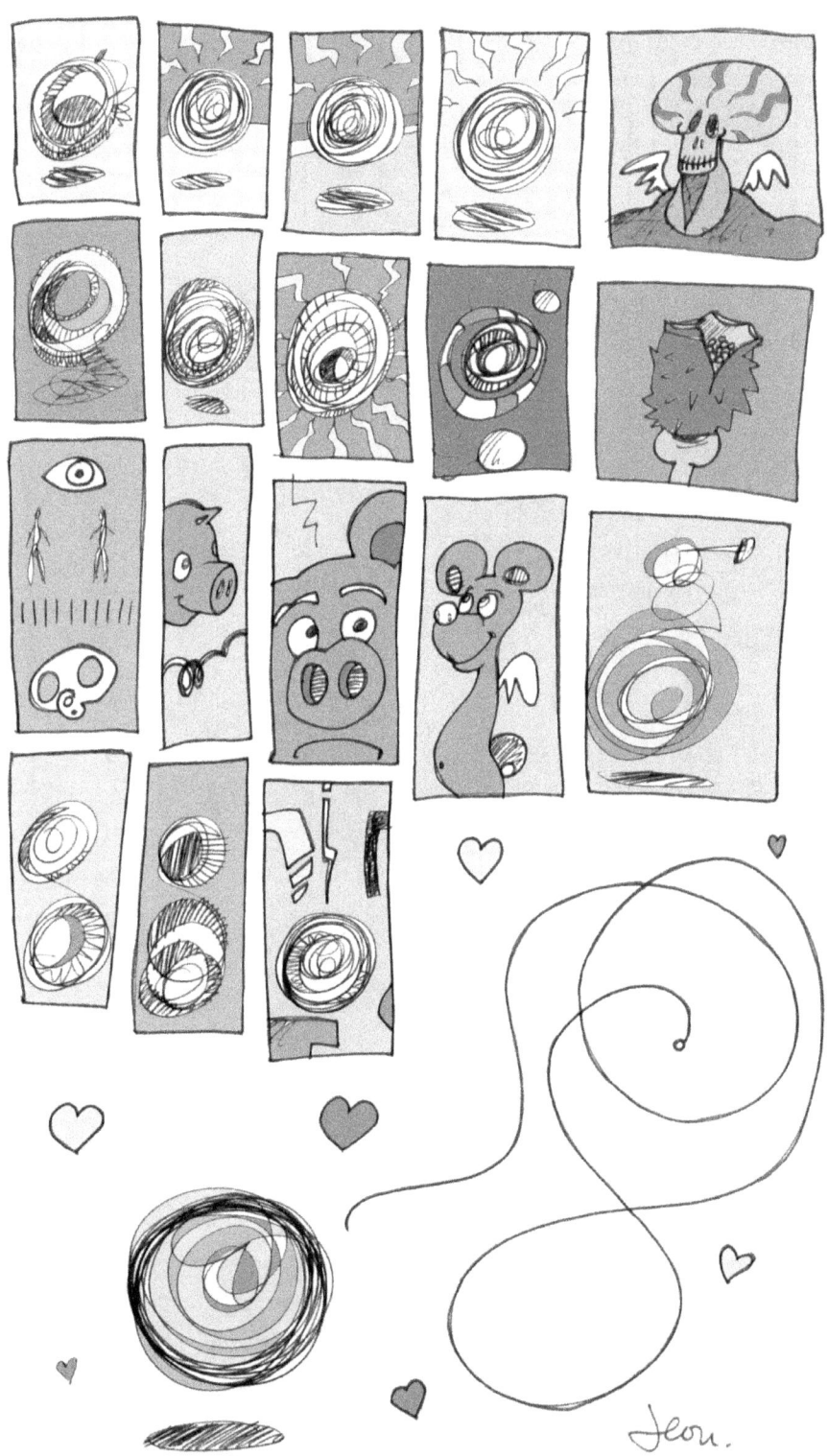

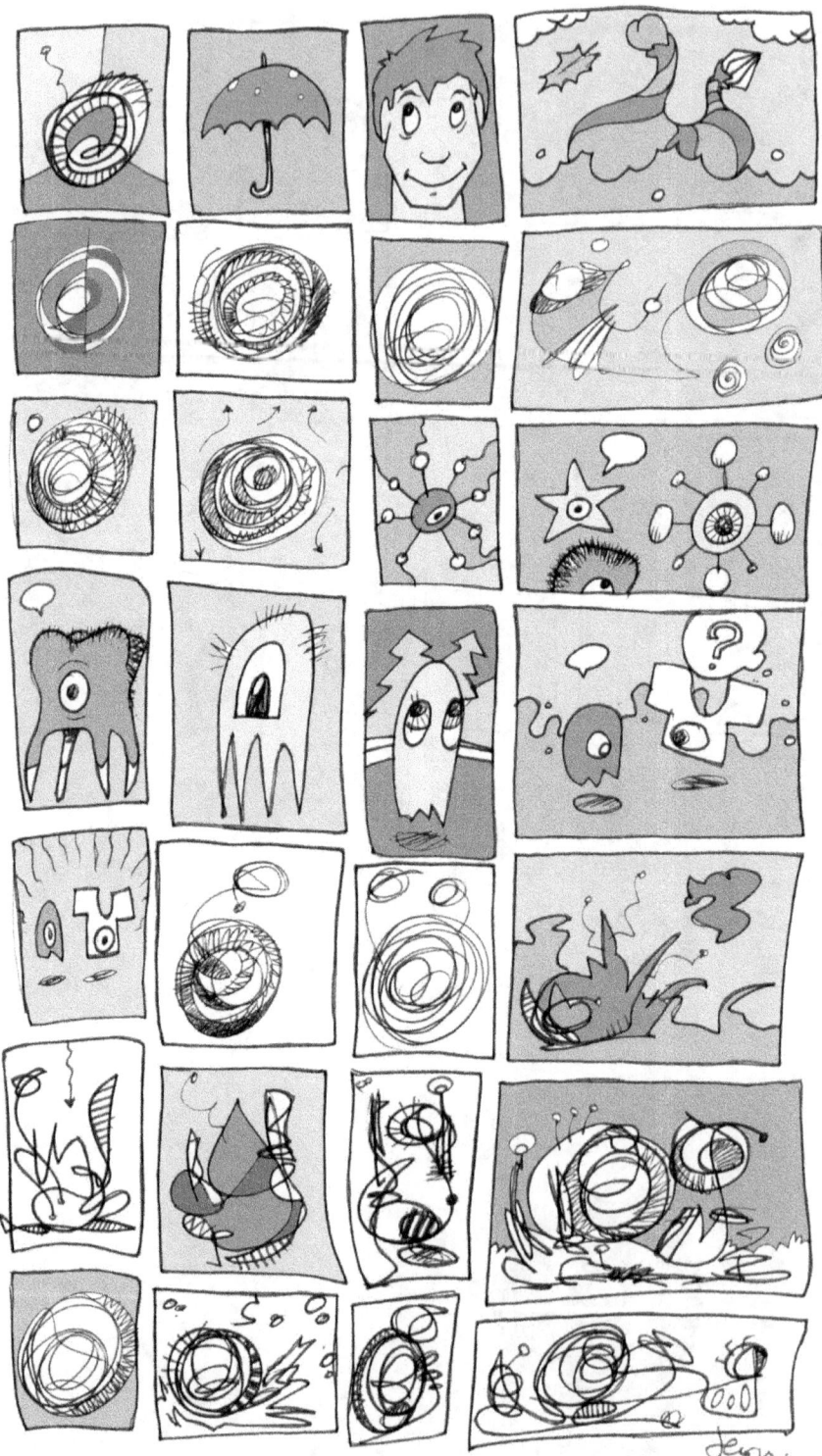

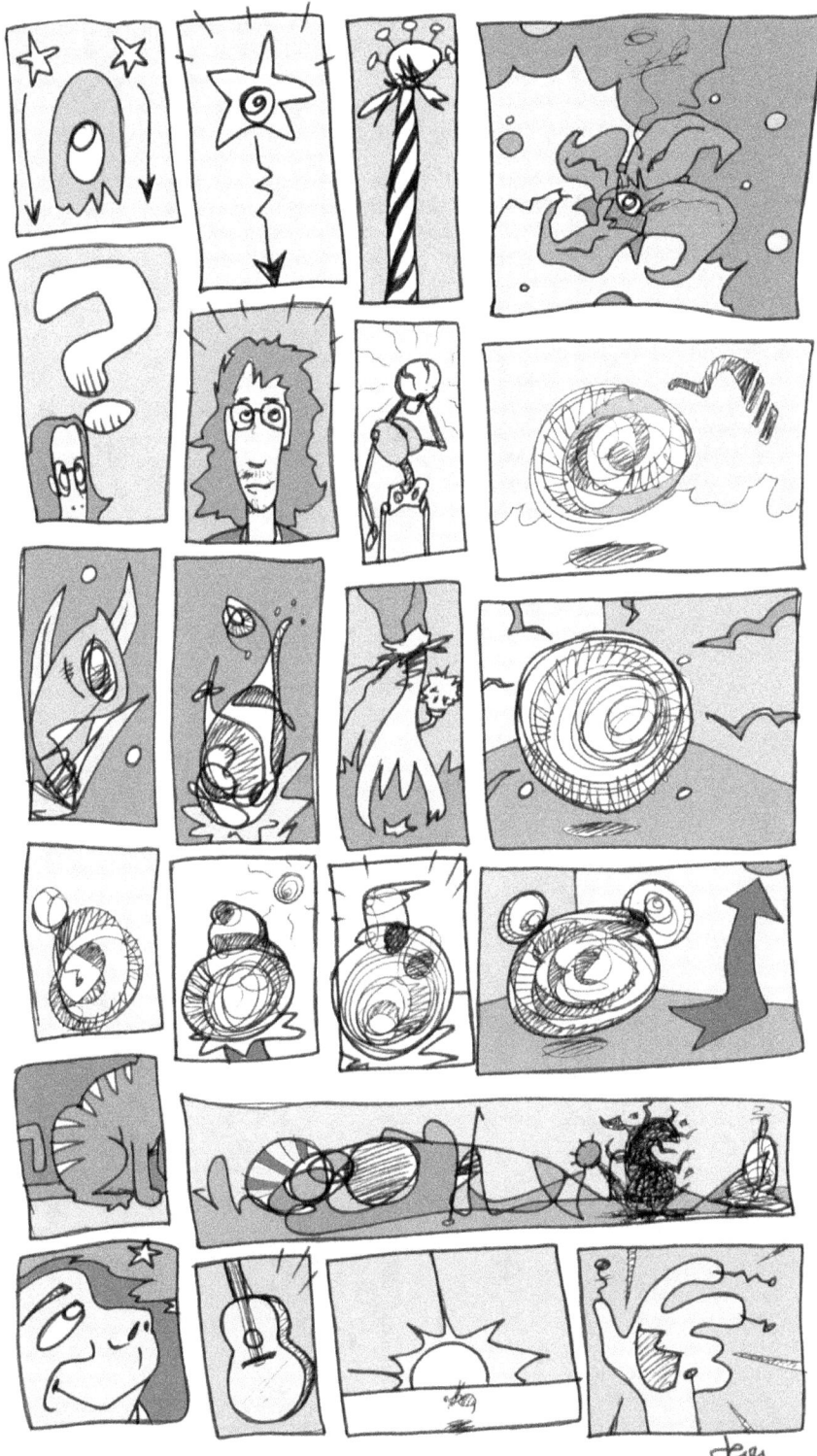

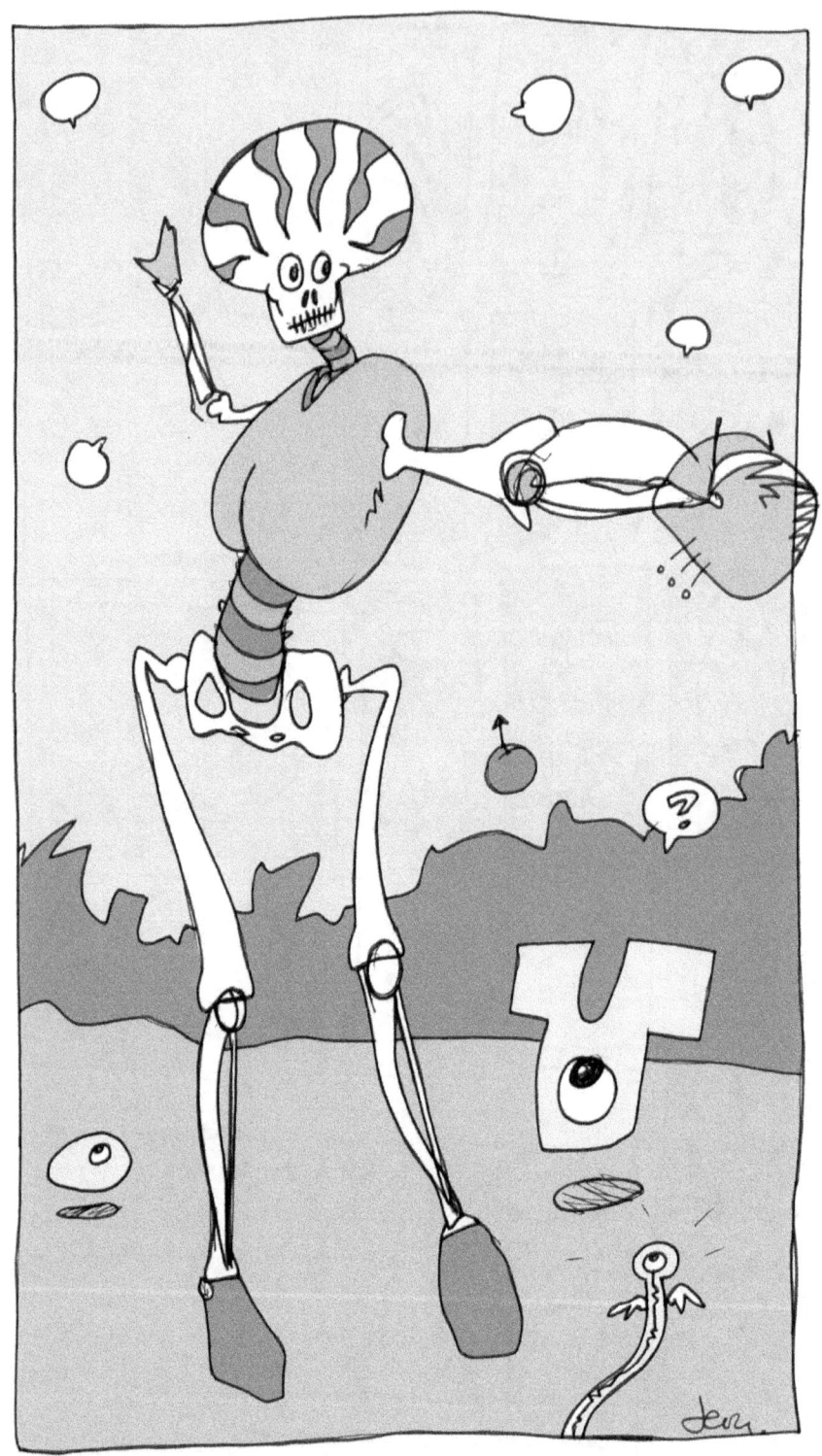

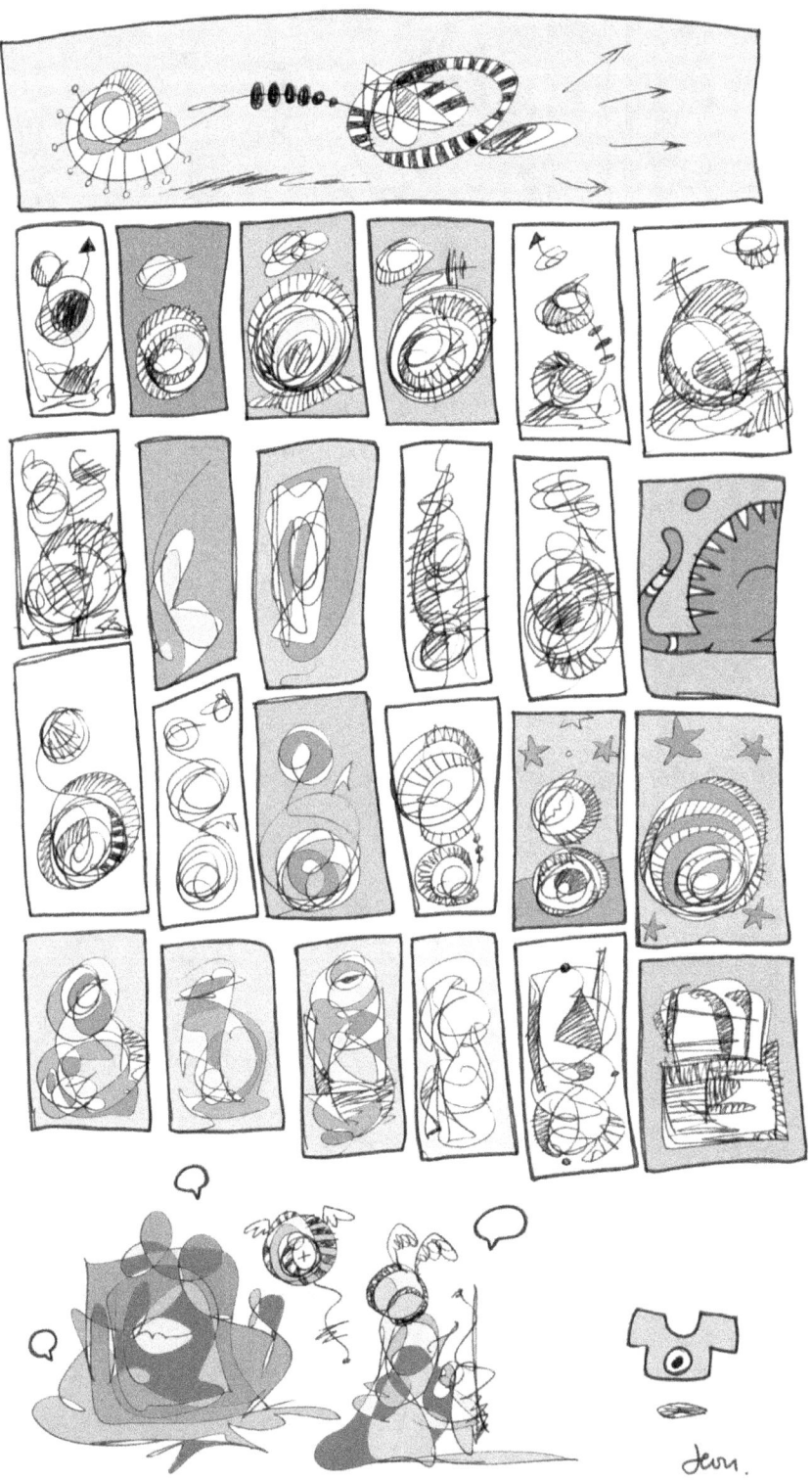

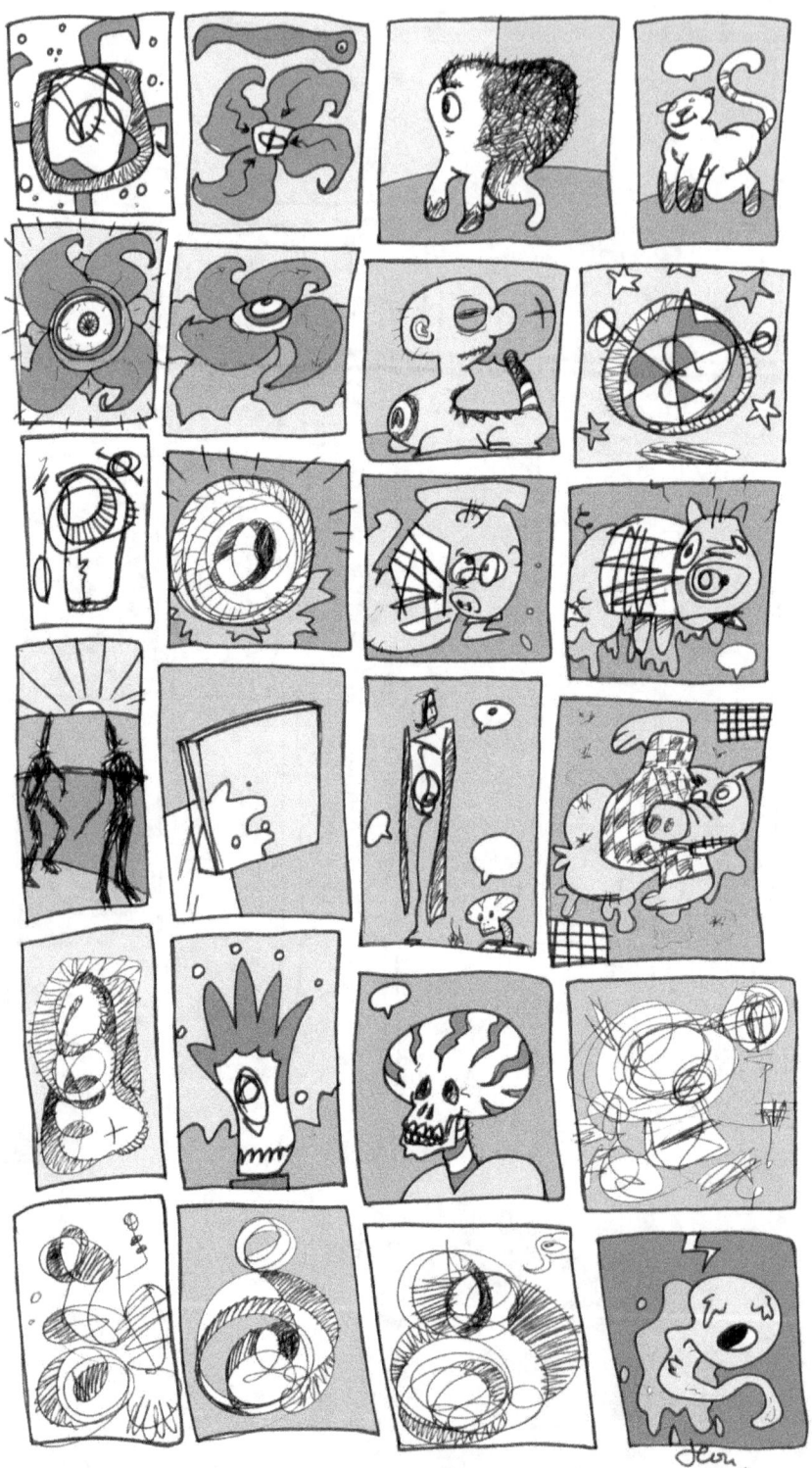

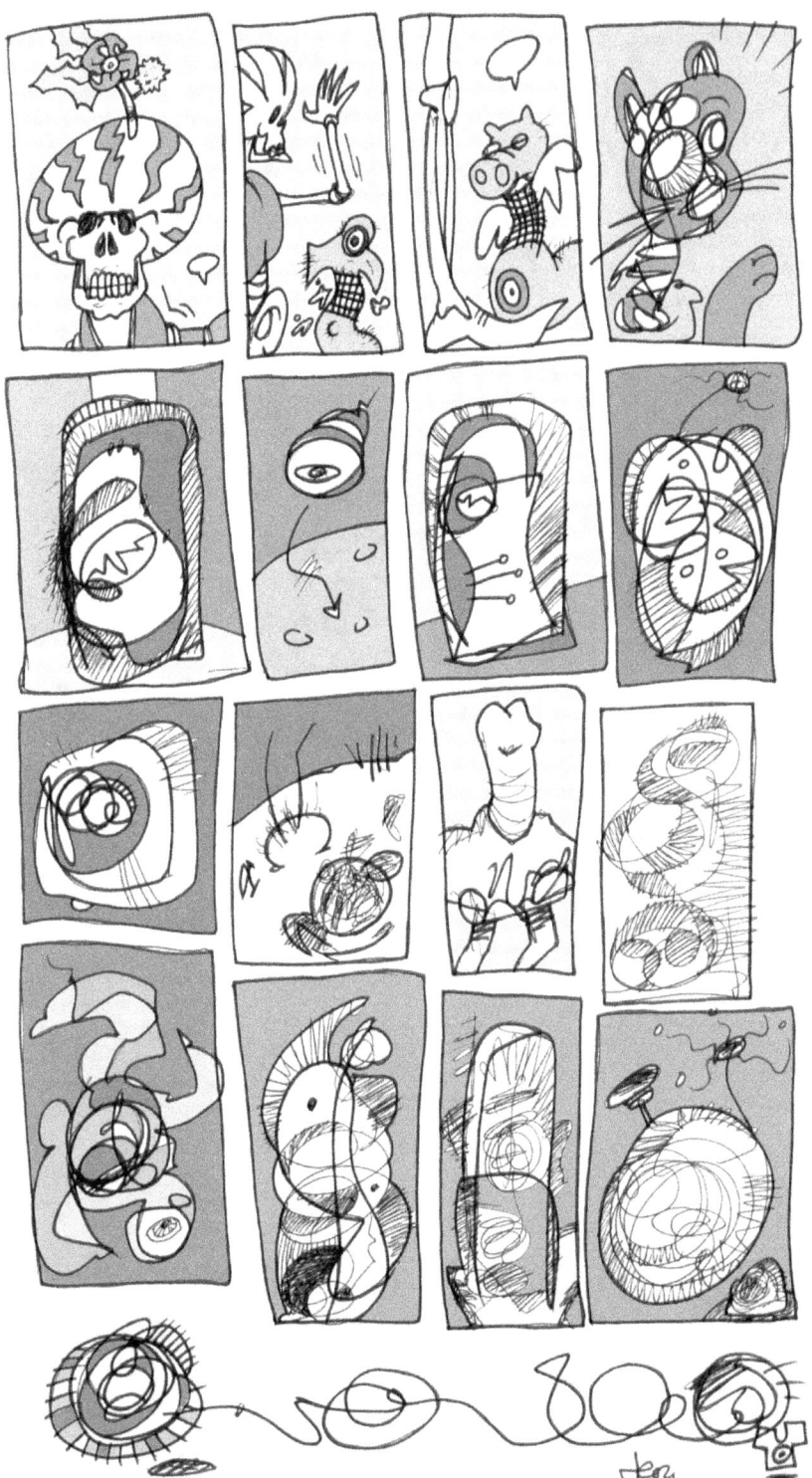

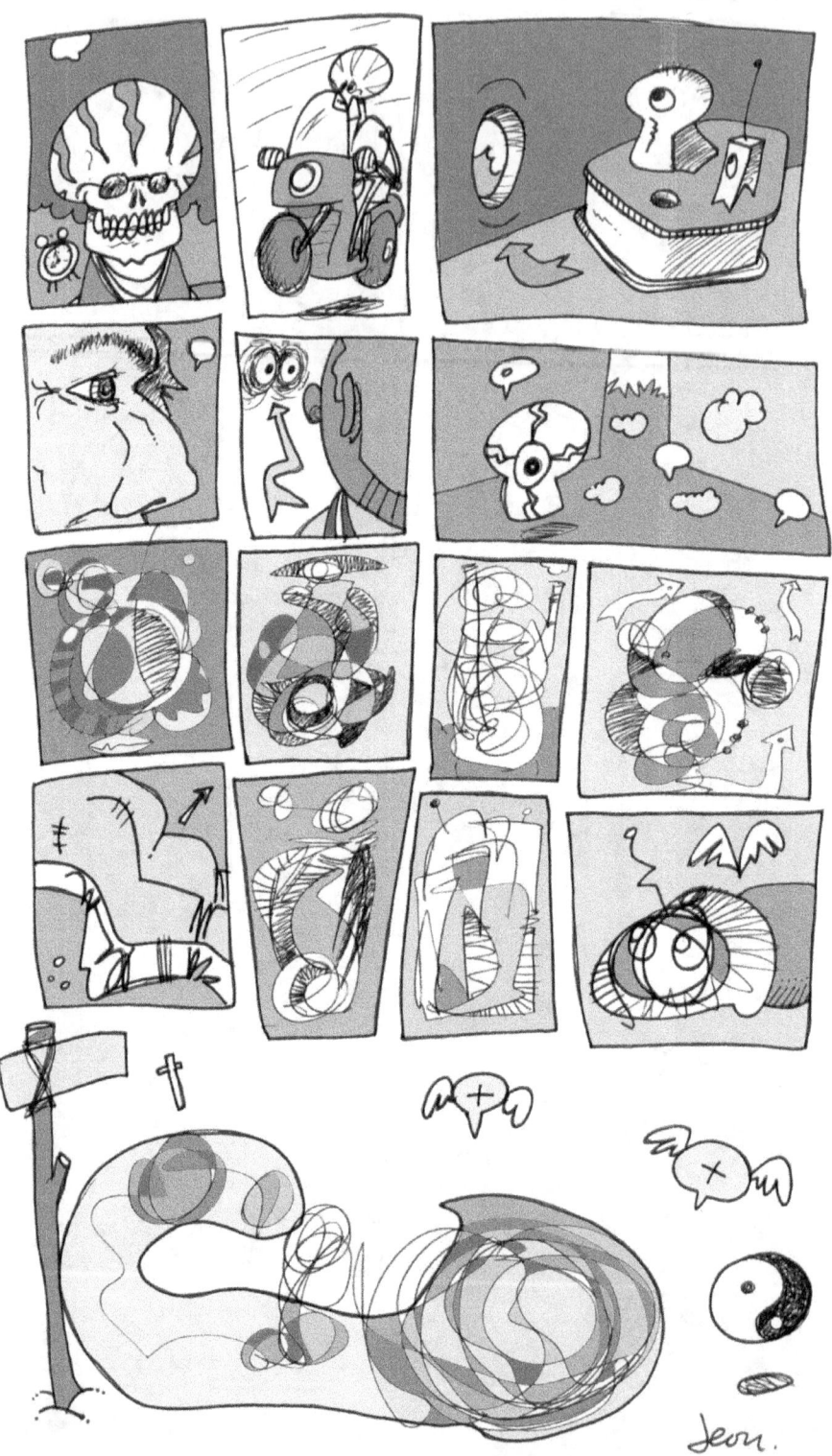

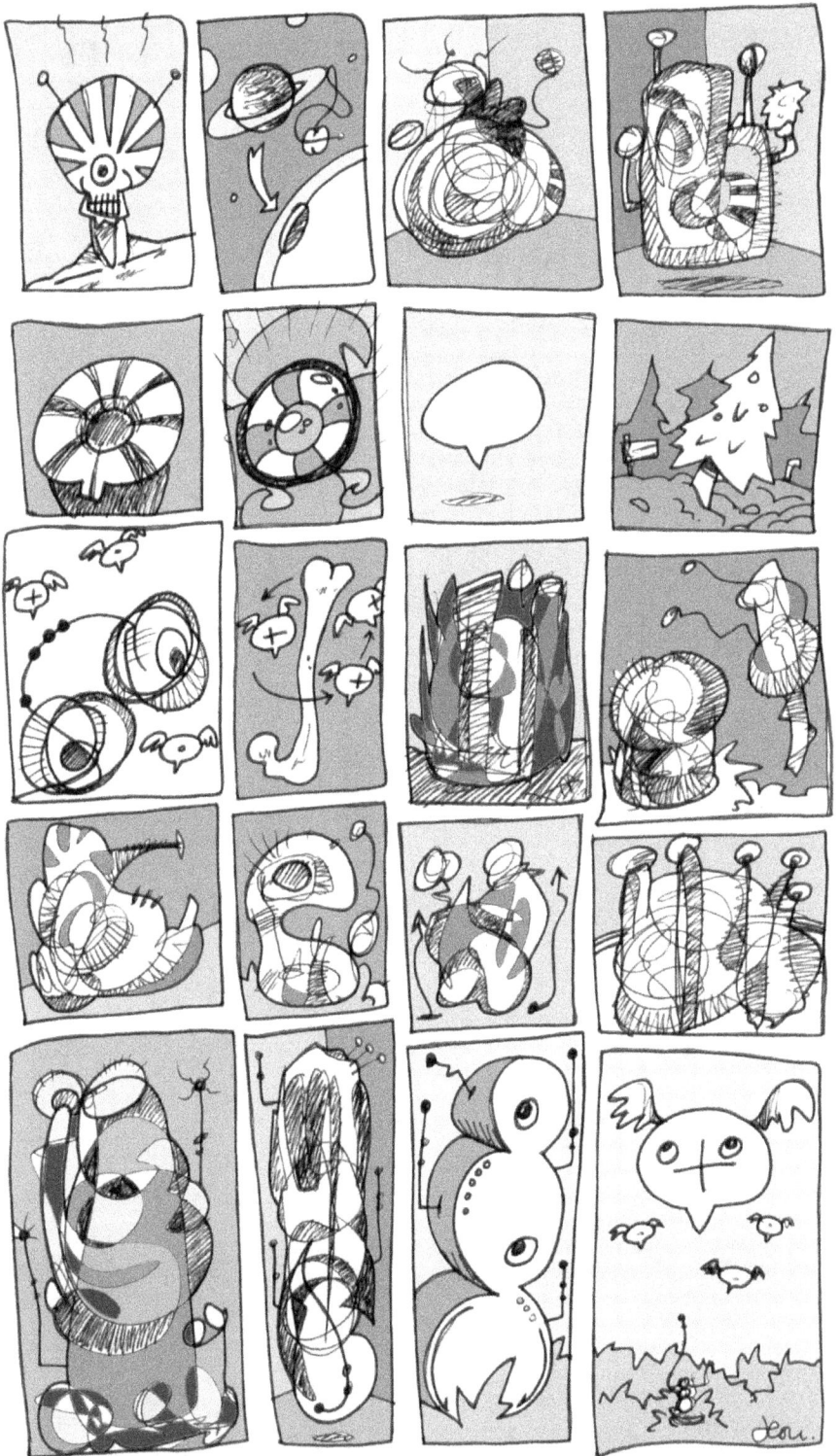

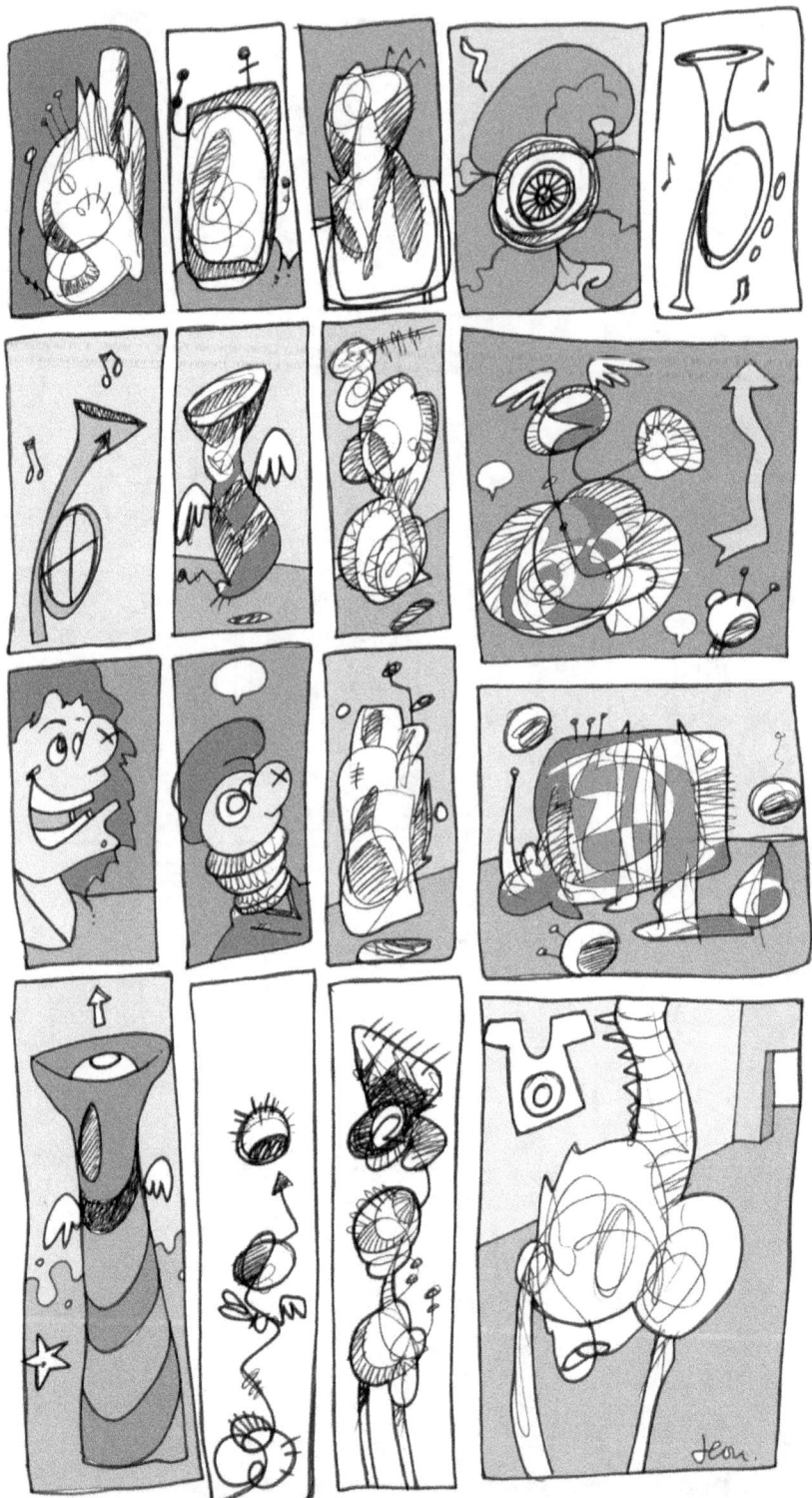

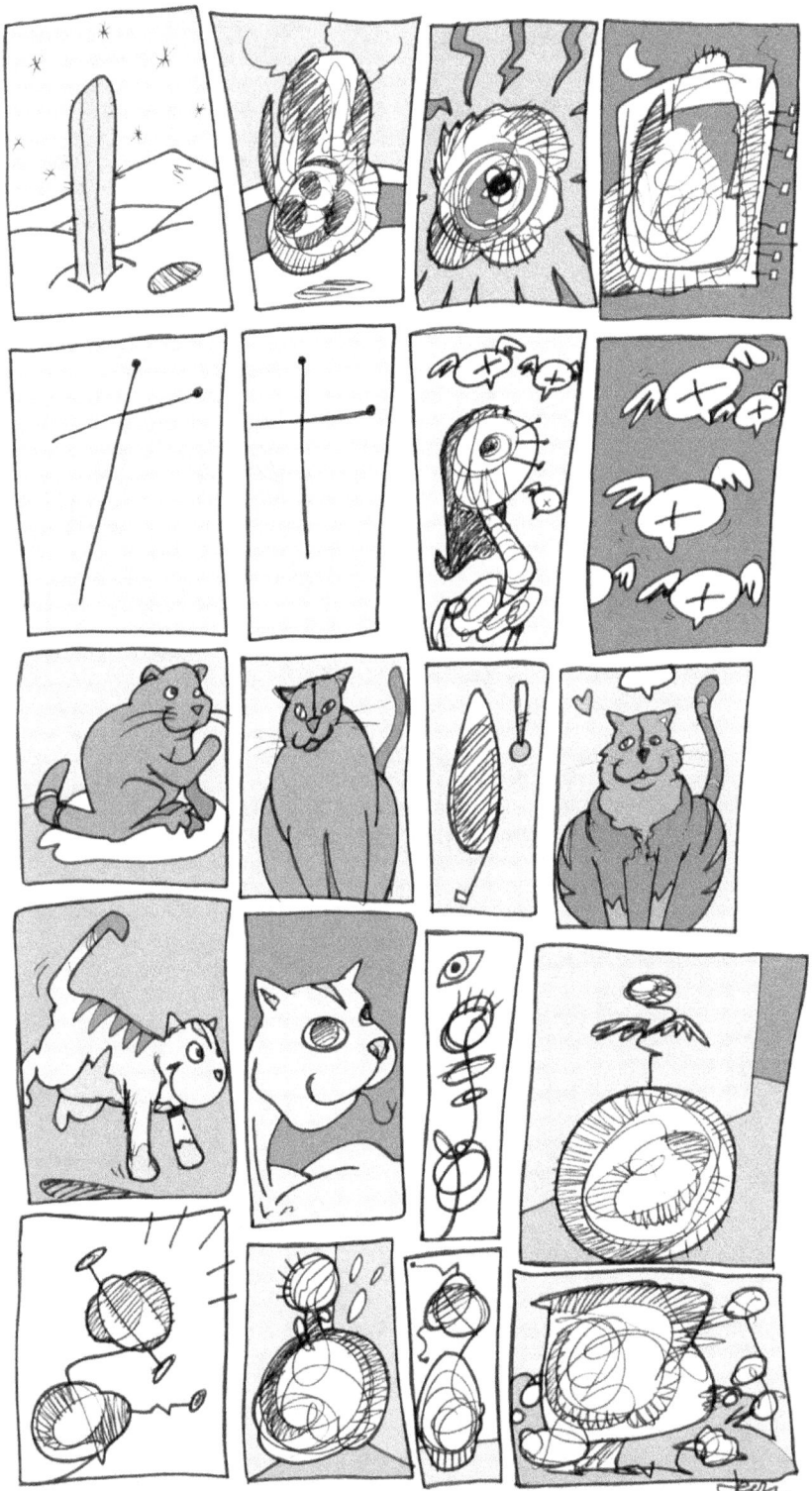

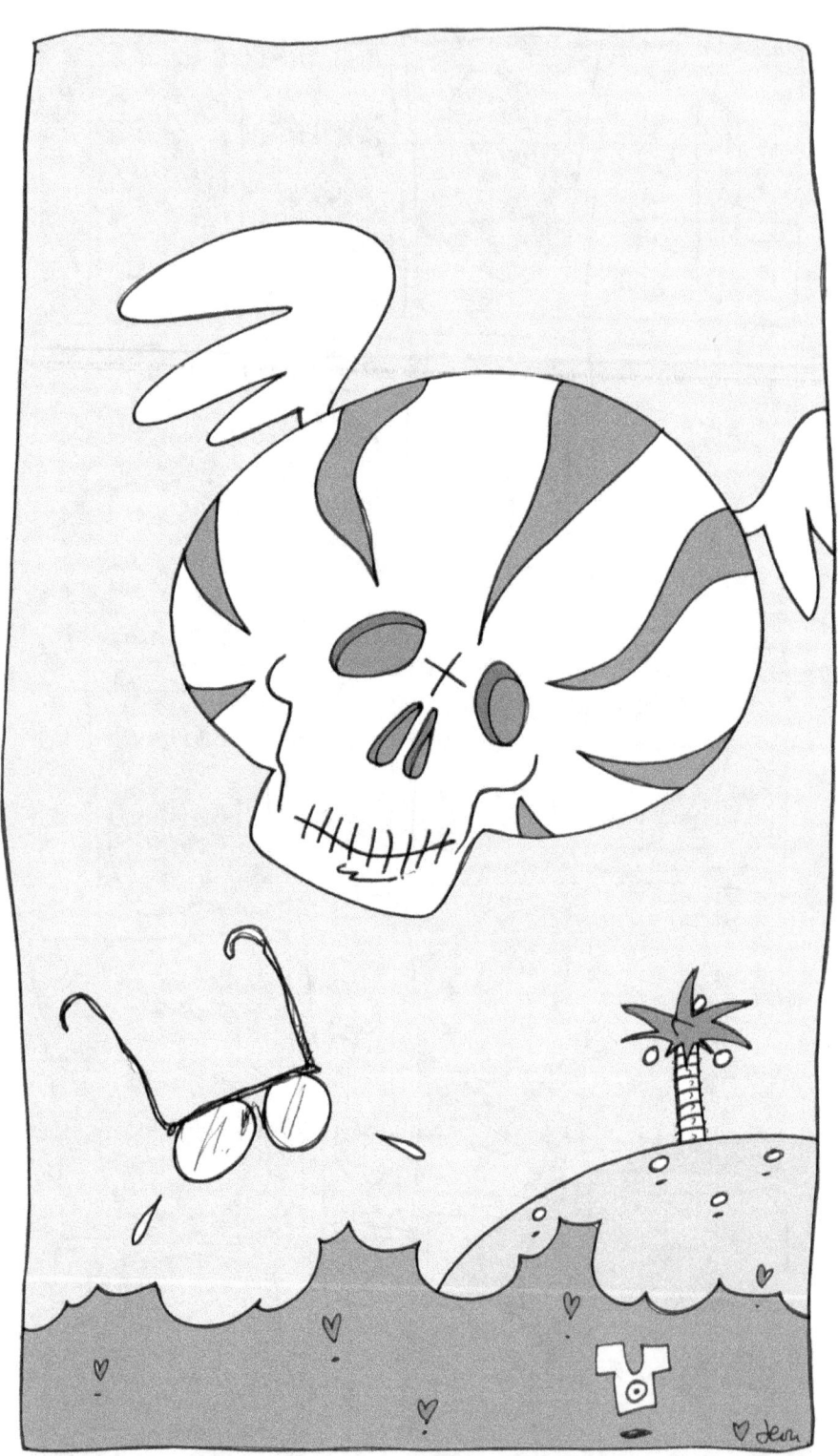

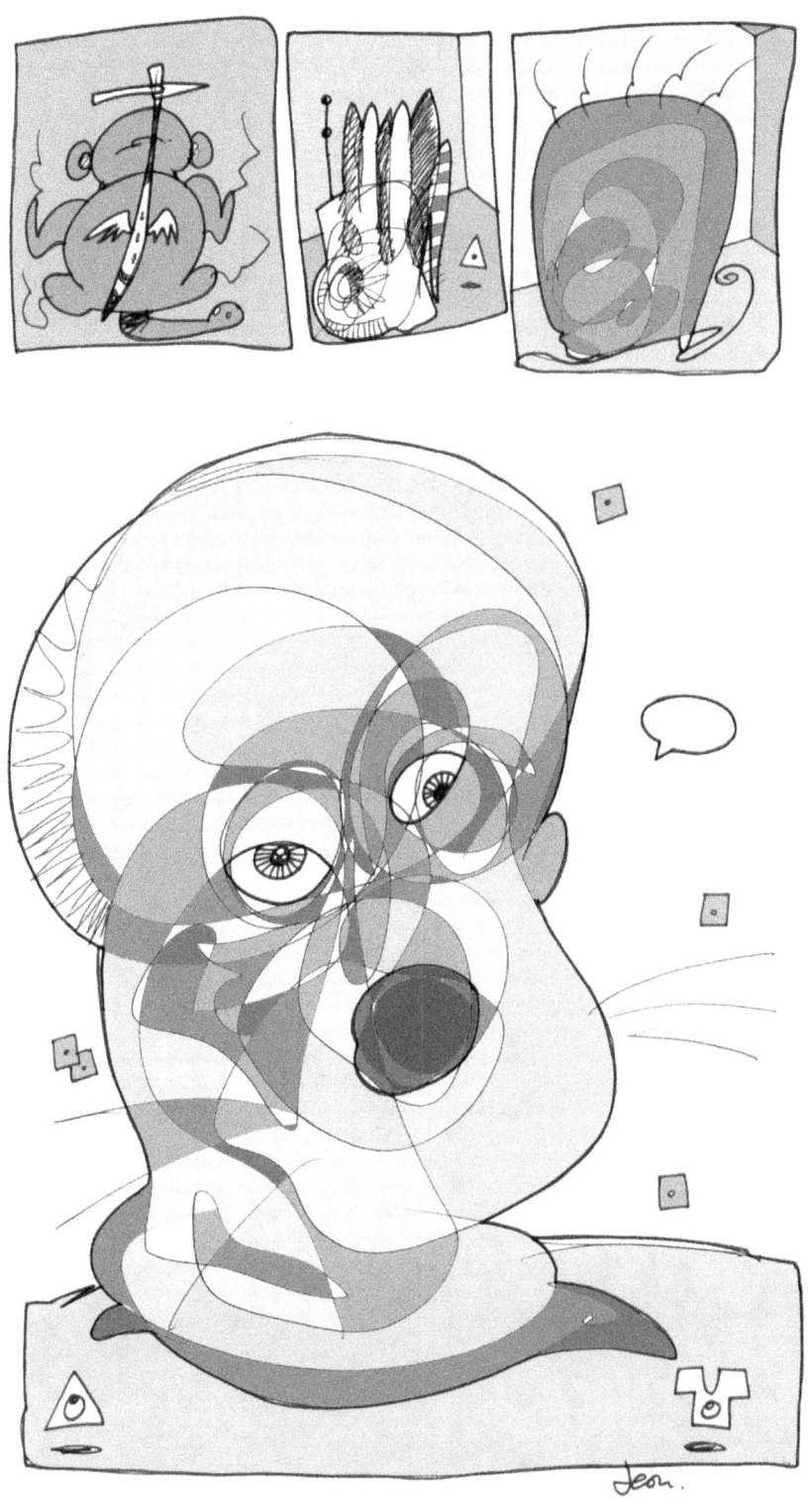

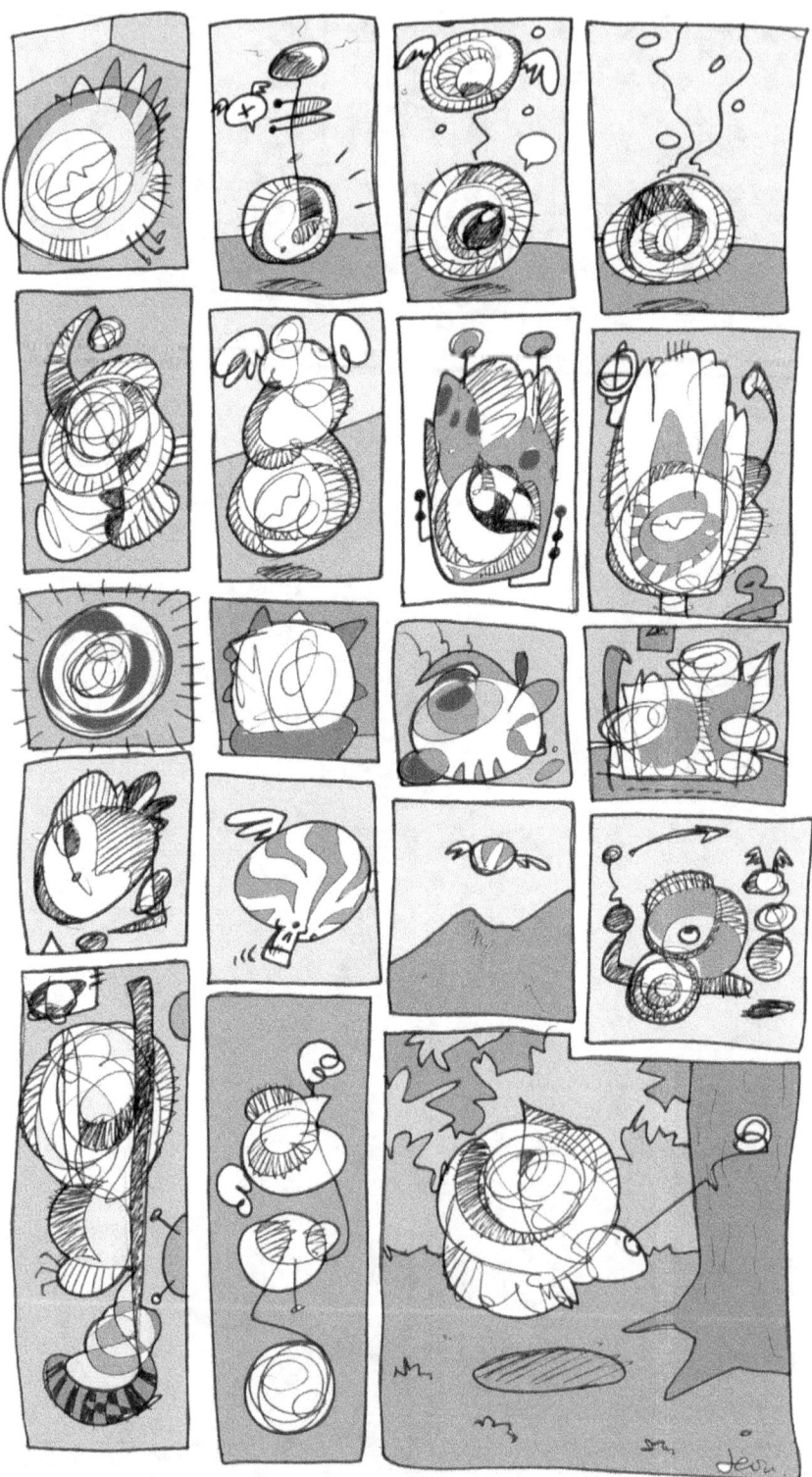

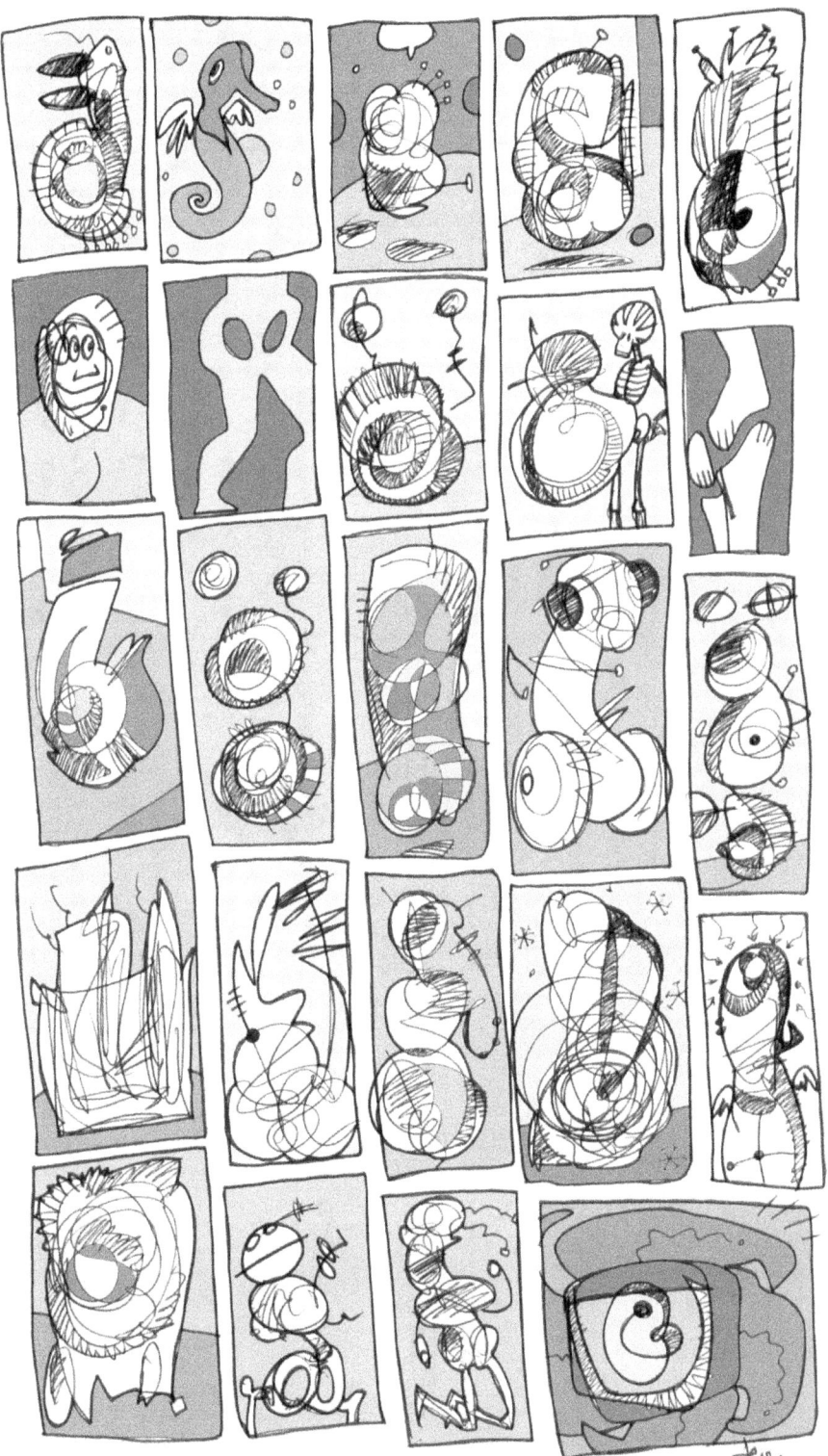

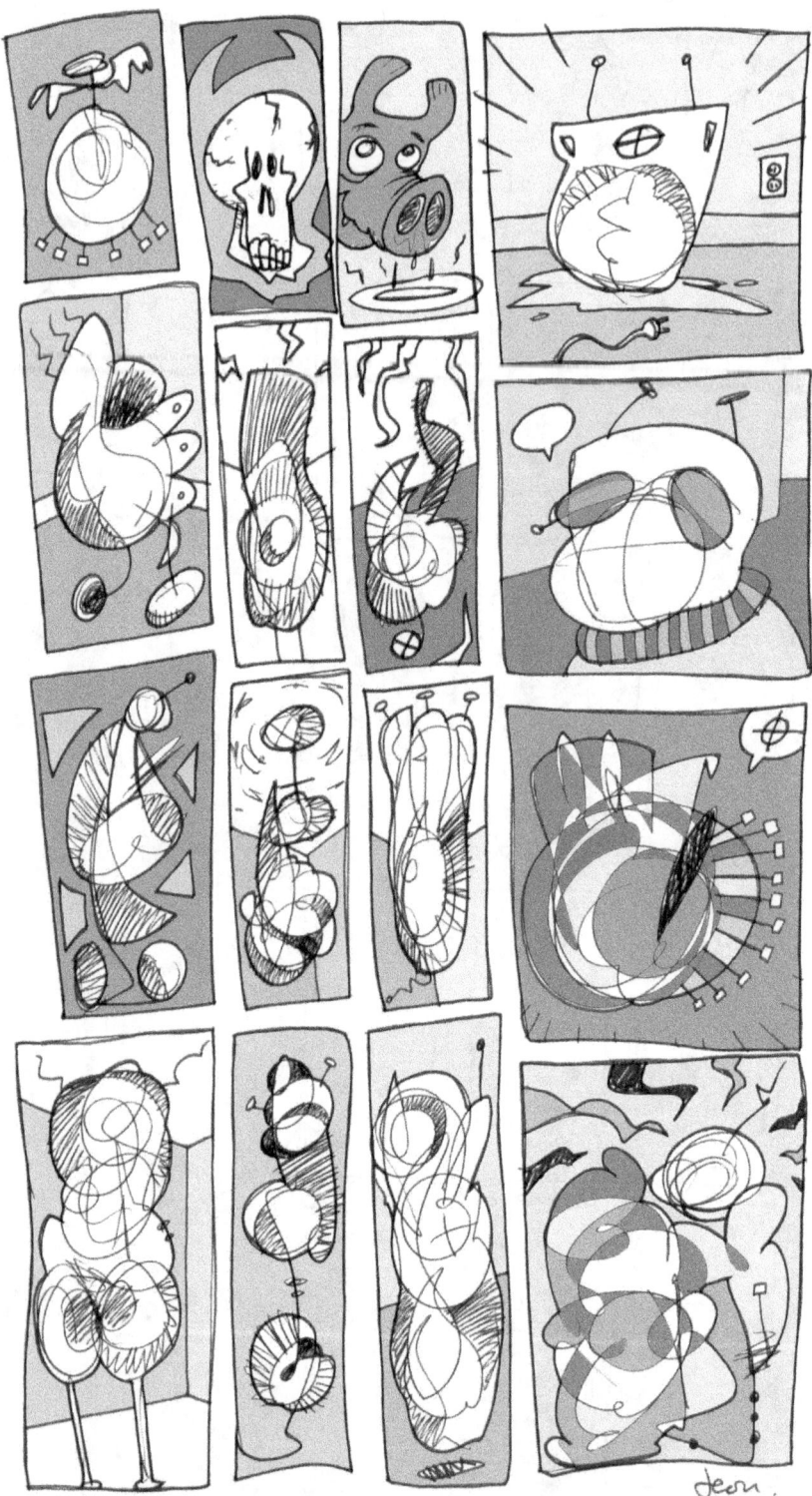

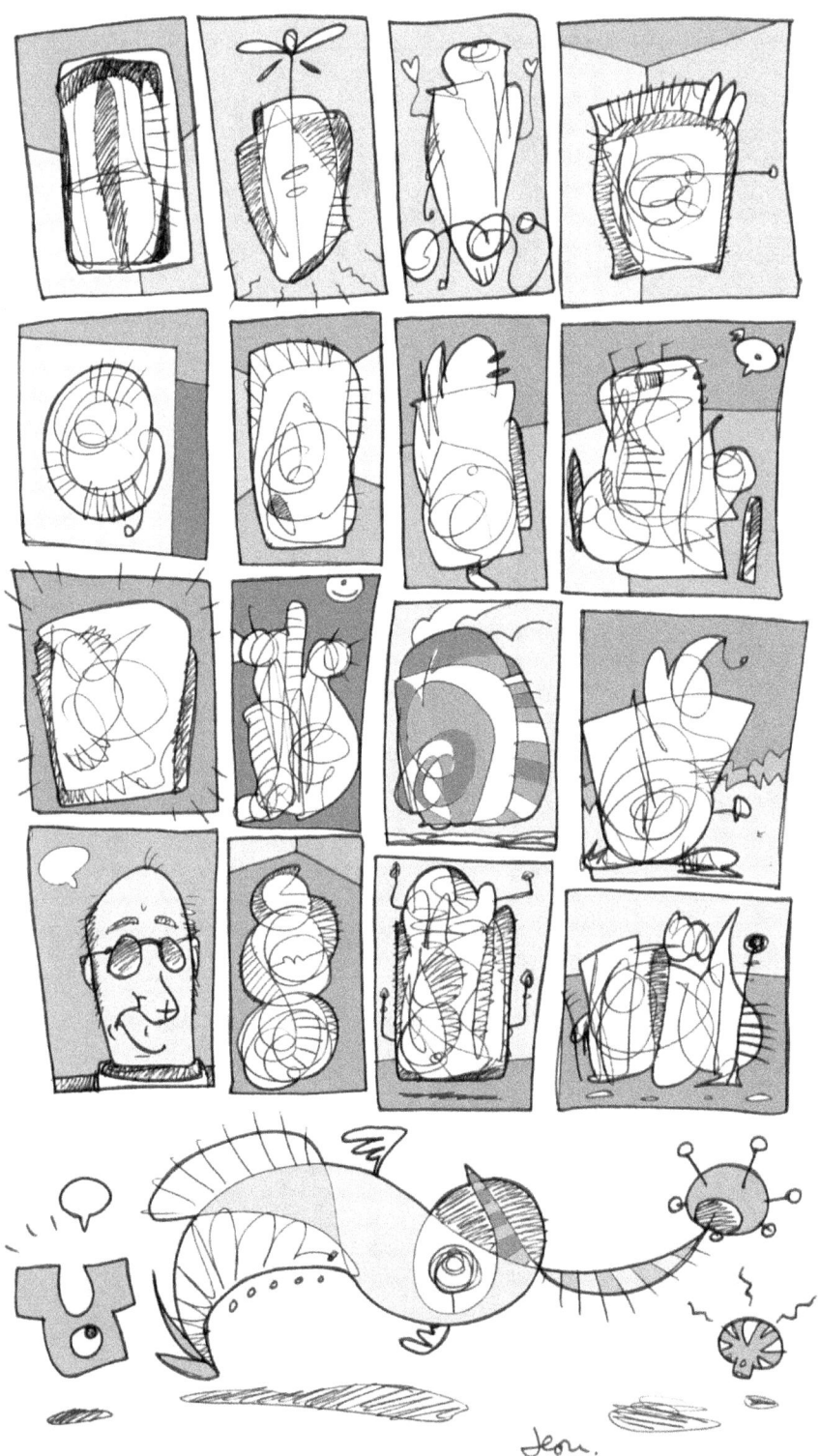

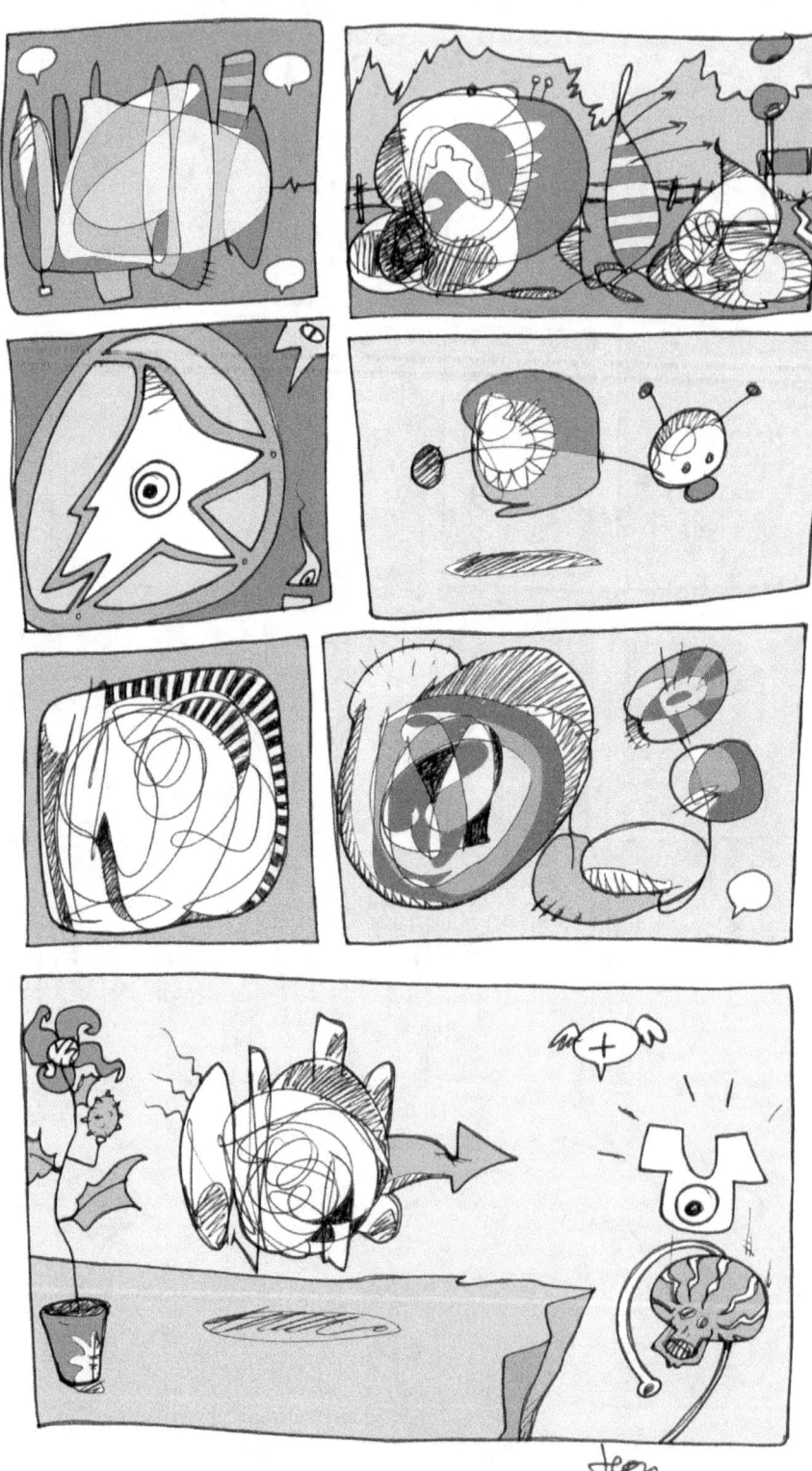

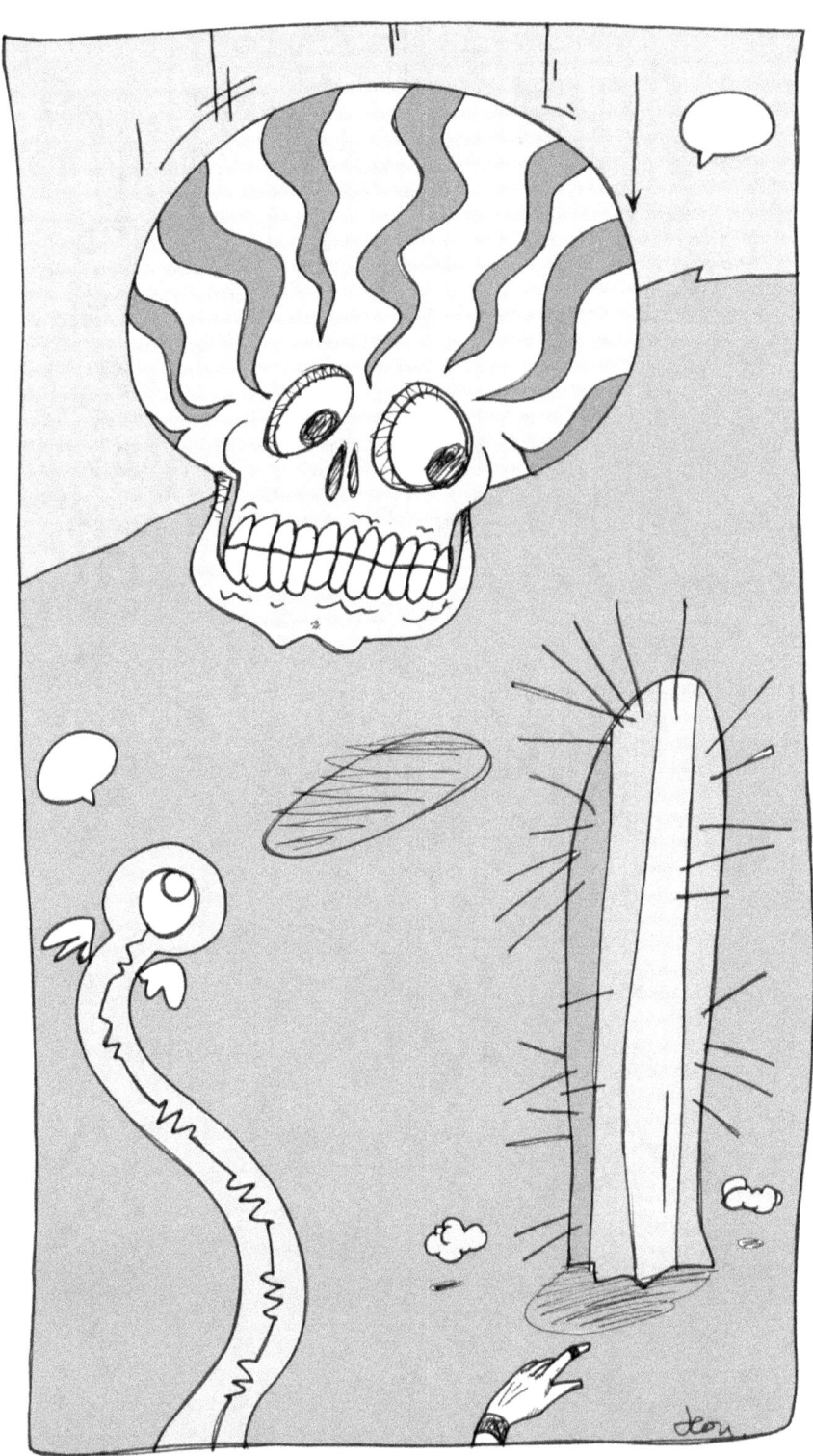

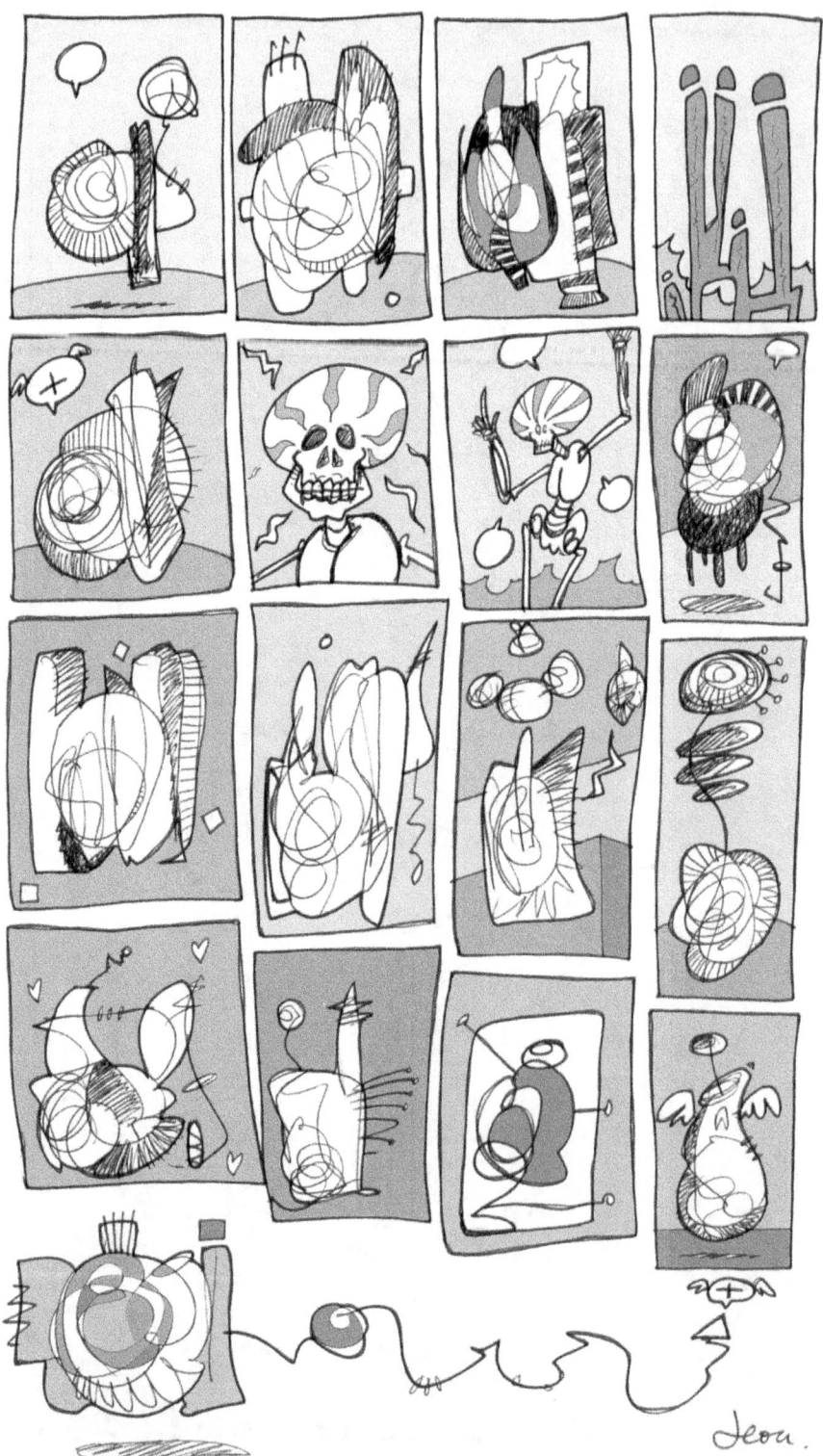

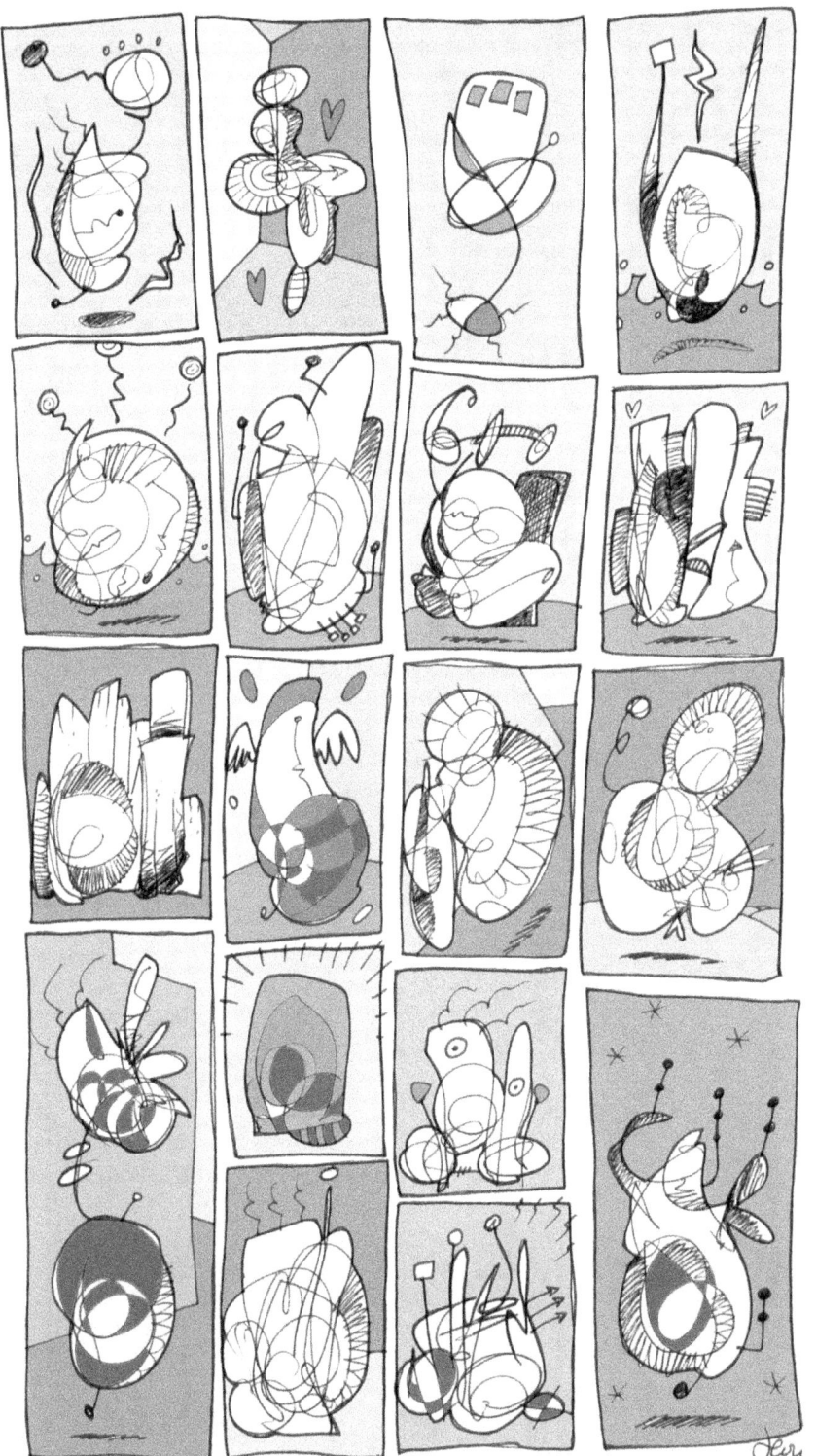

129

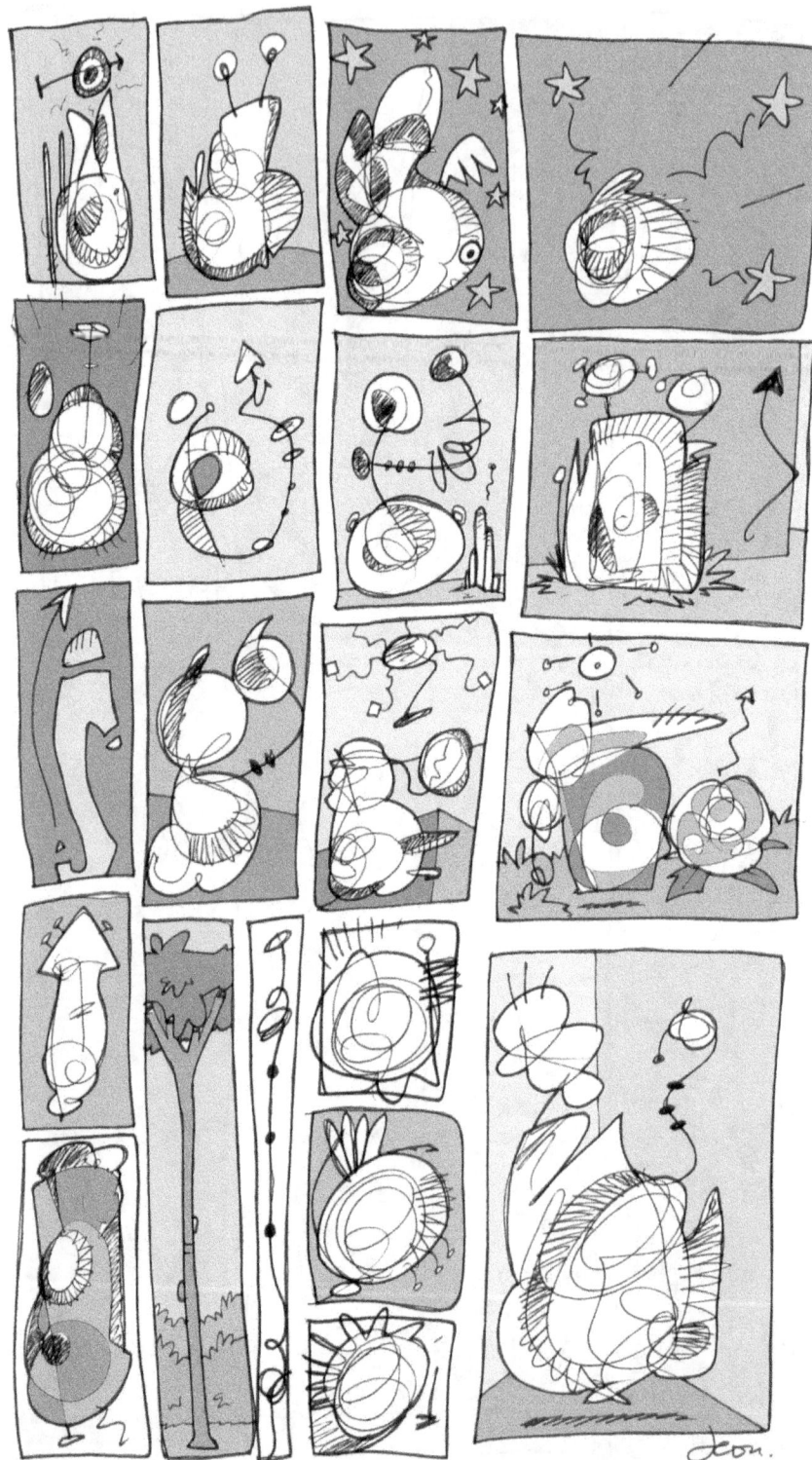

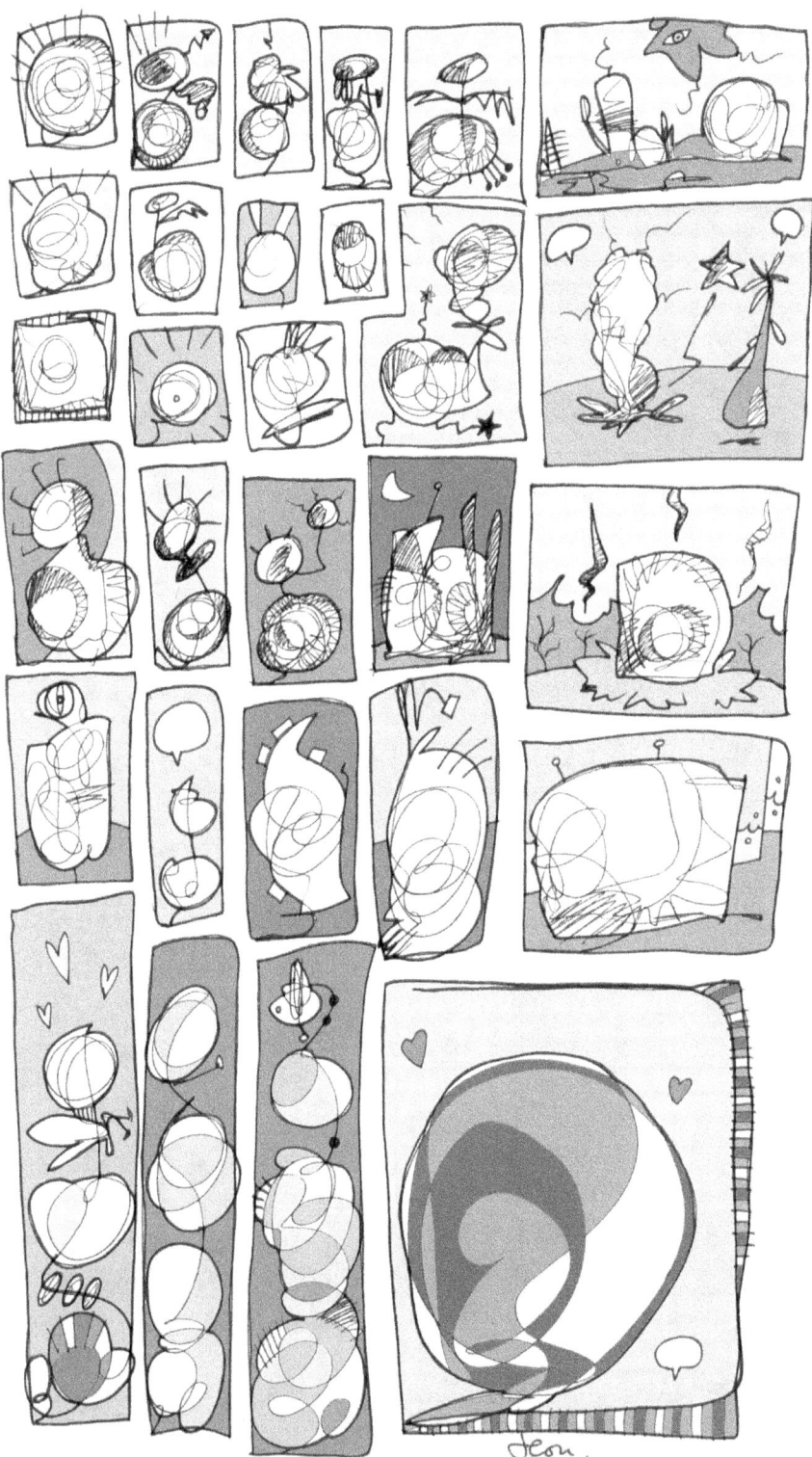

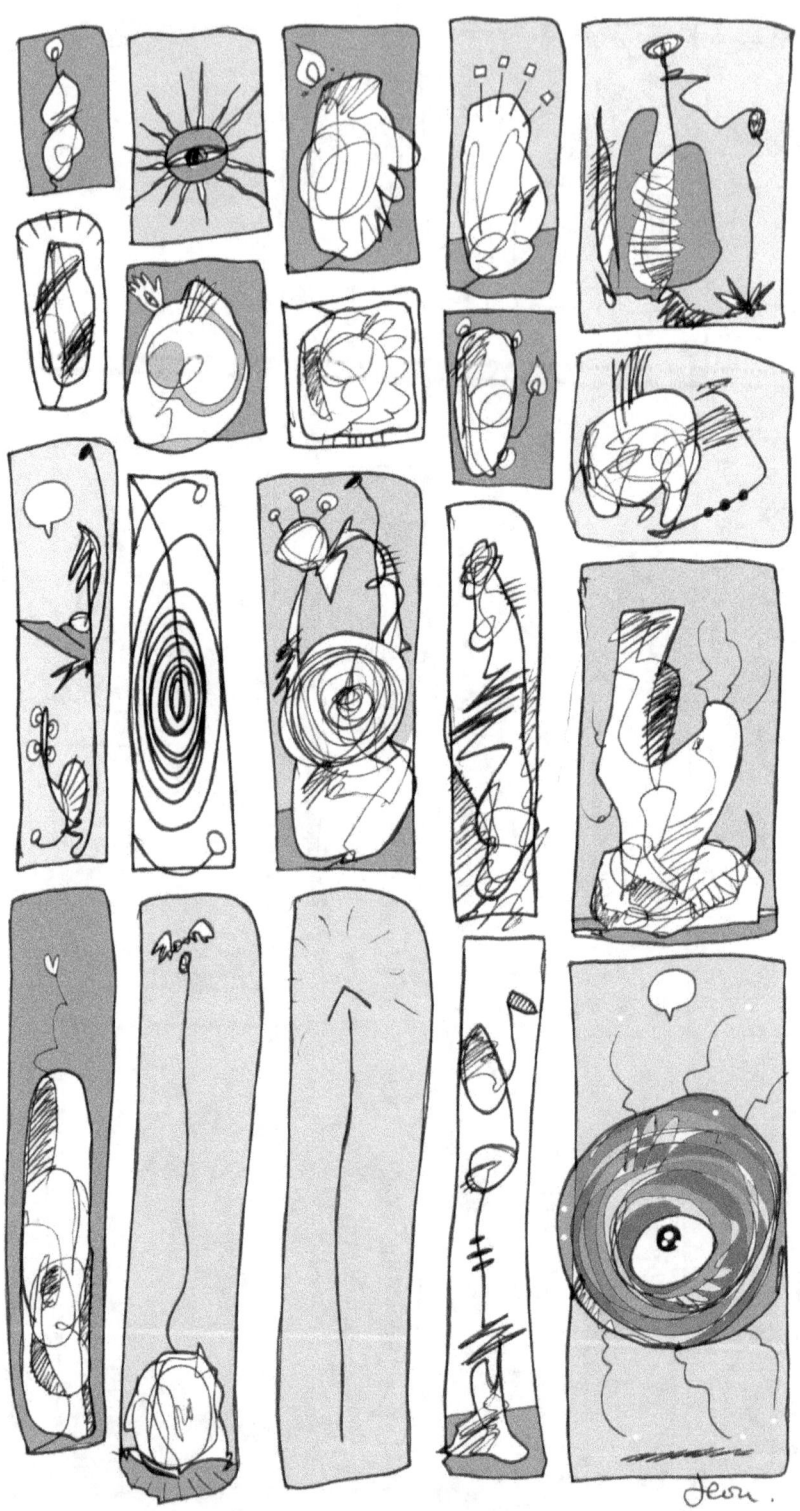

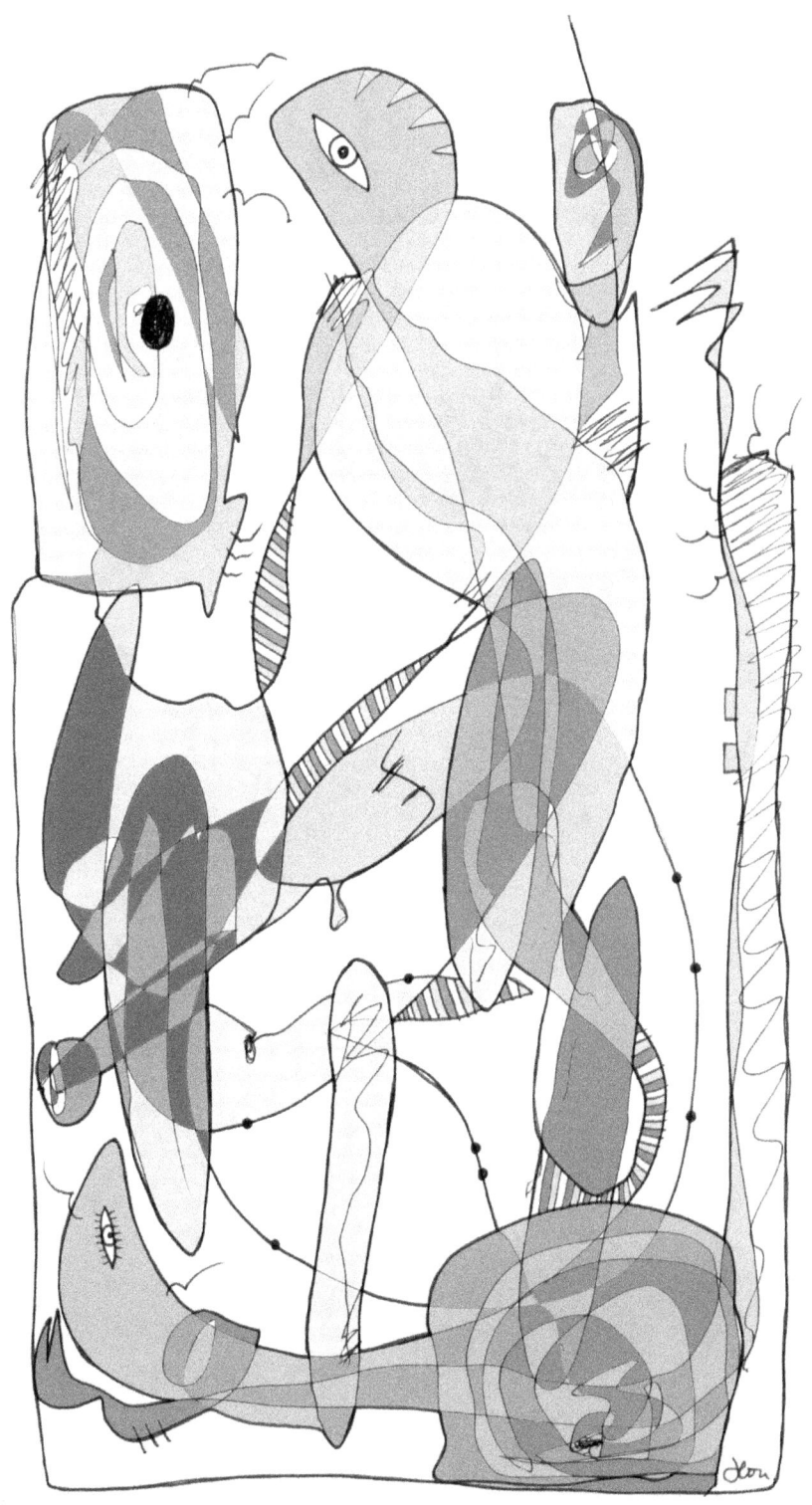

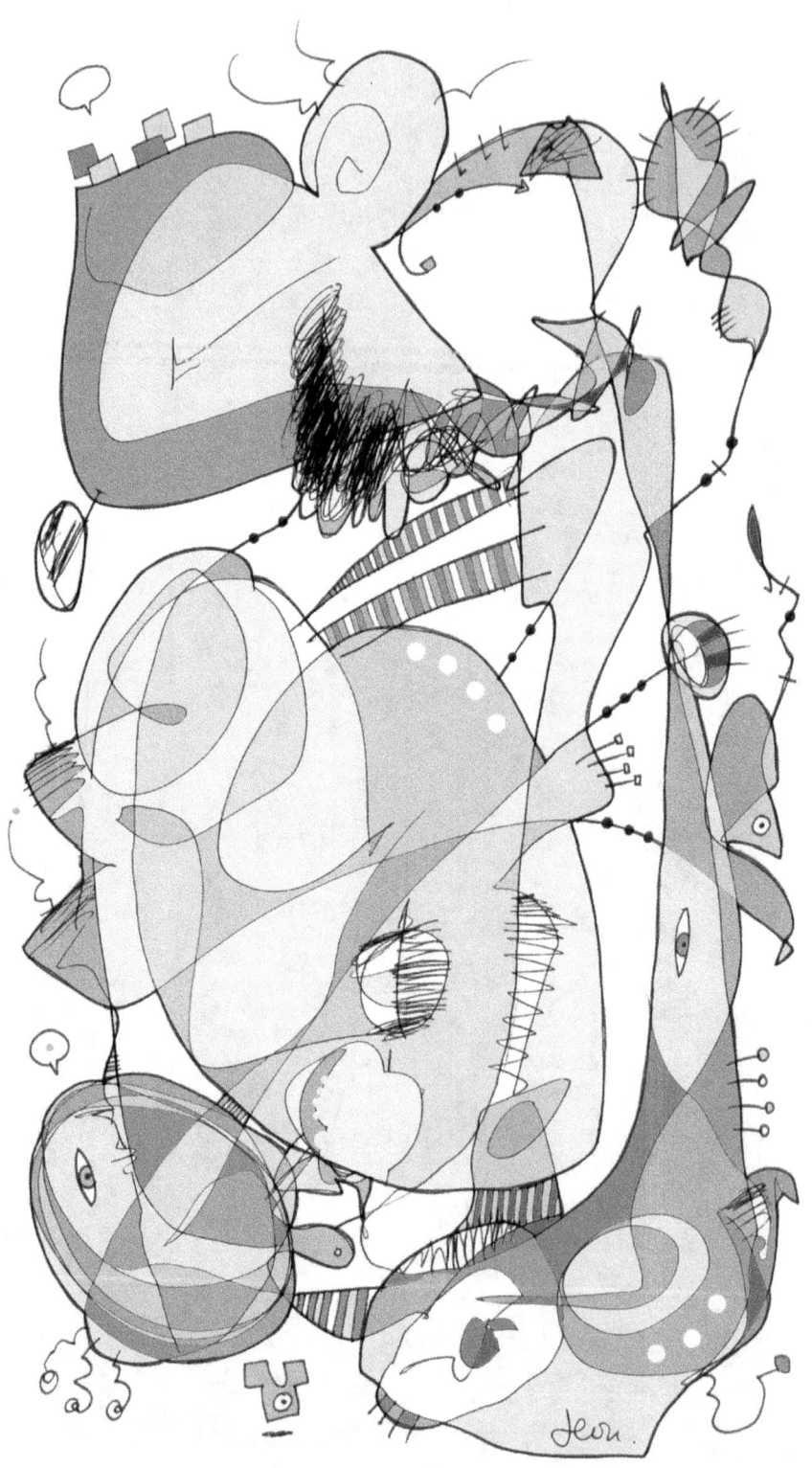

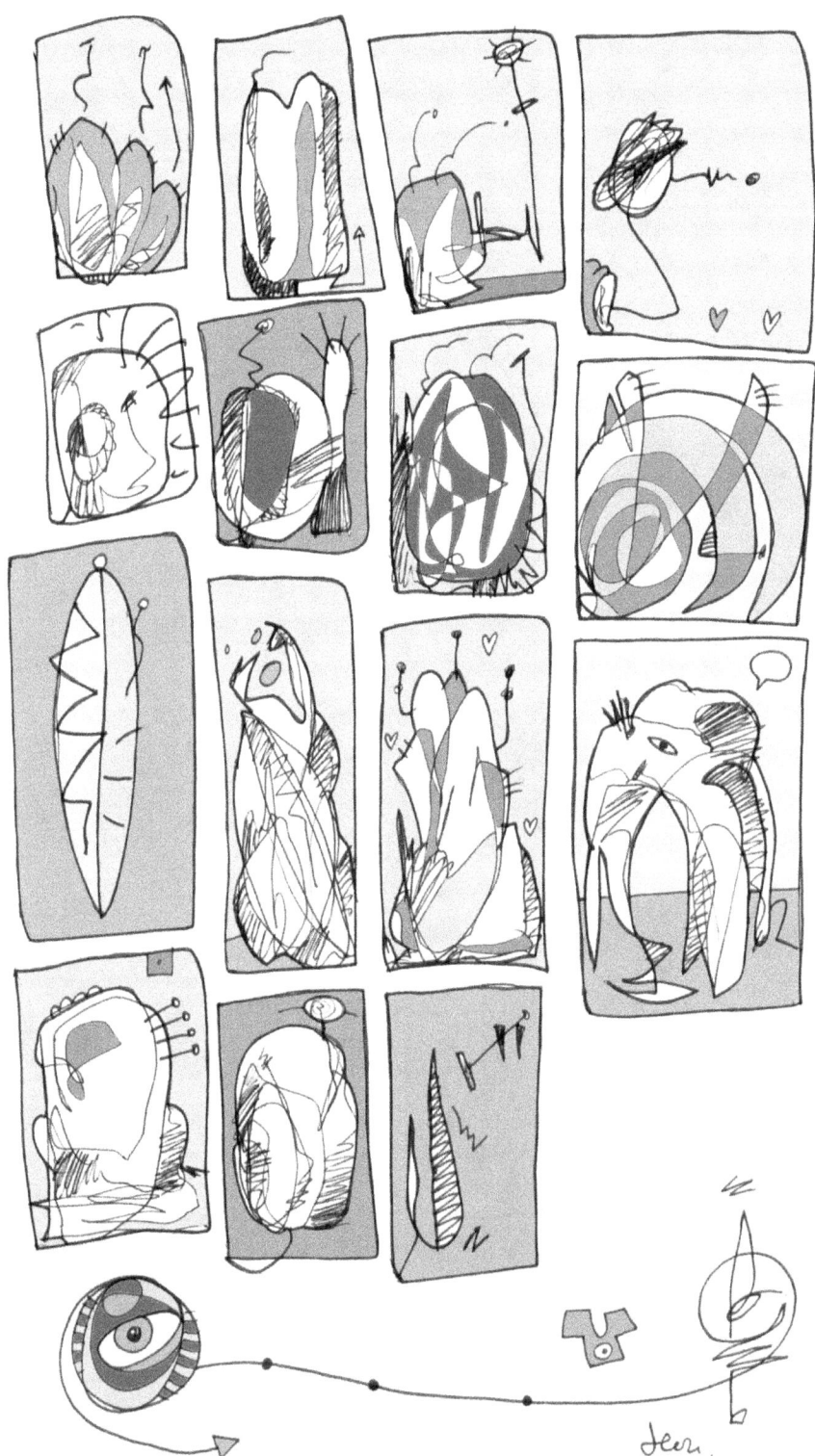

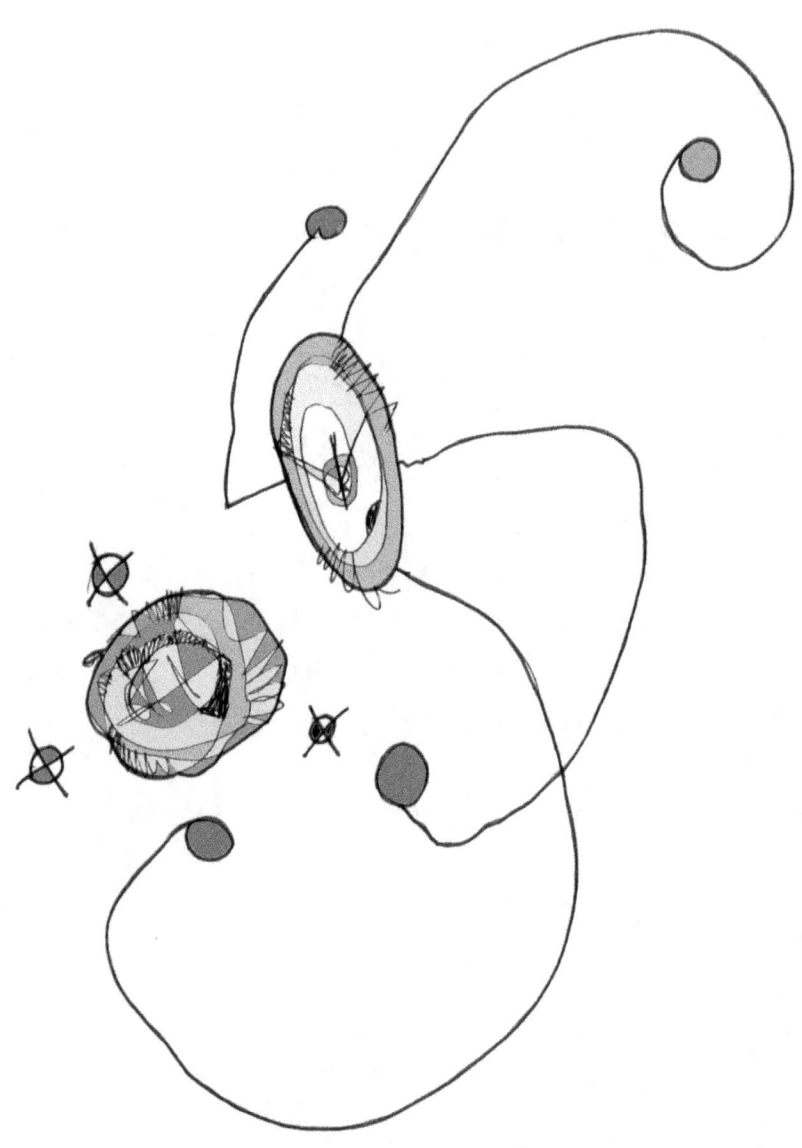

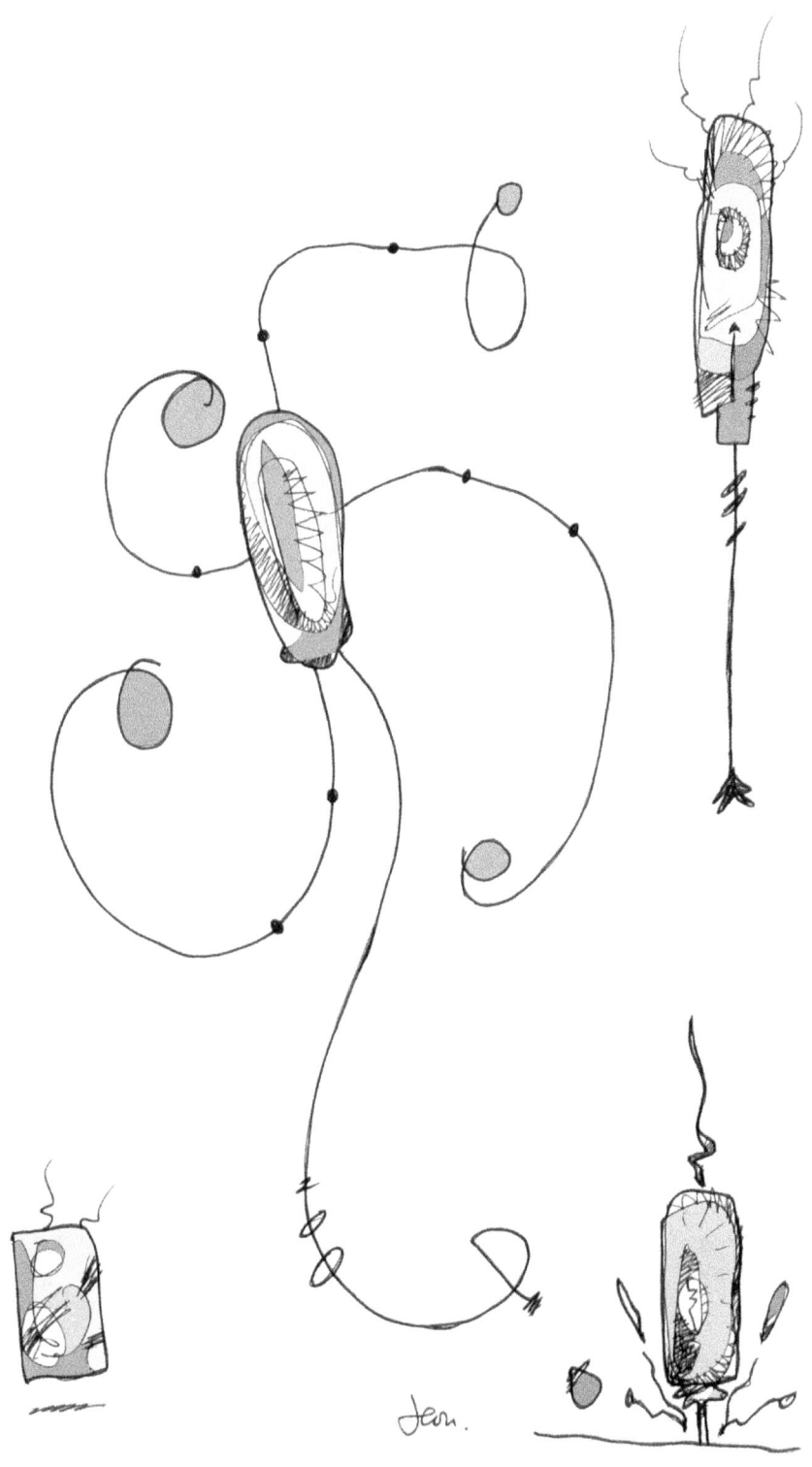

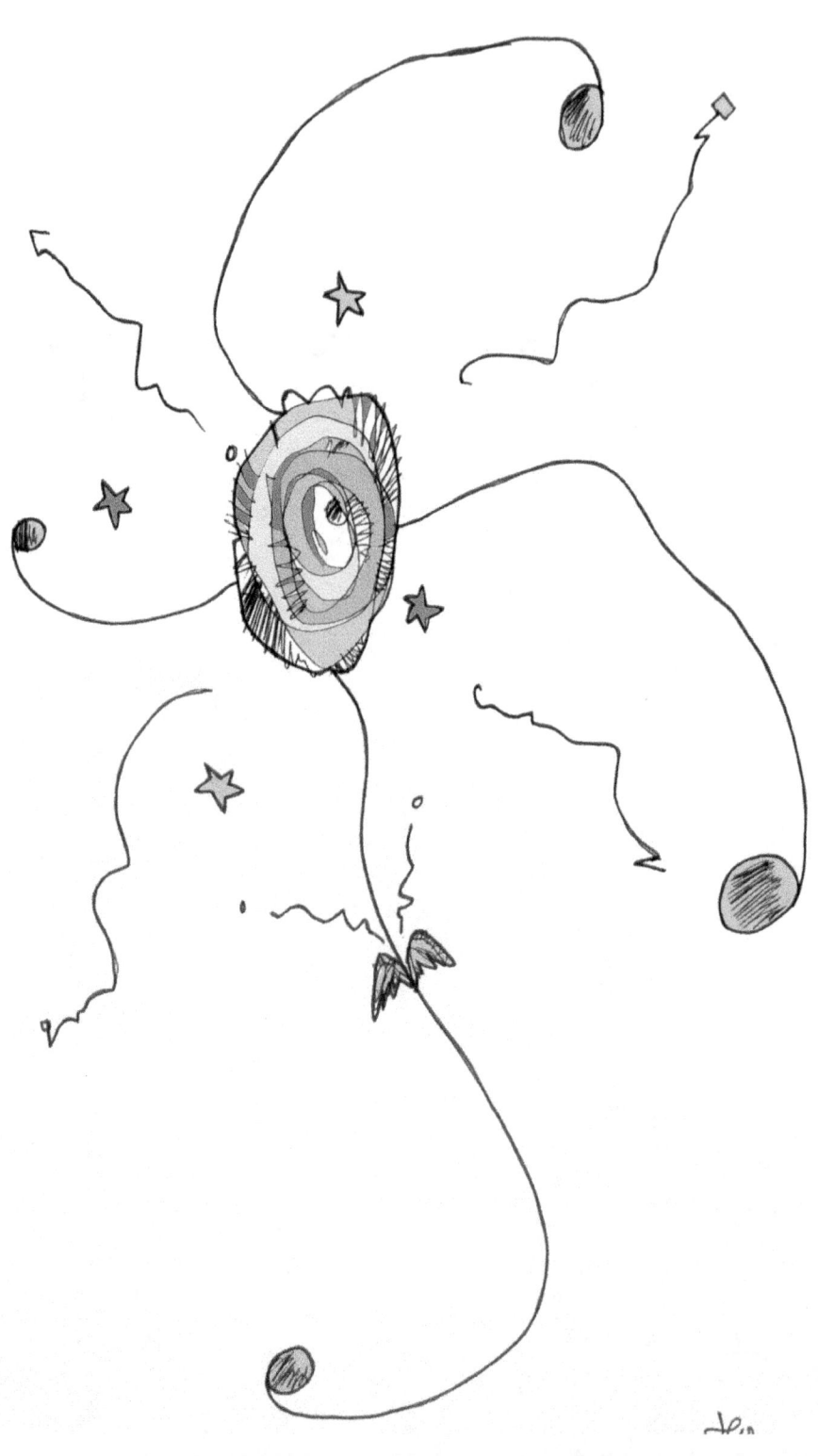

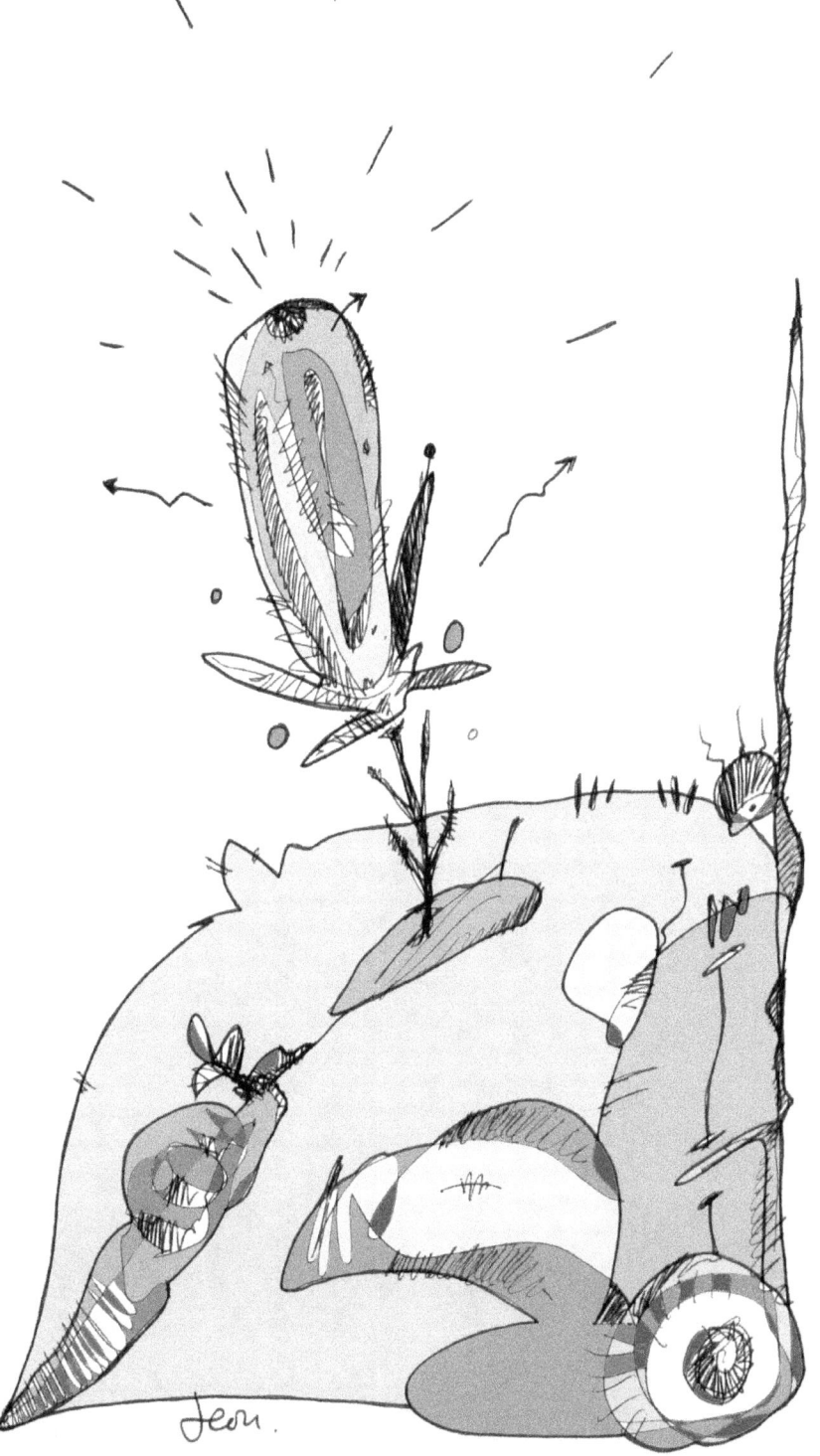

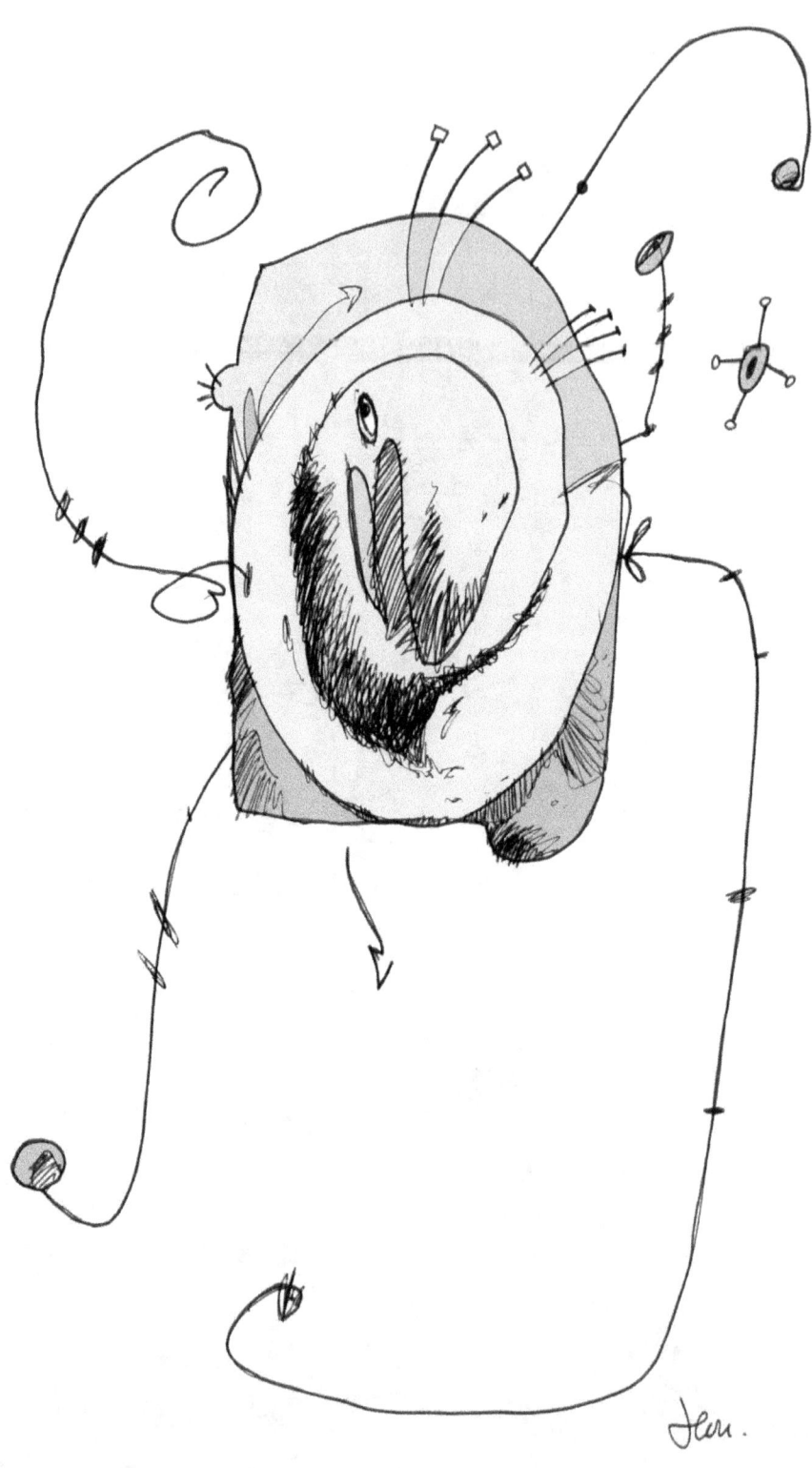

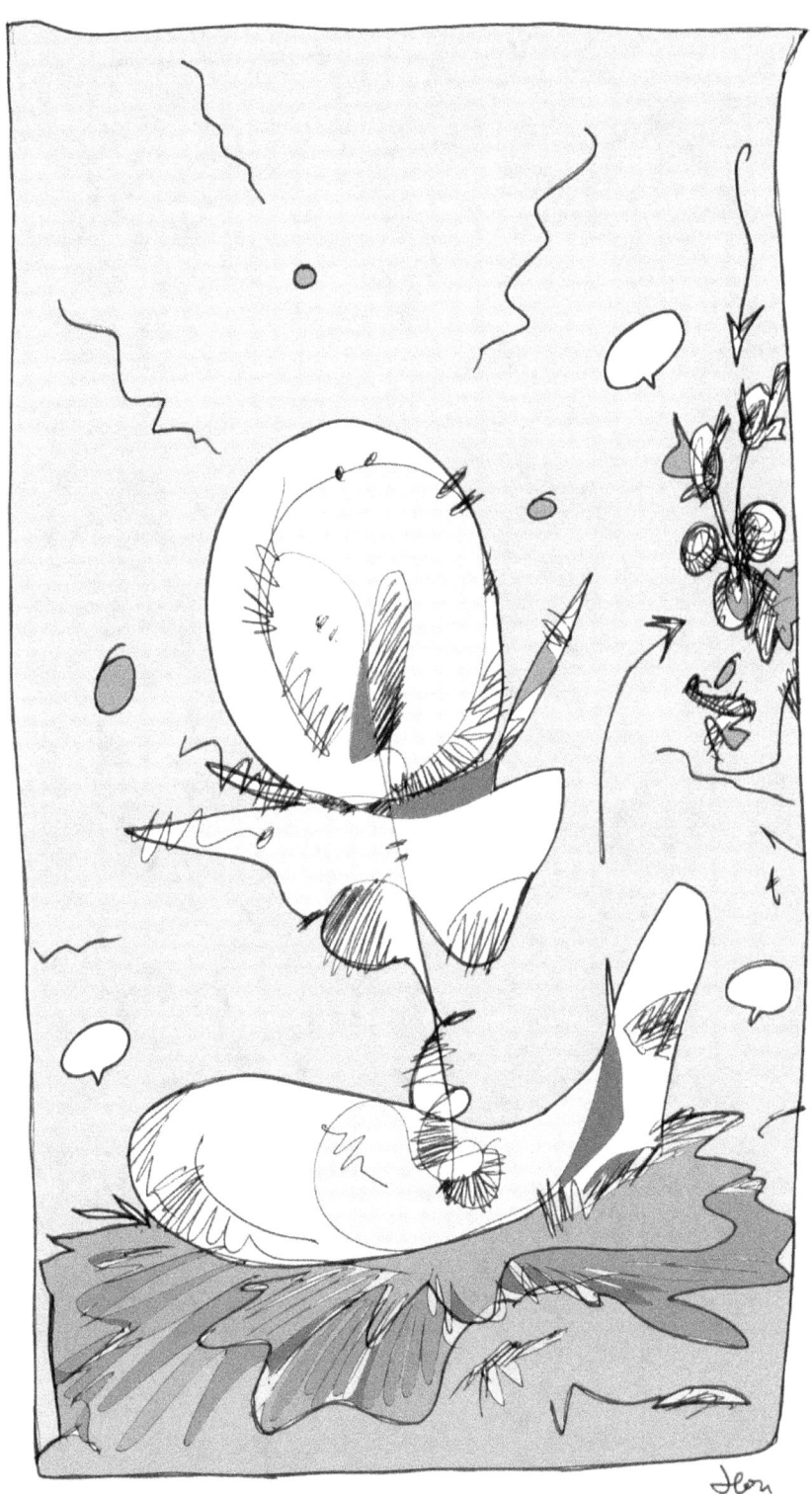

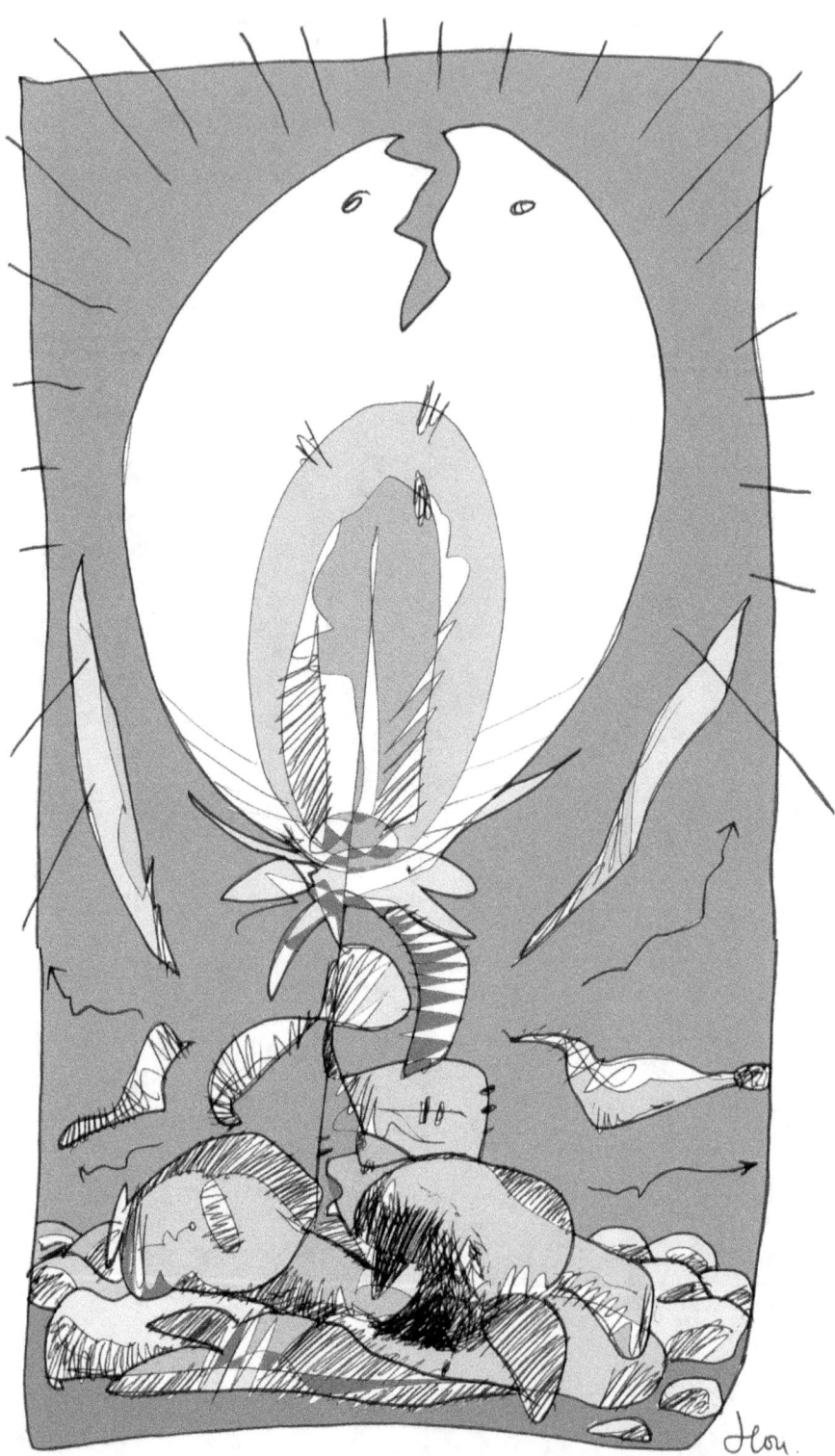

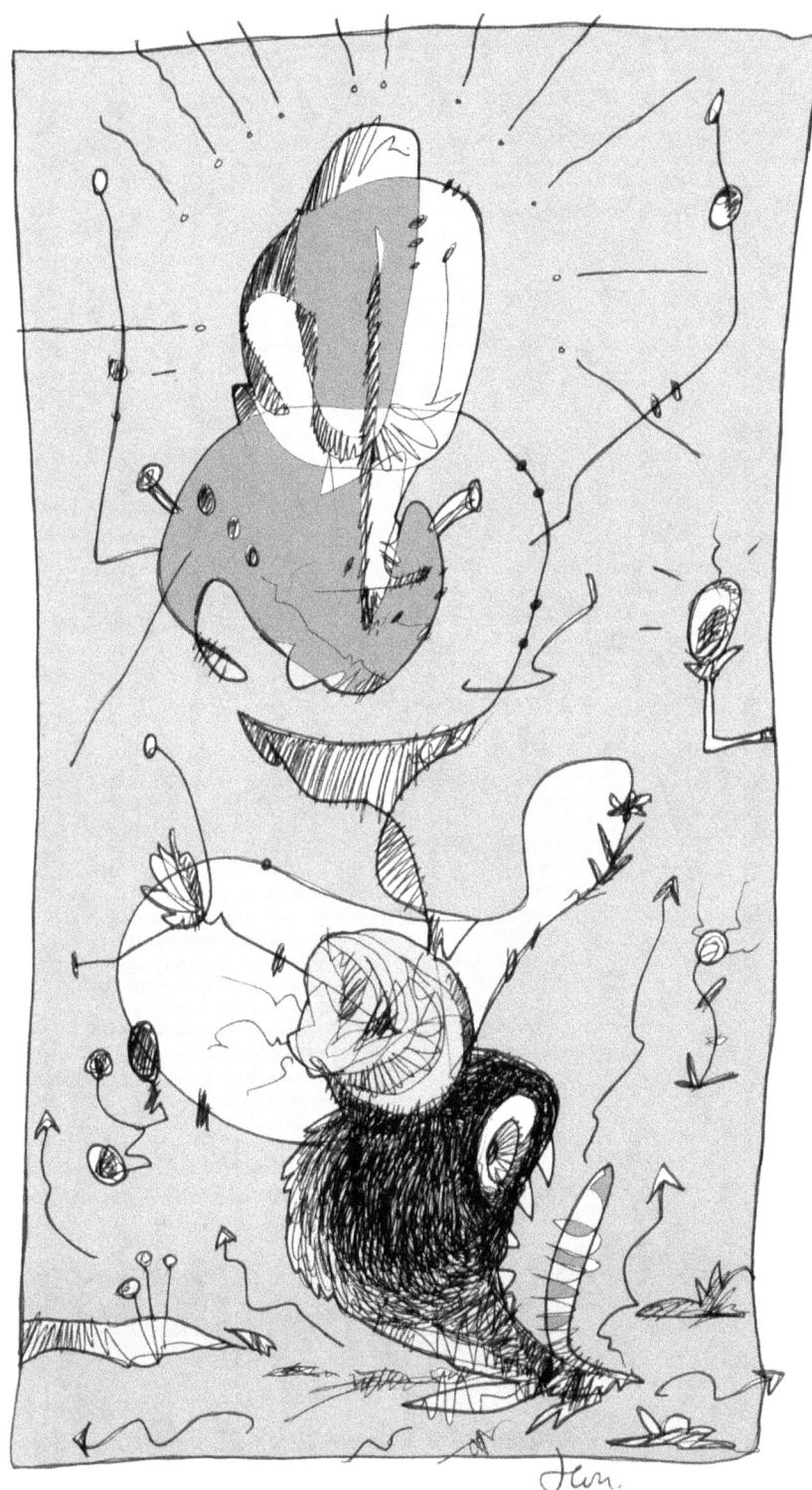

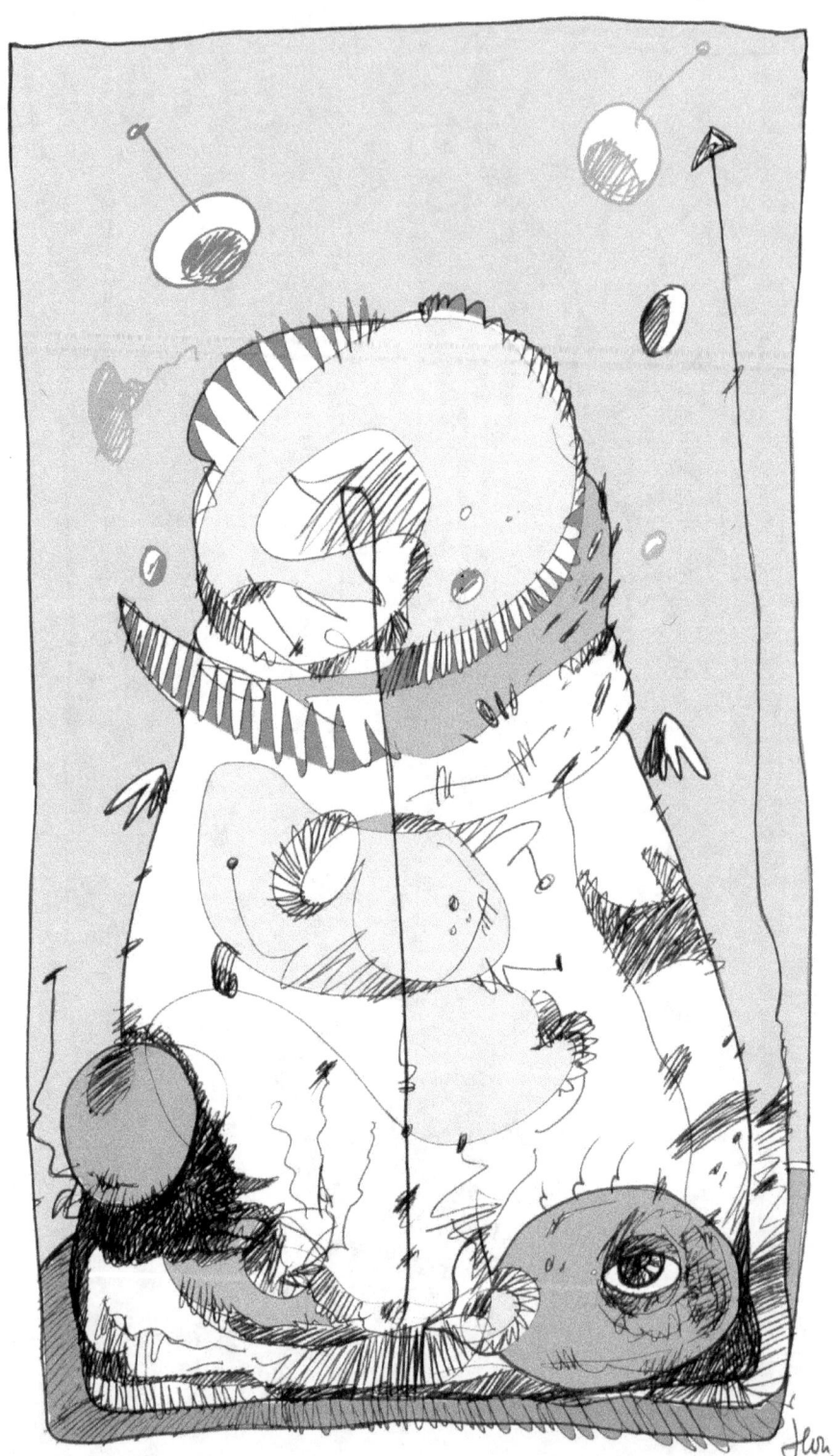

144

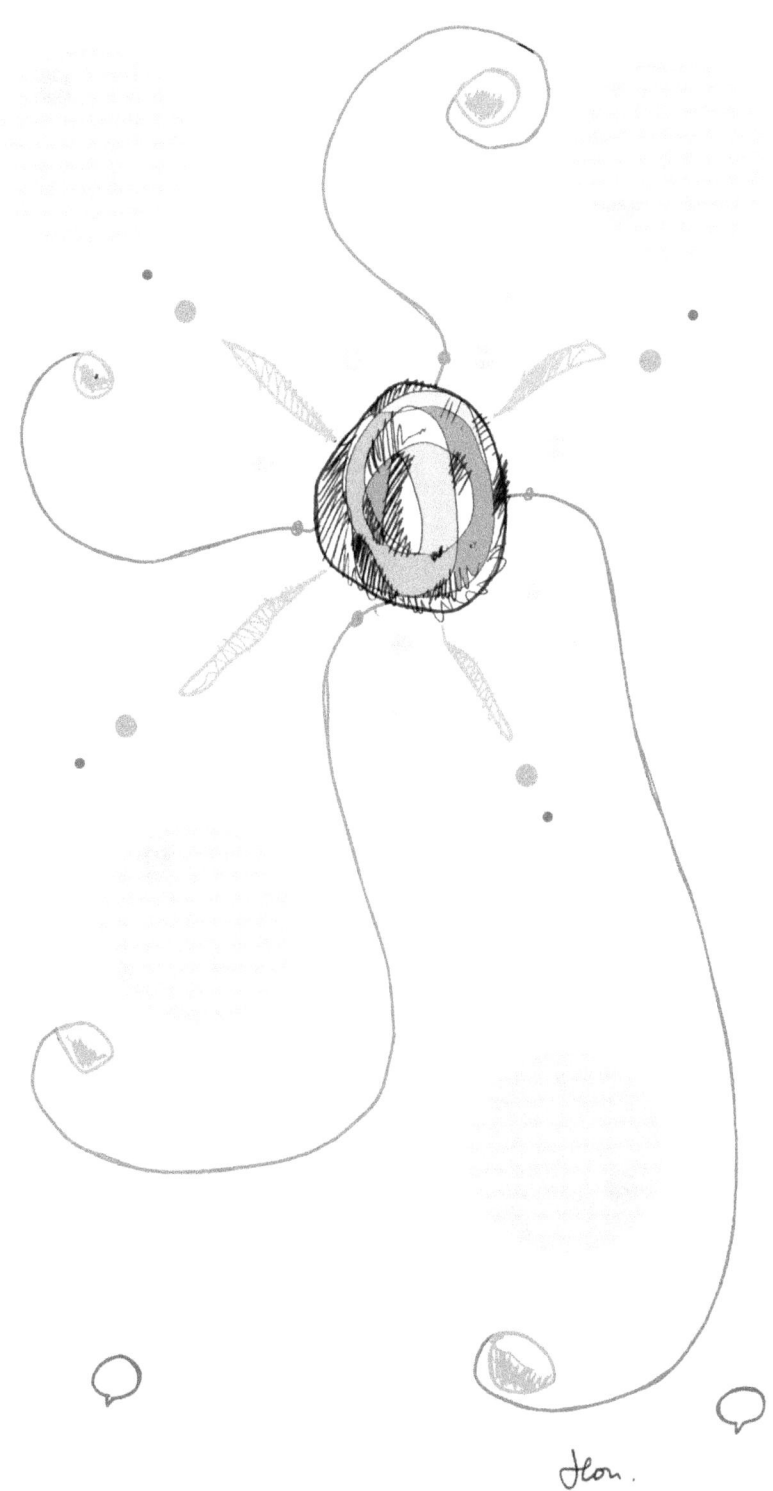

145

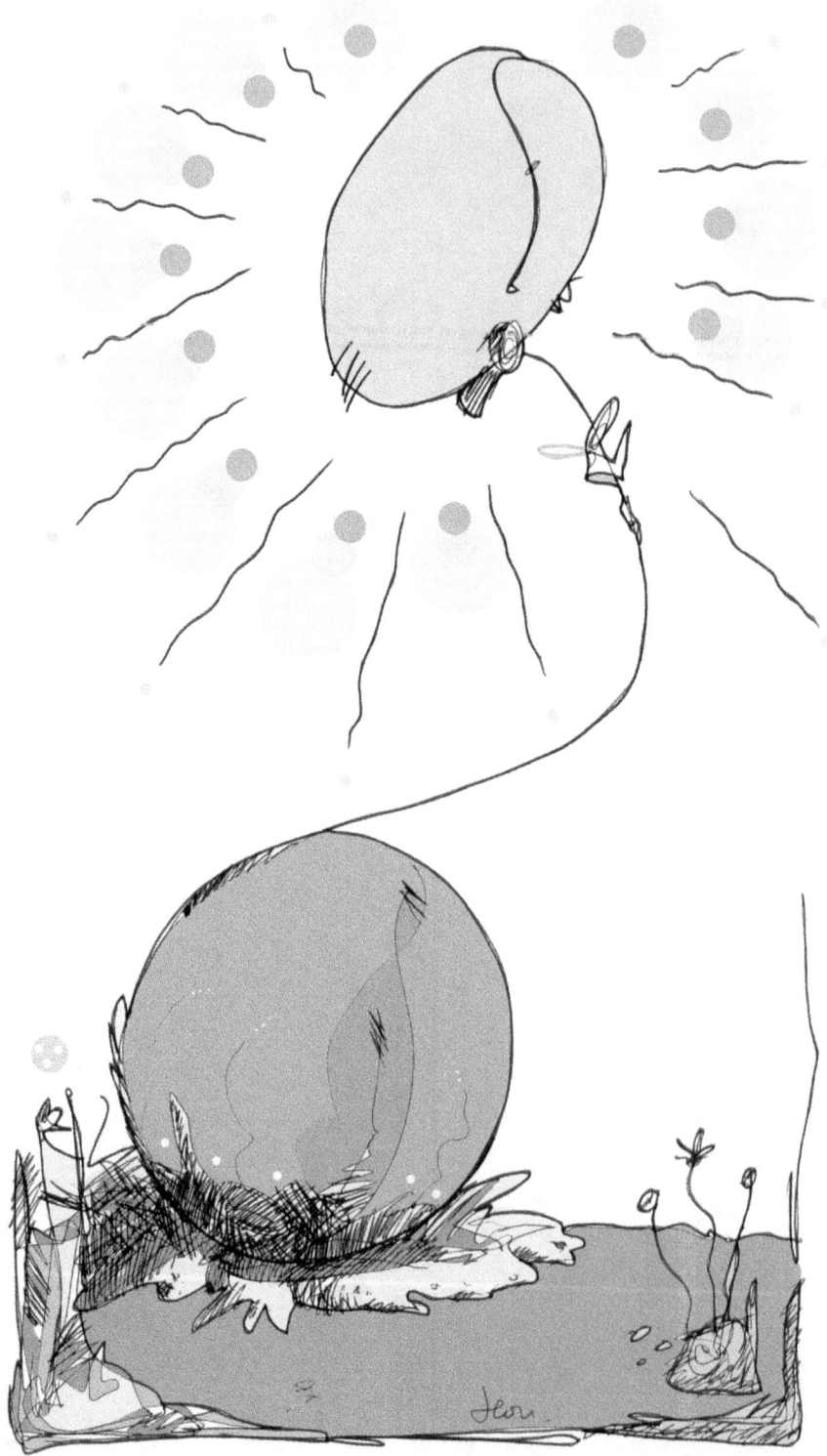

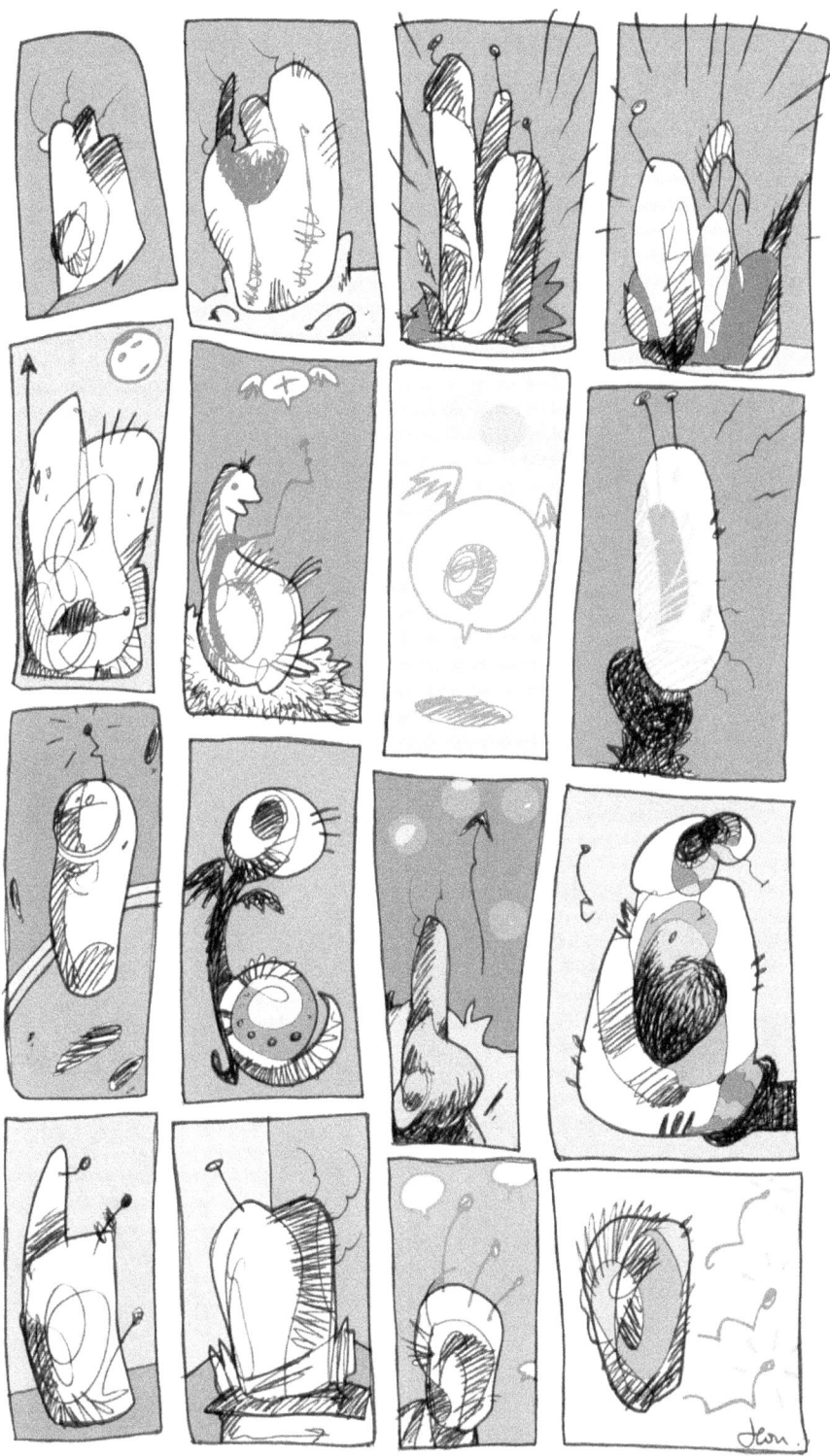

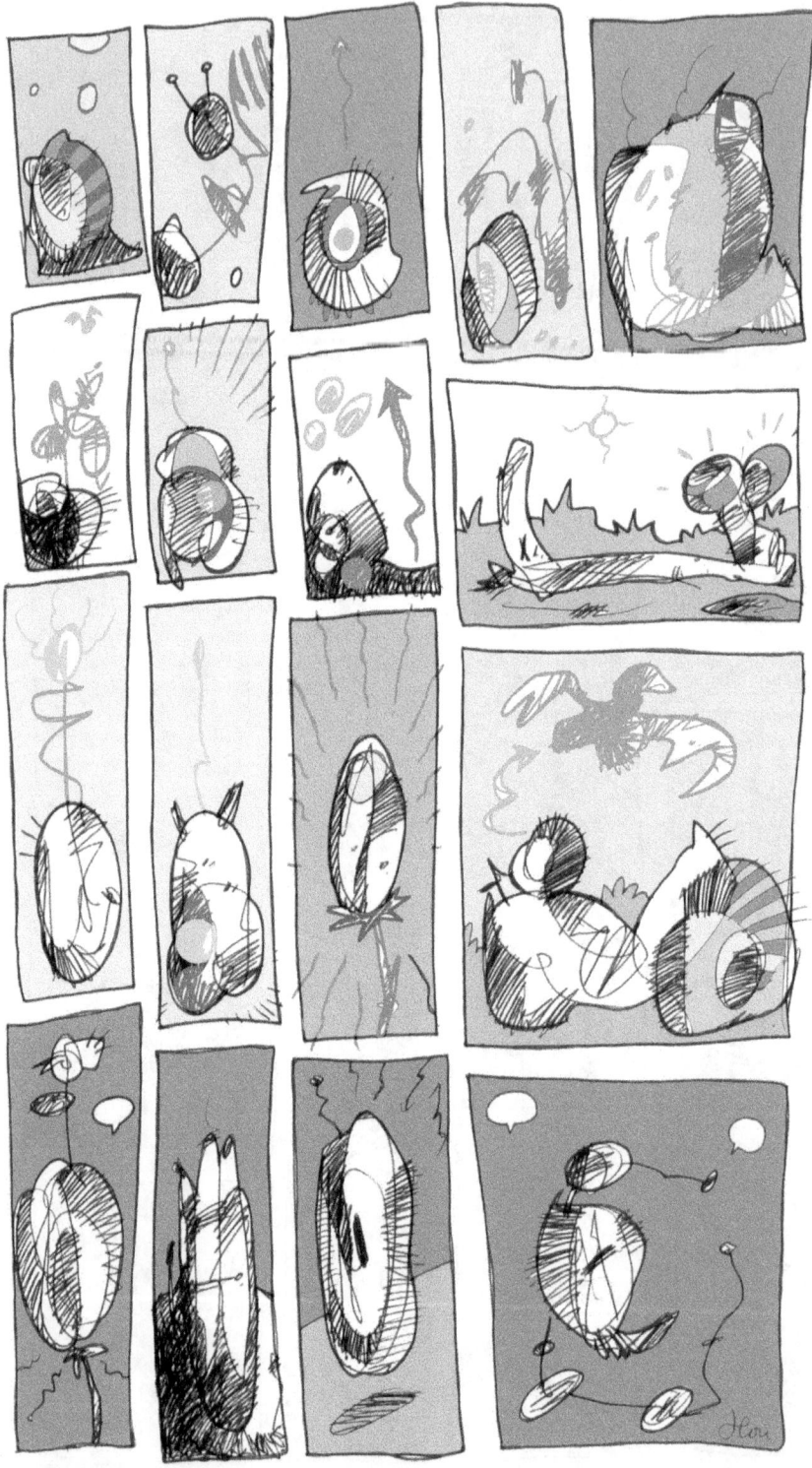

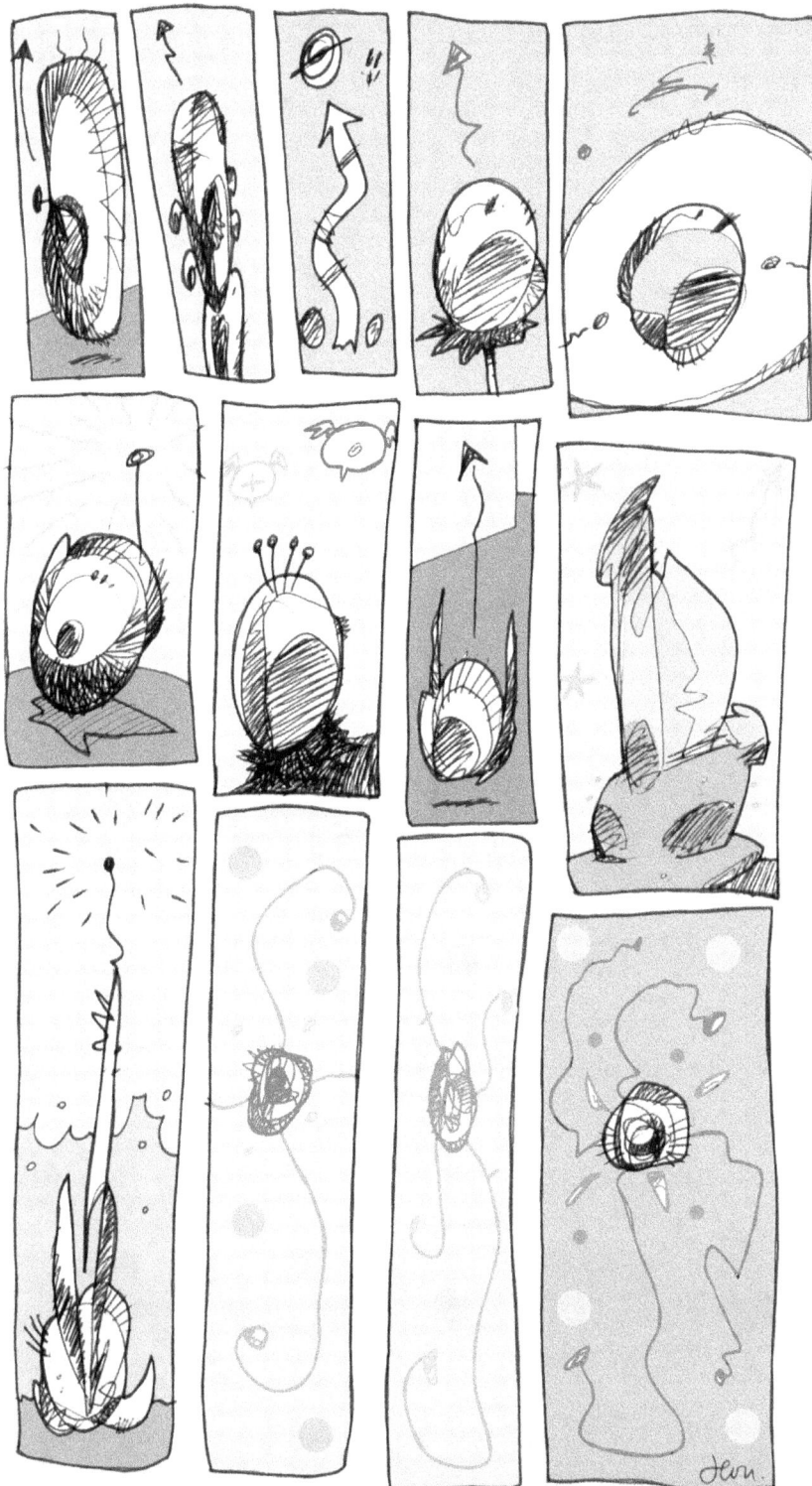

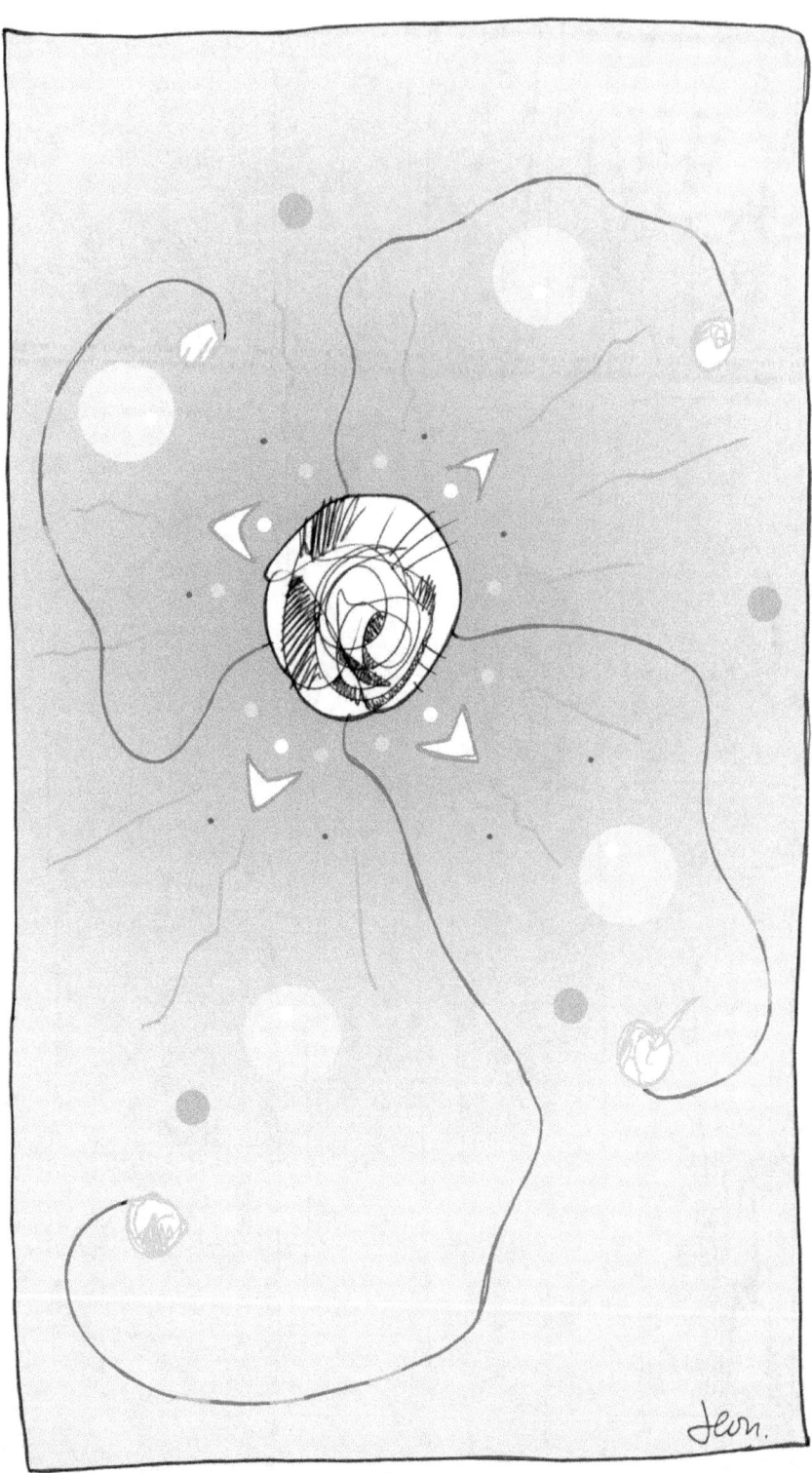

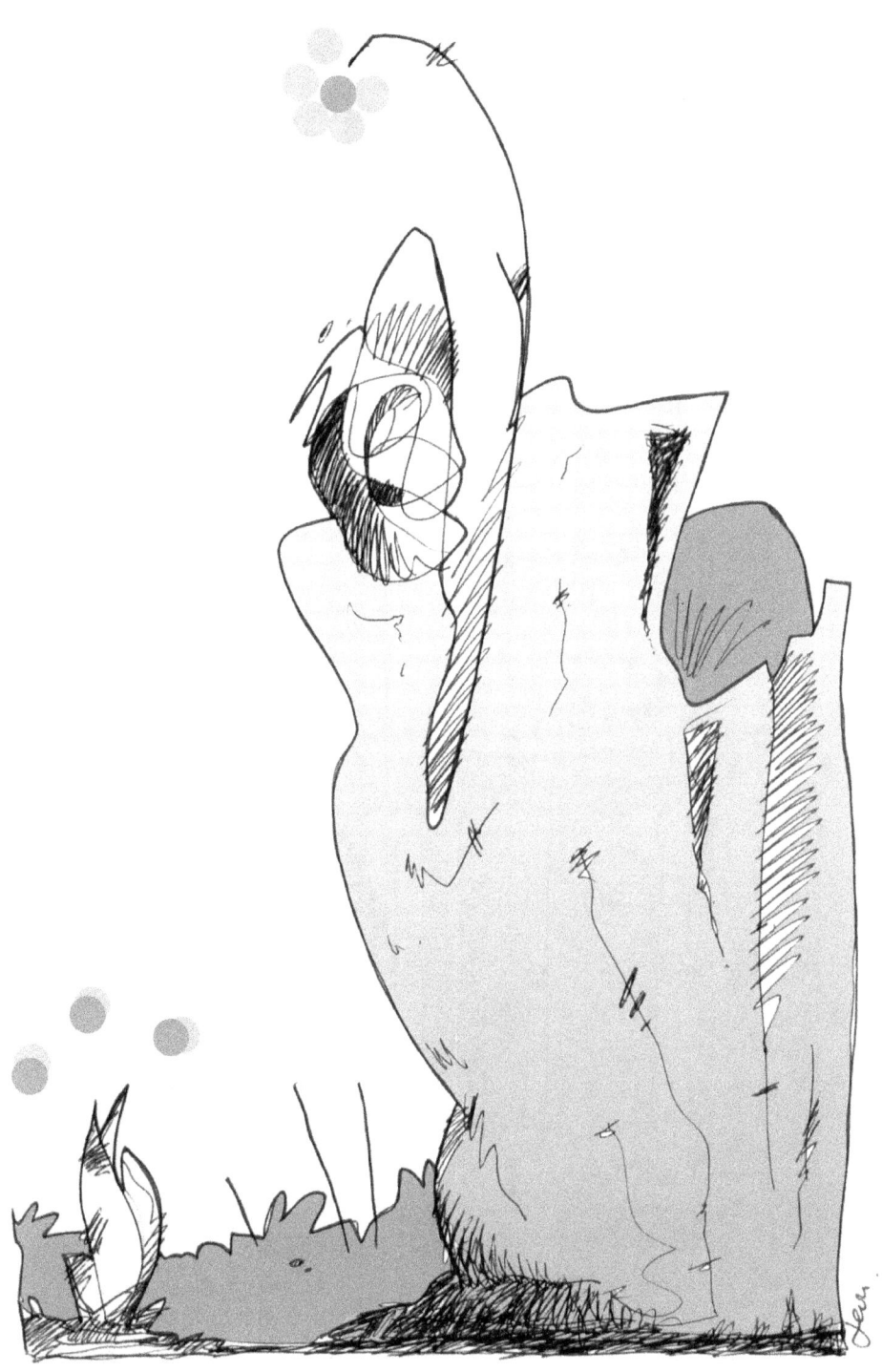

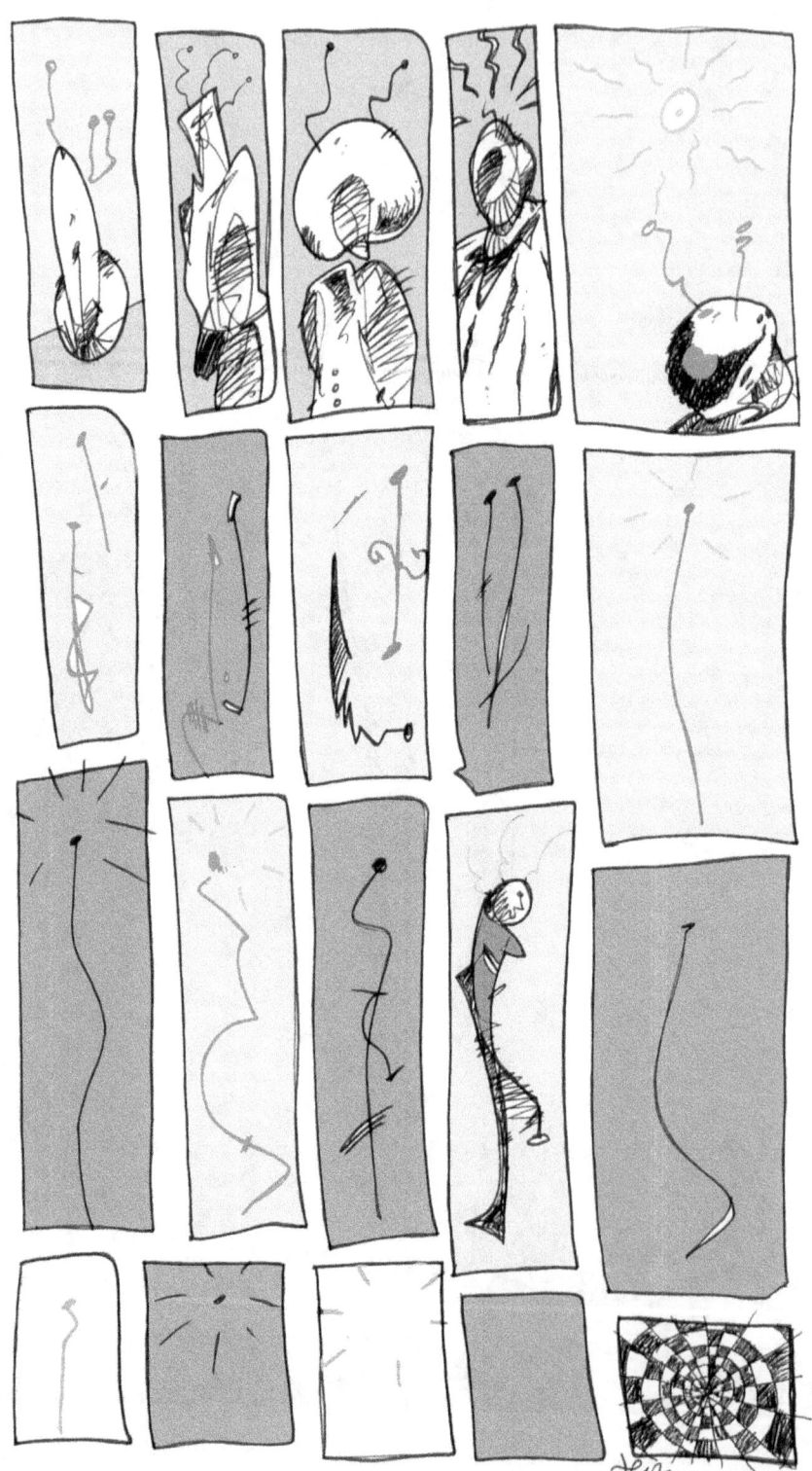

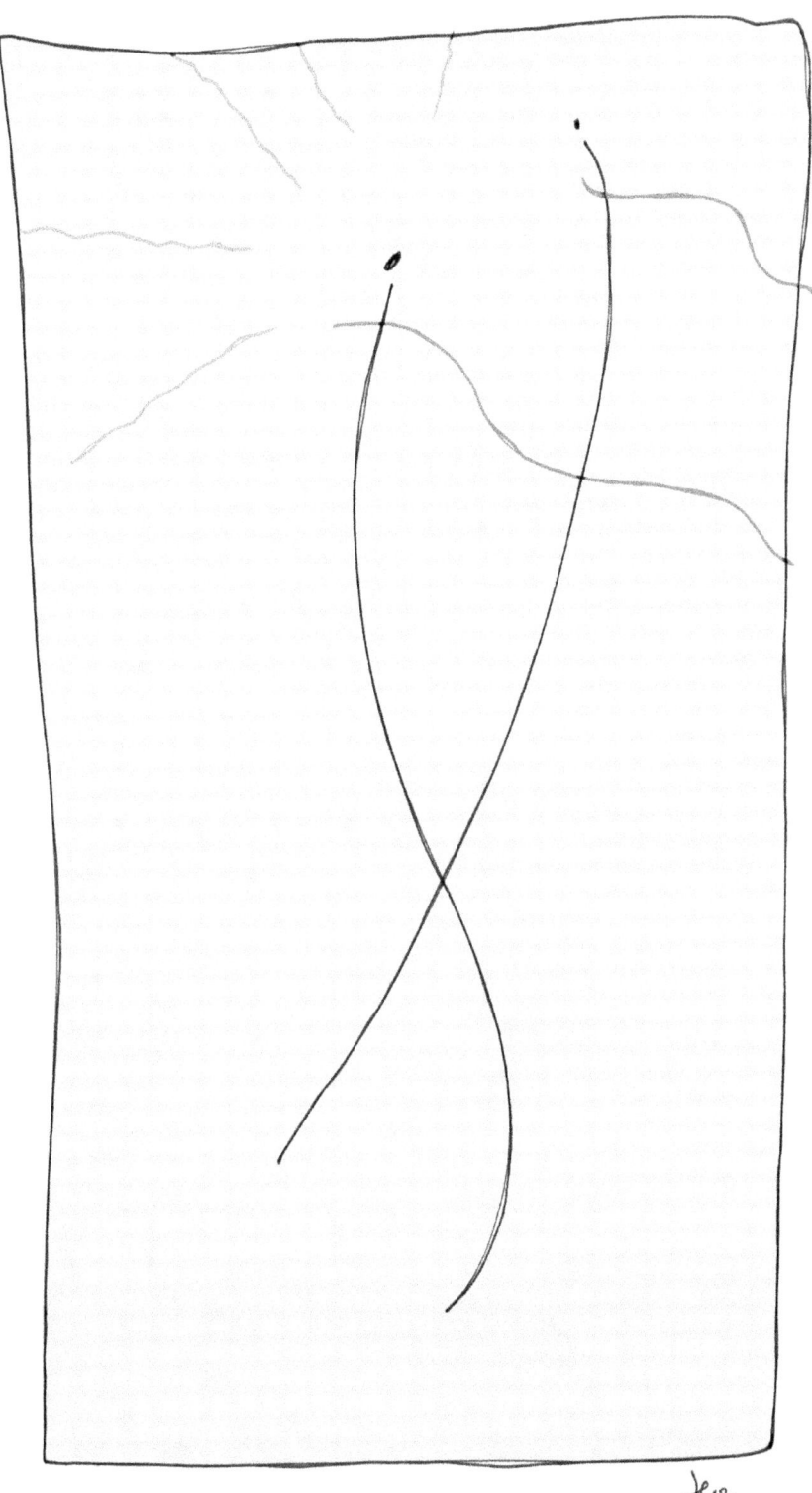

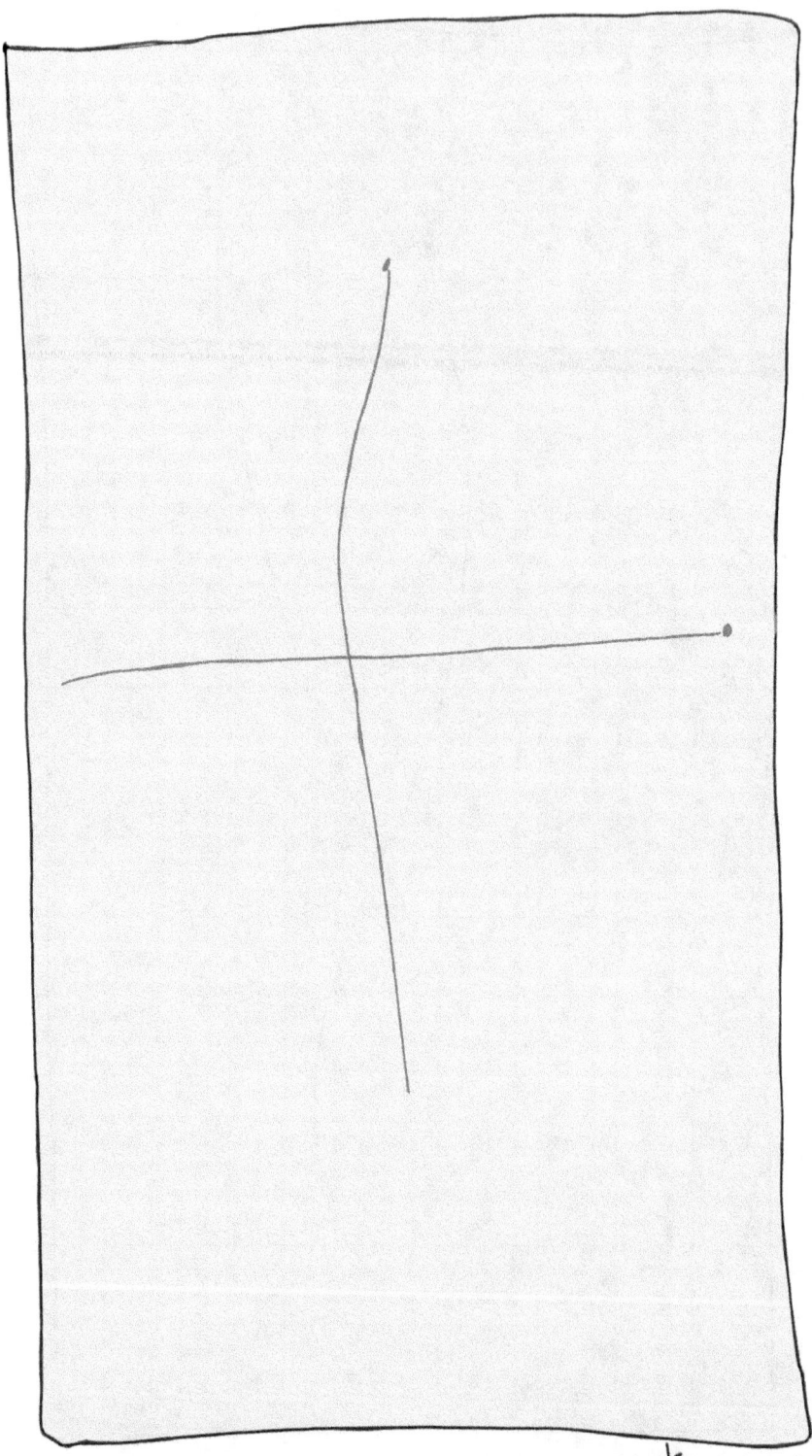

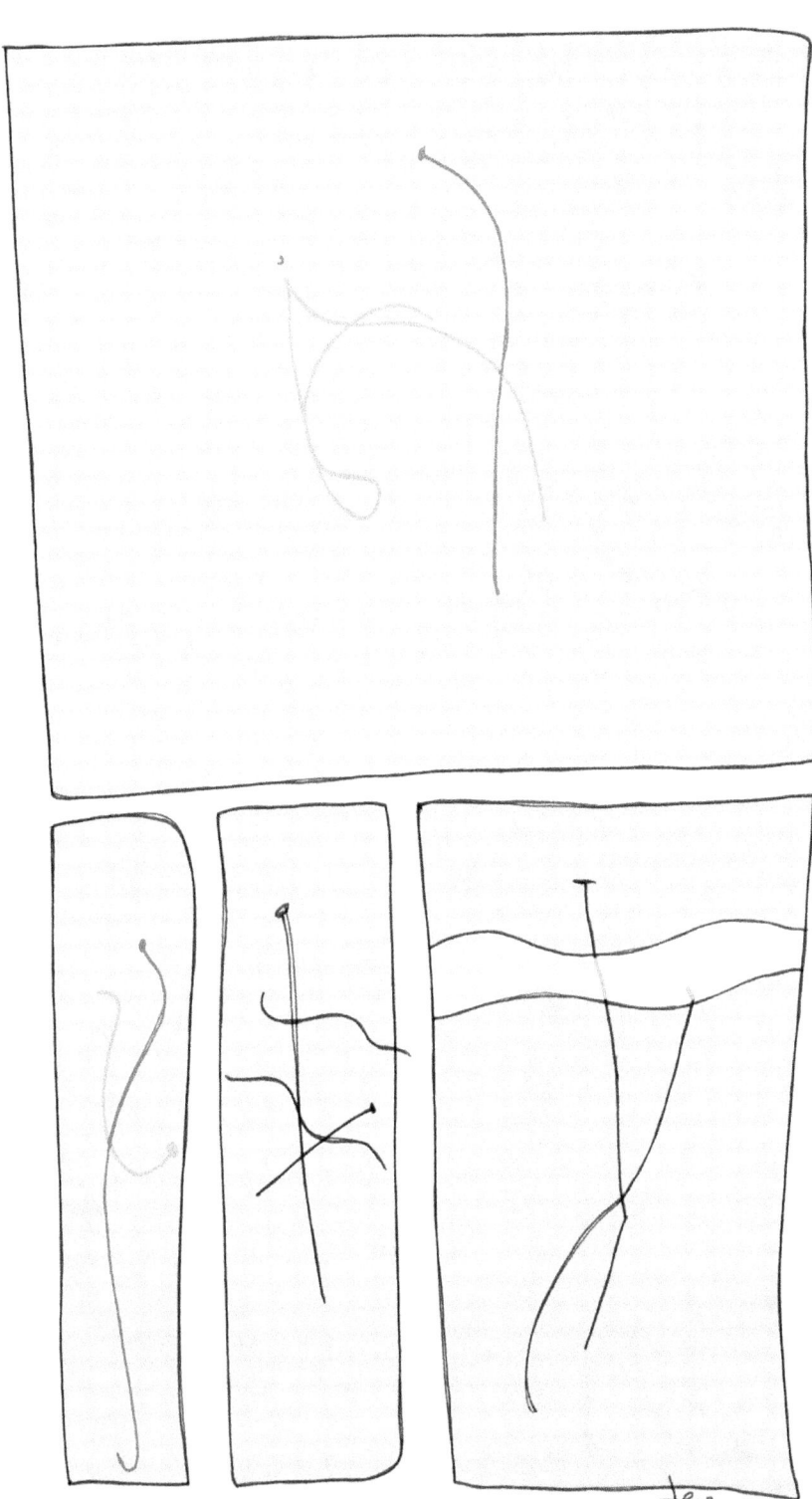

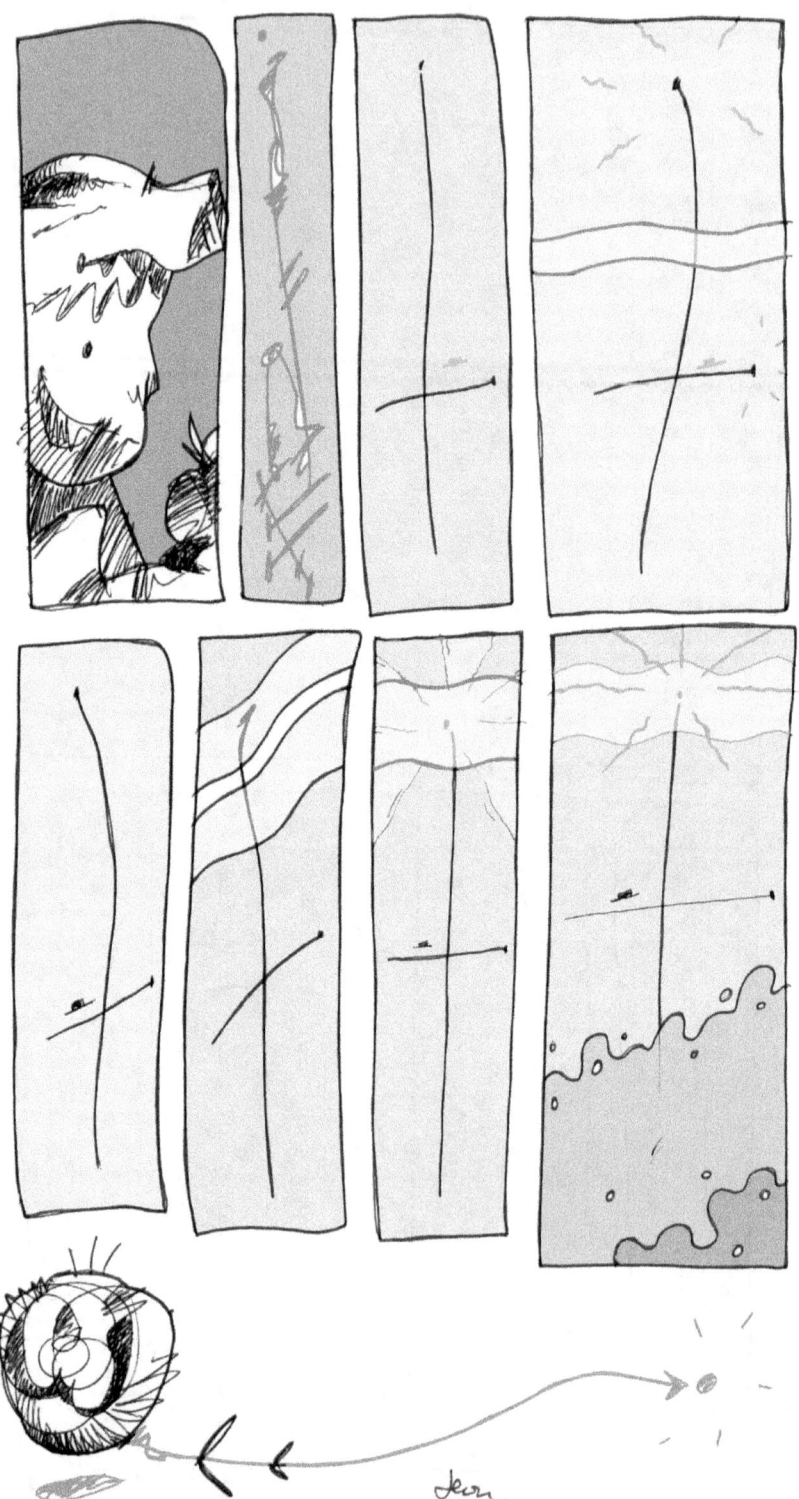

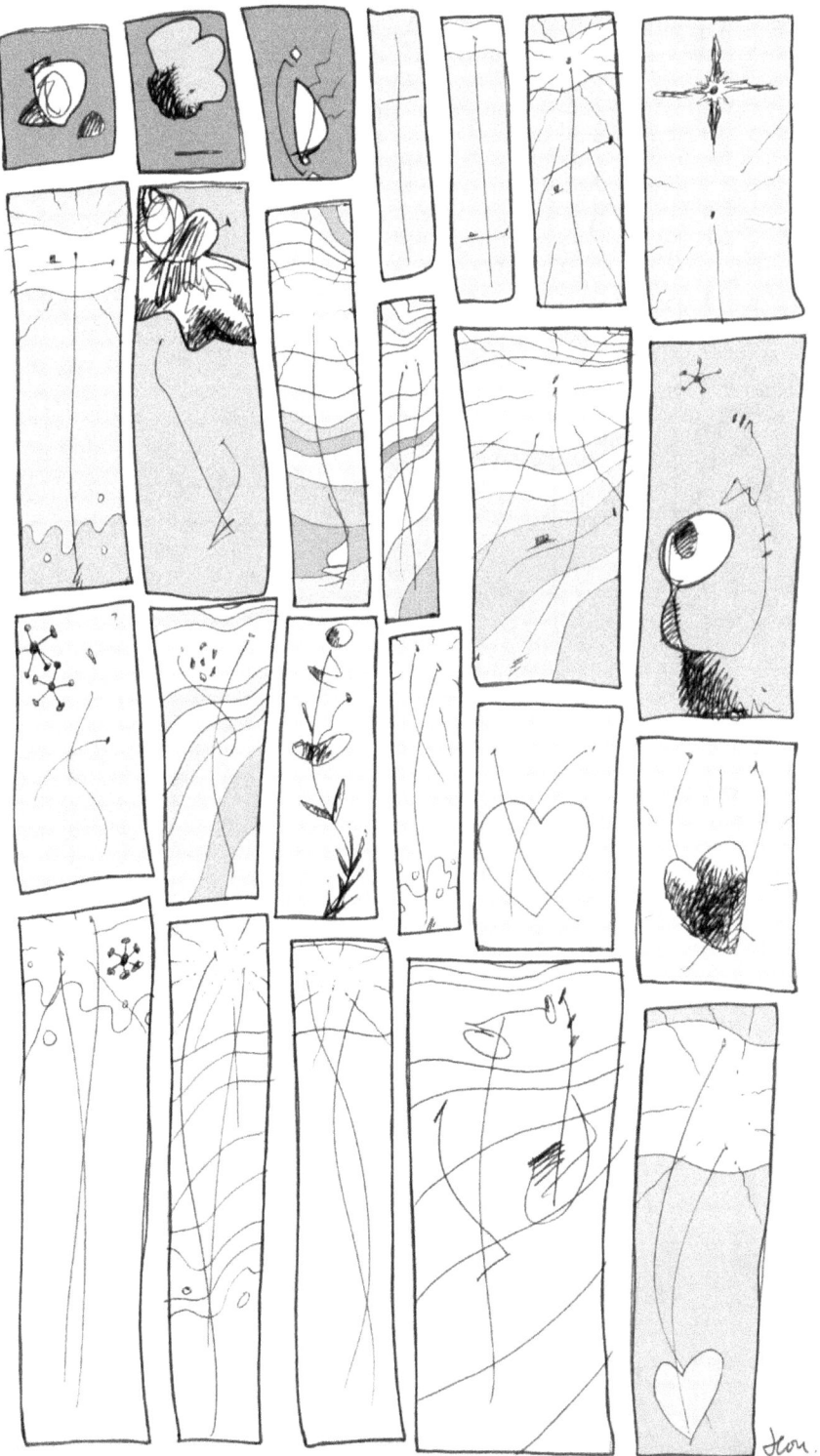

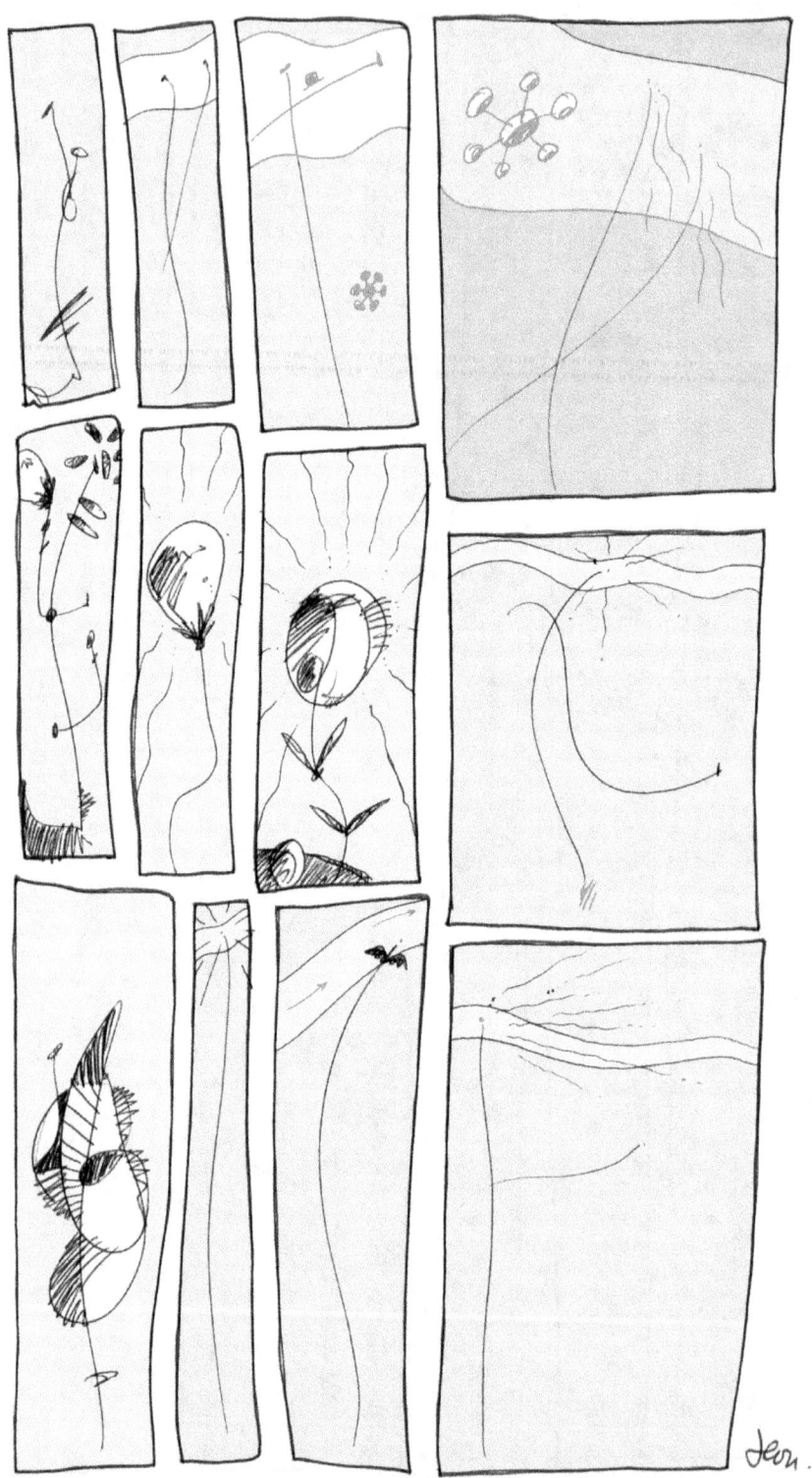

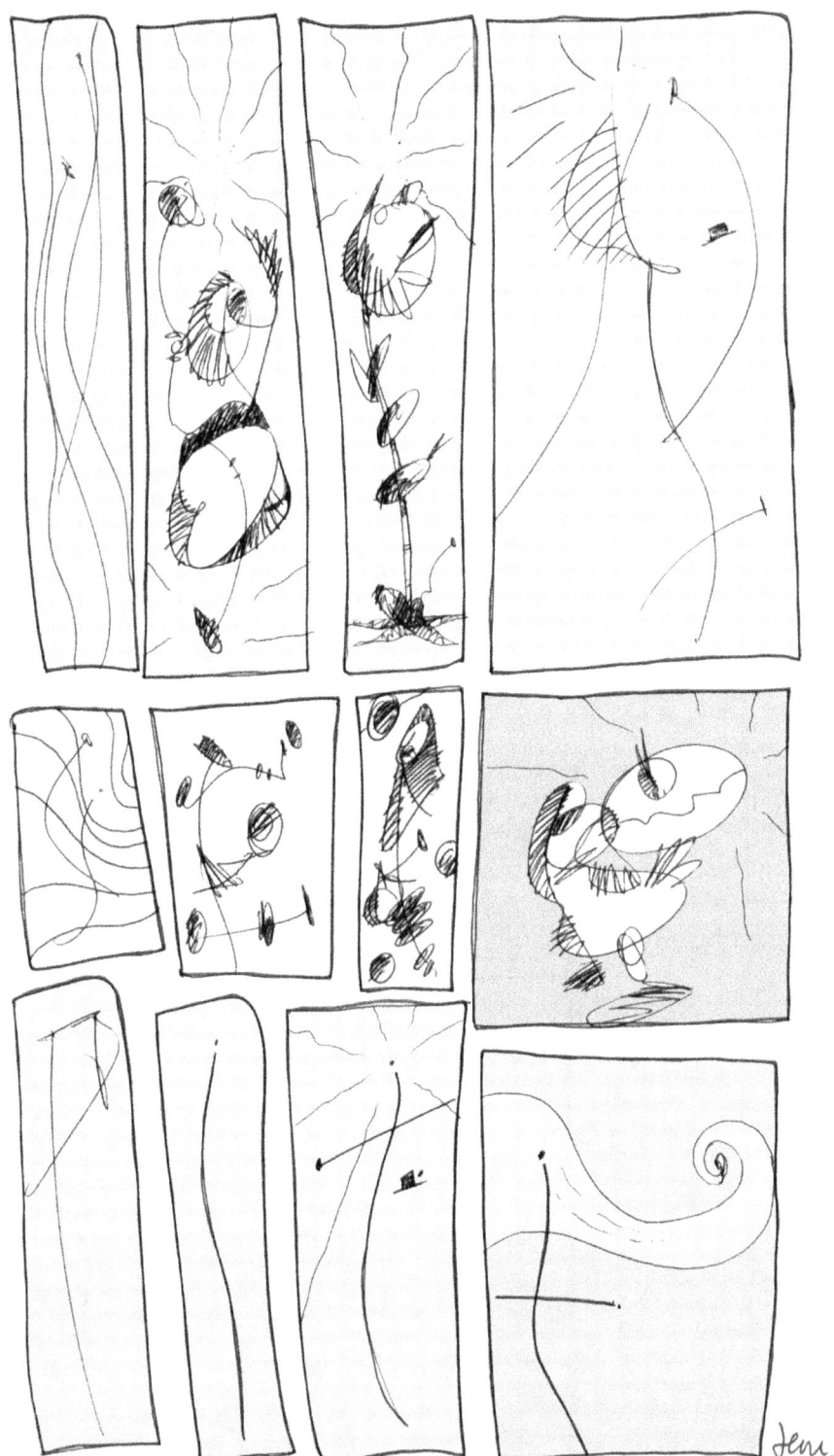

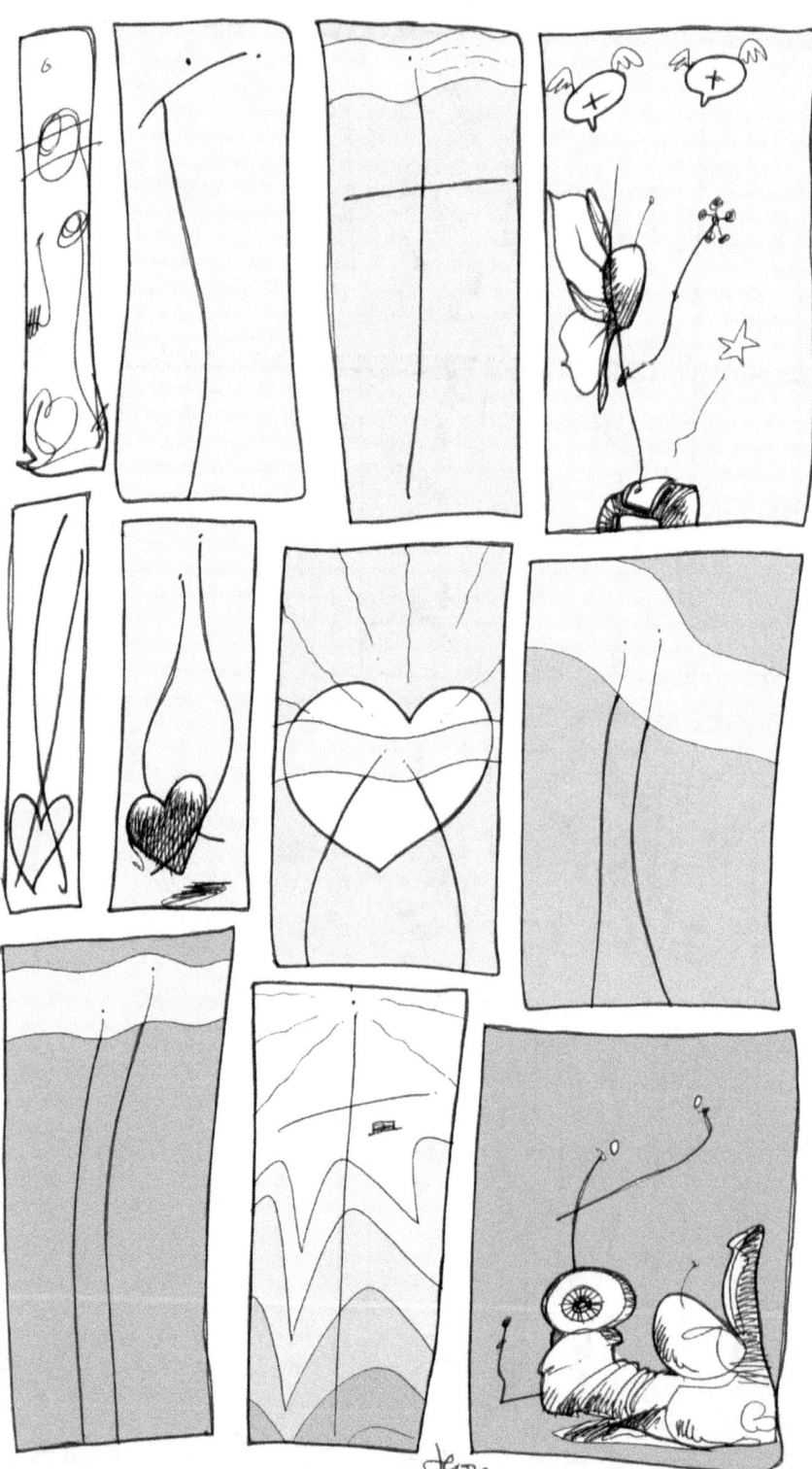

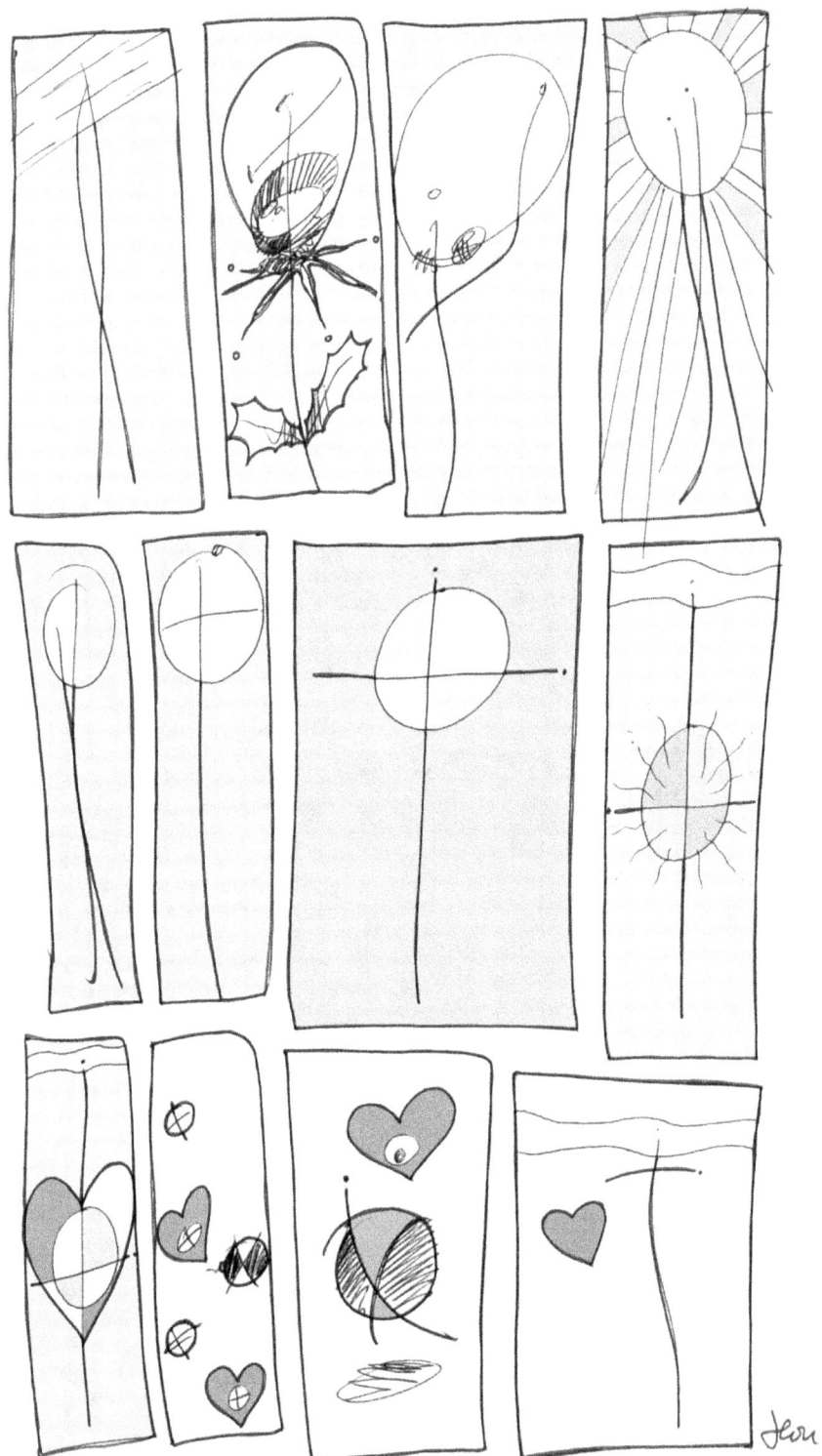

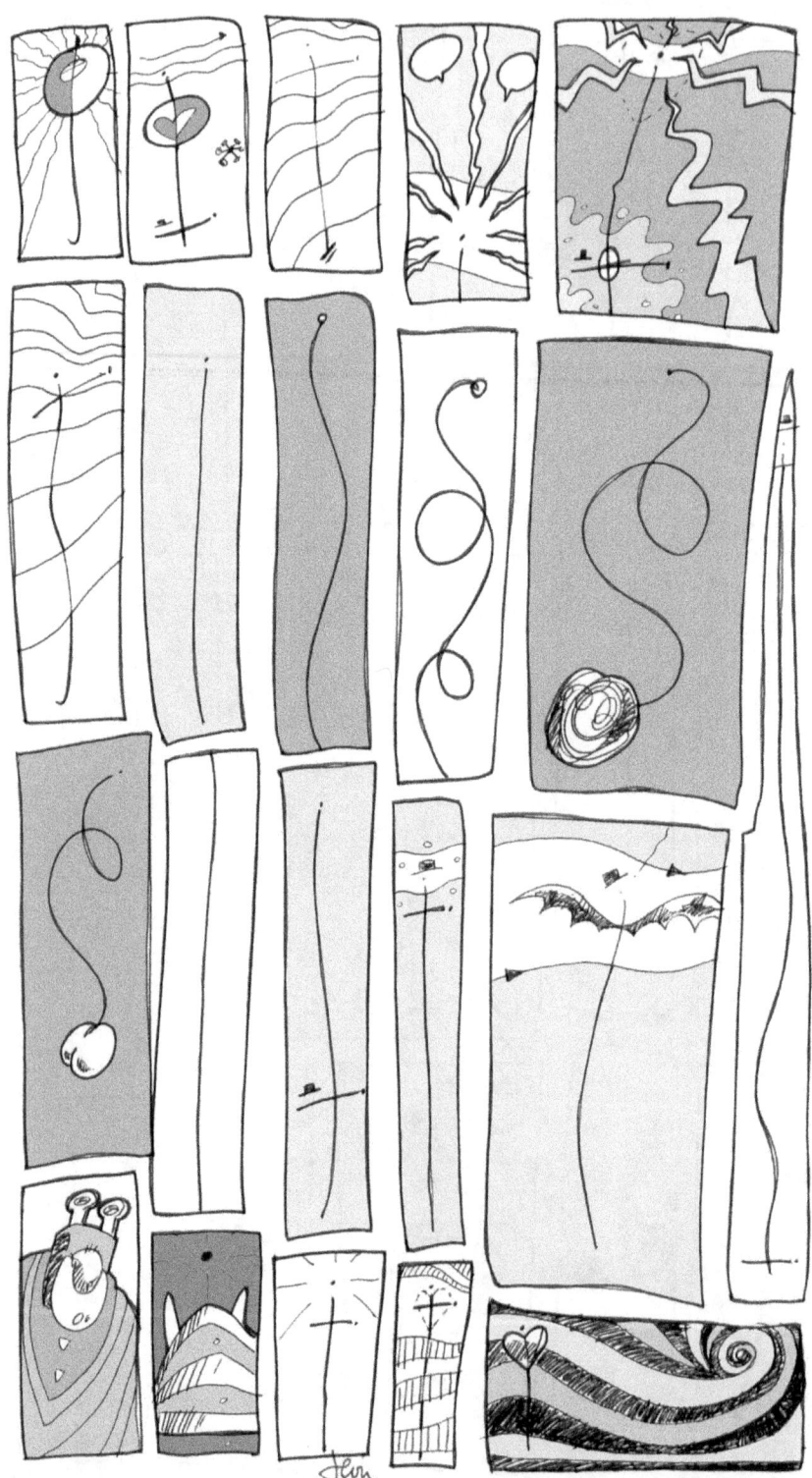

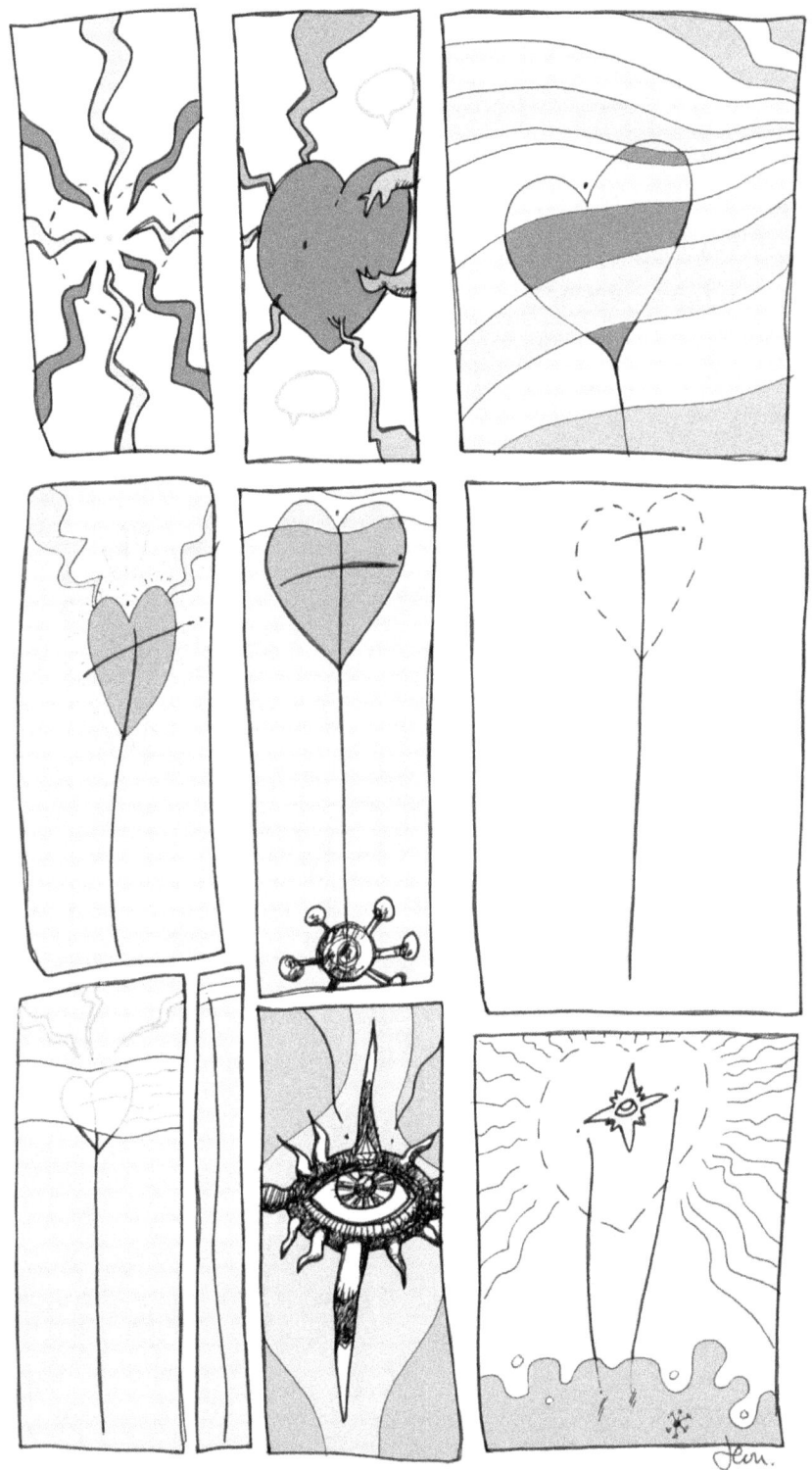

163

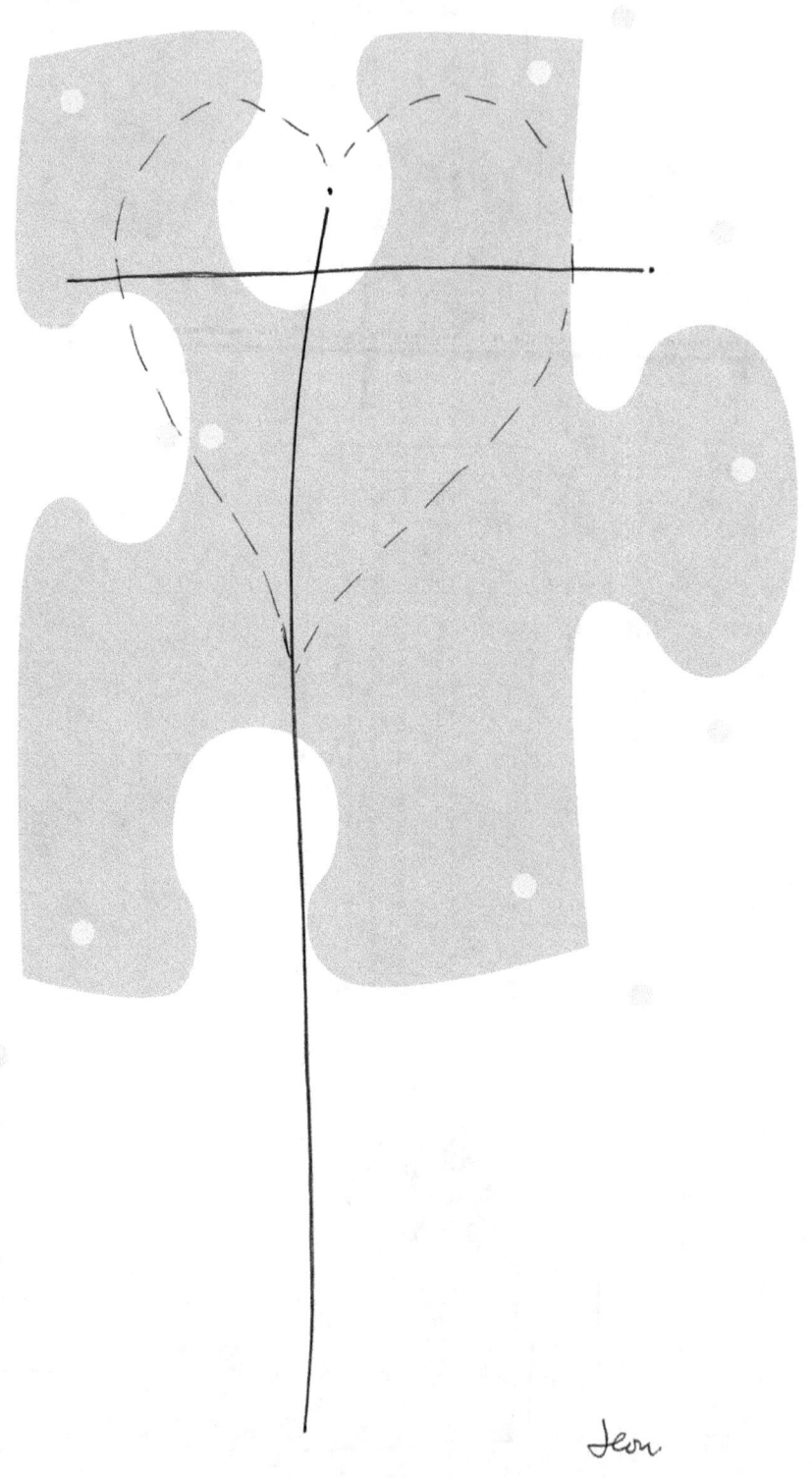

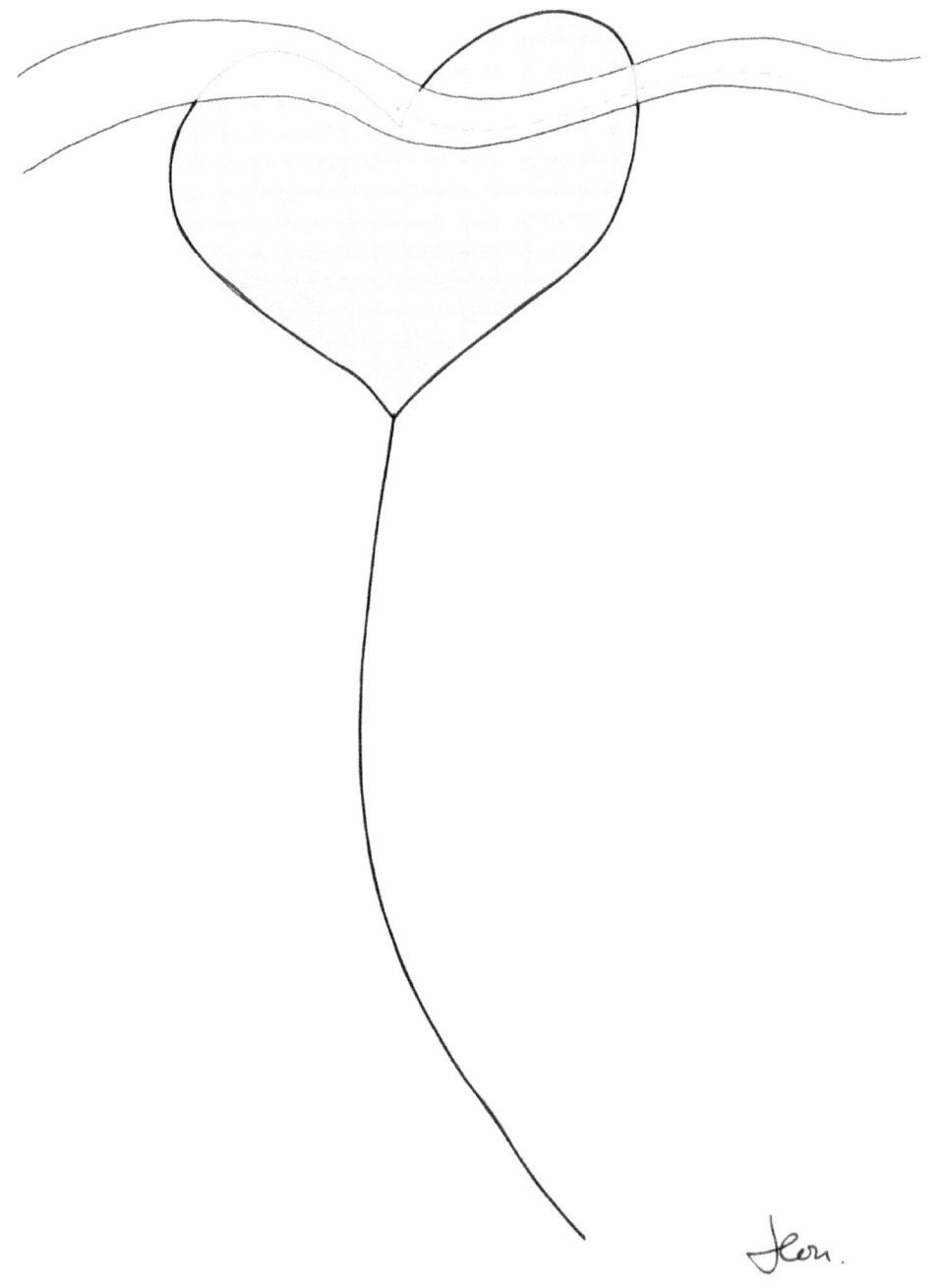

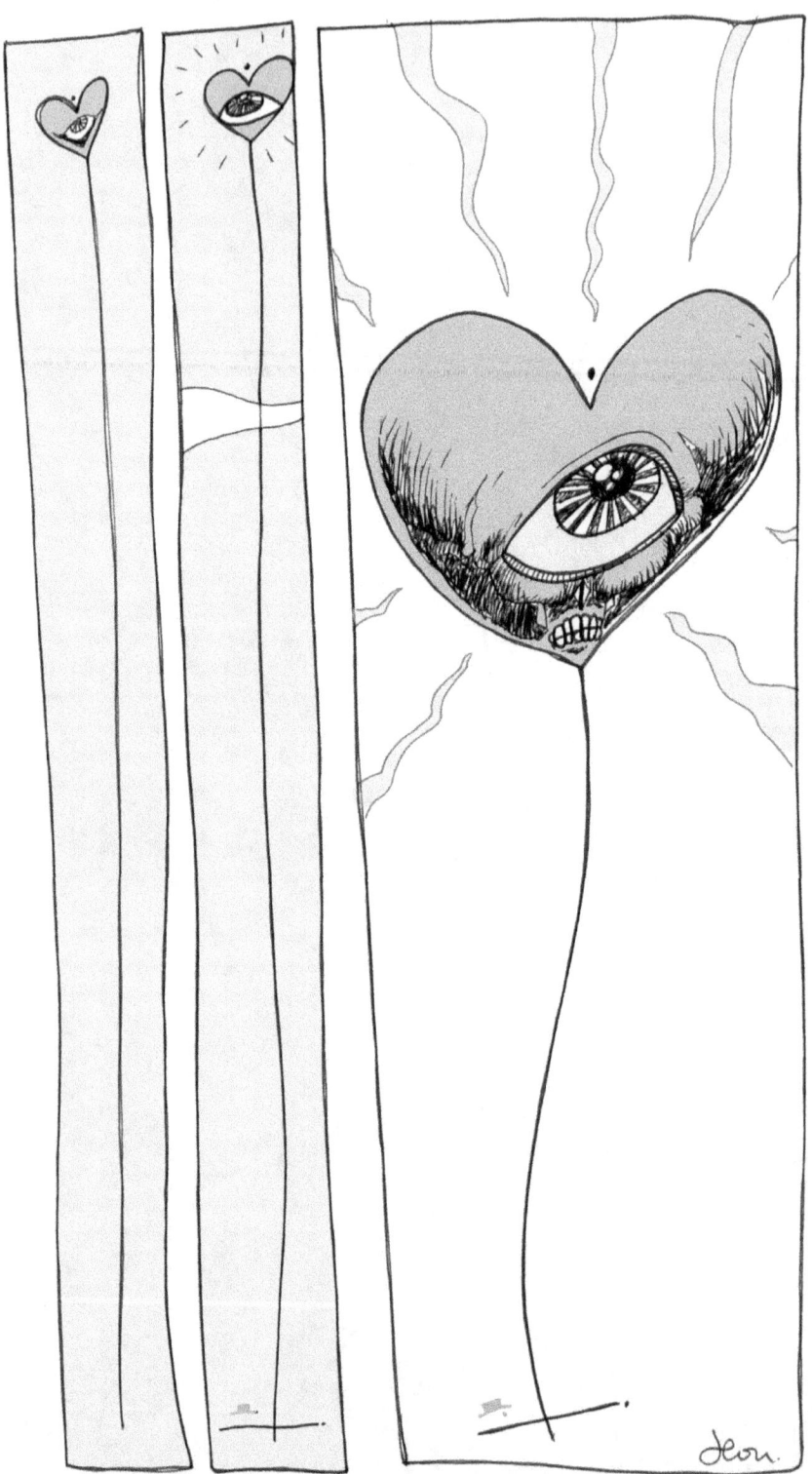

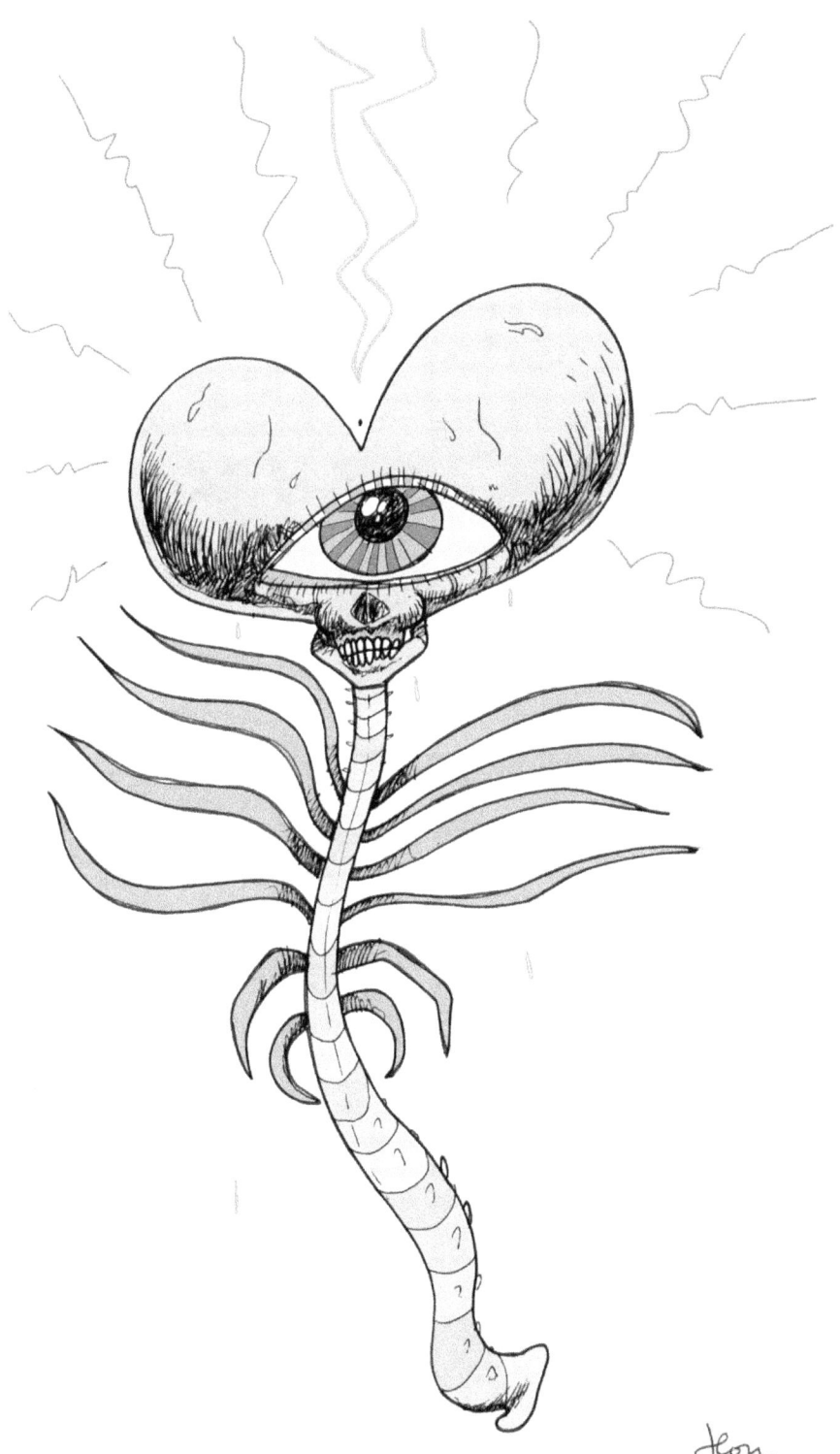

167

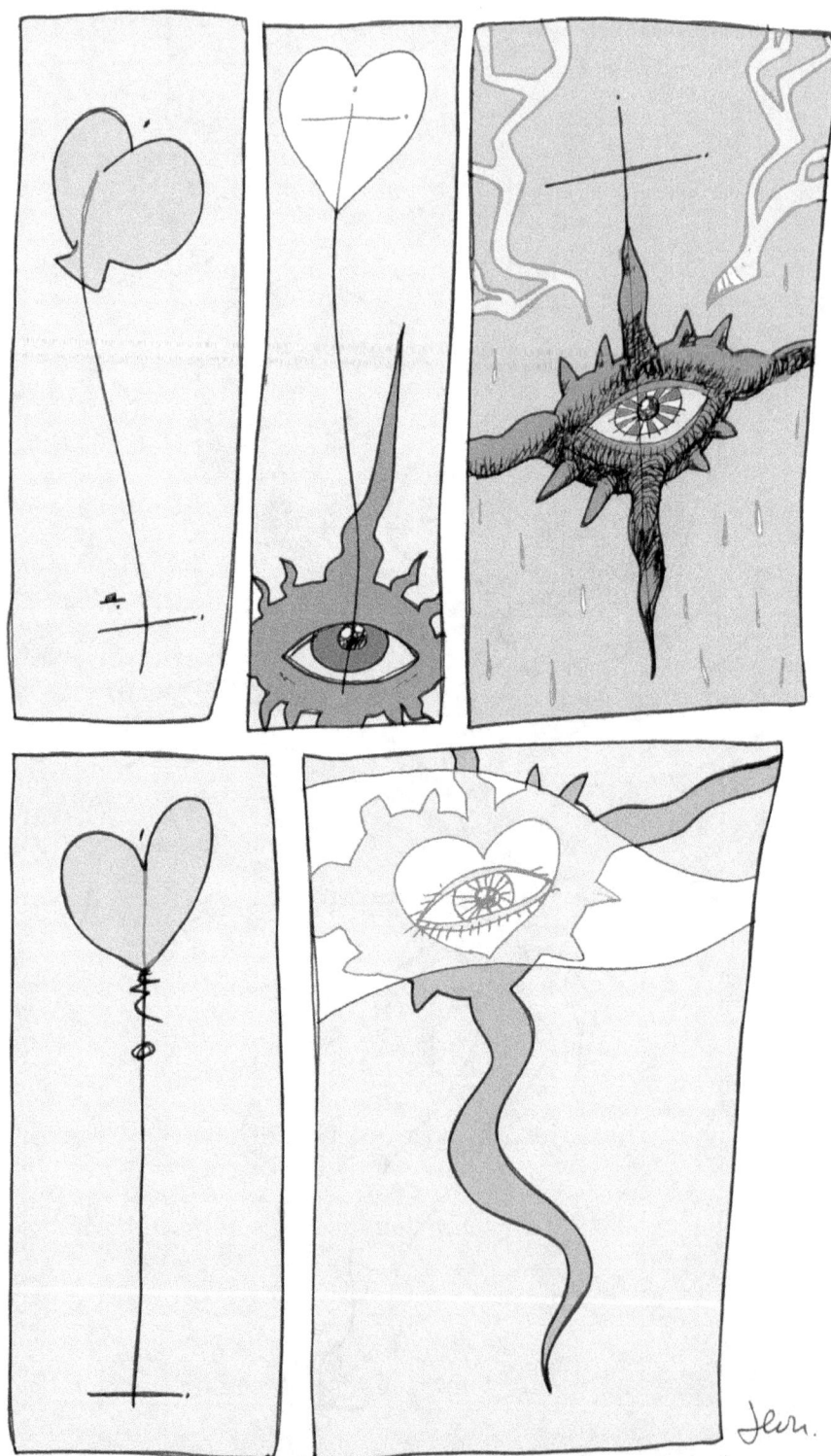

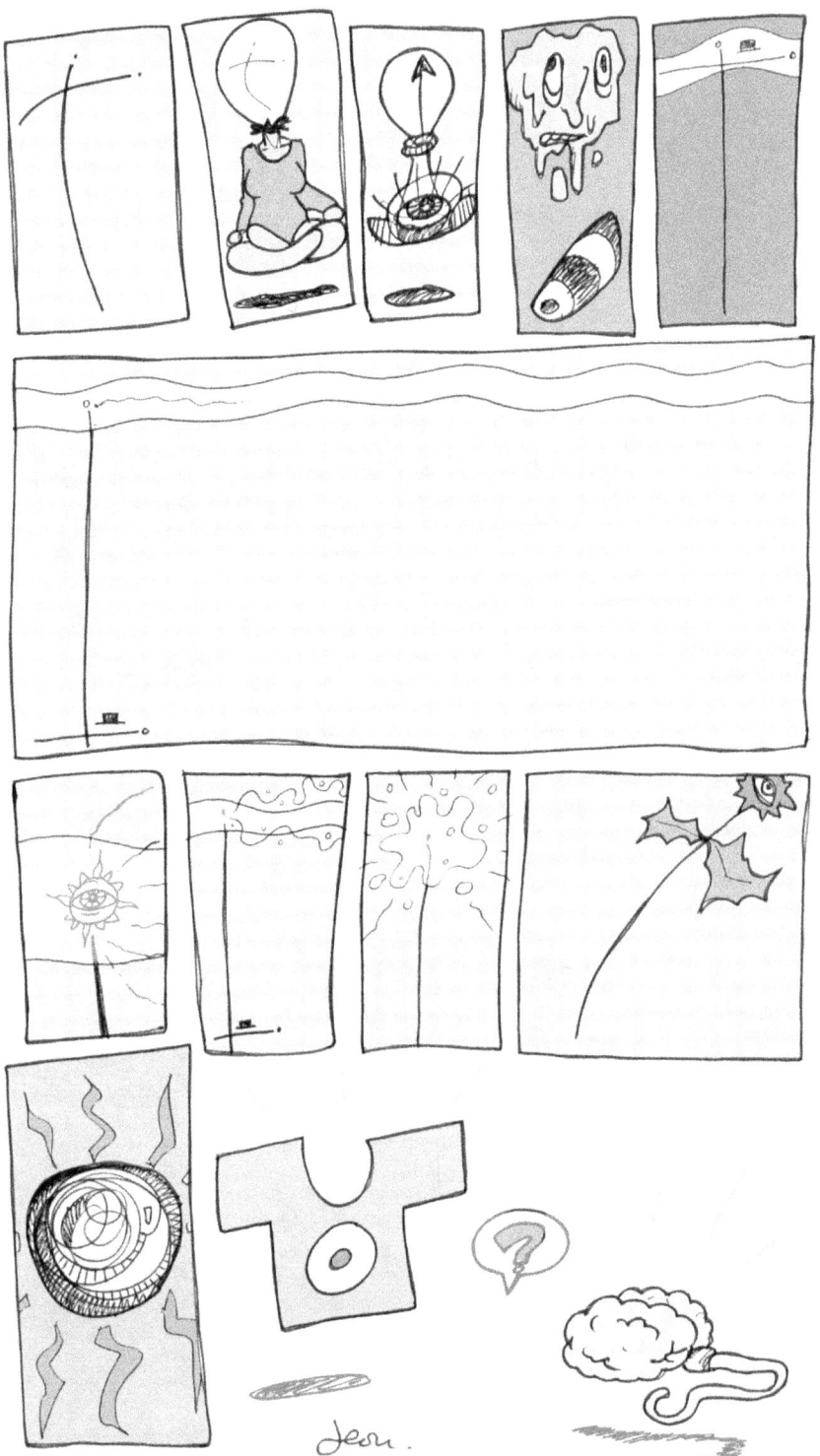

169

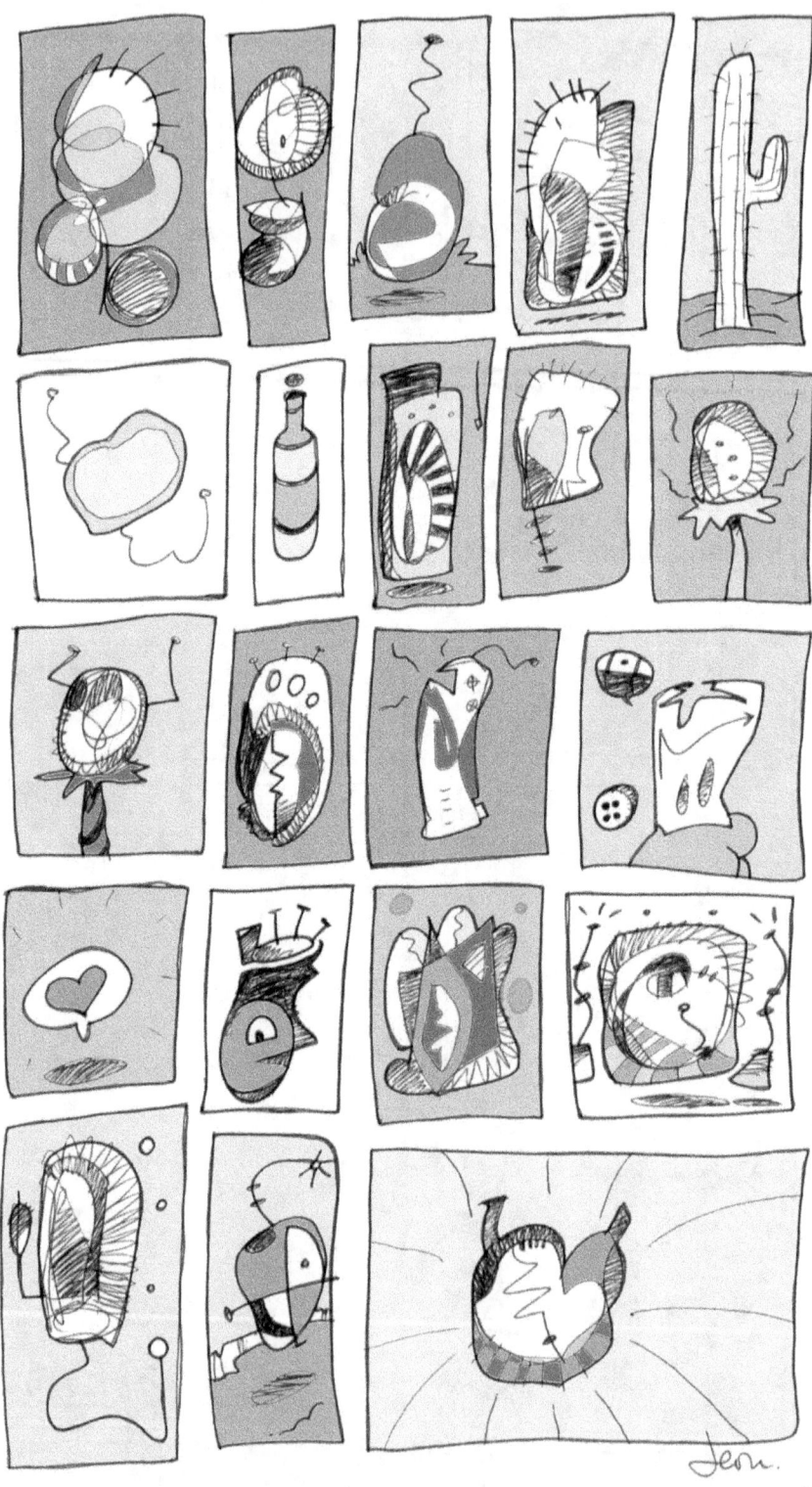

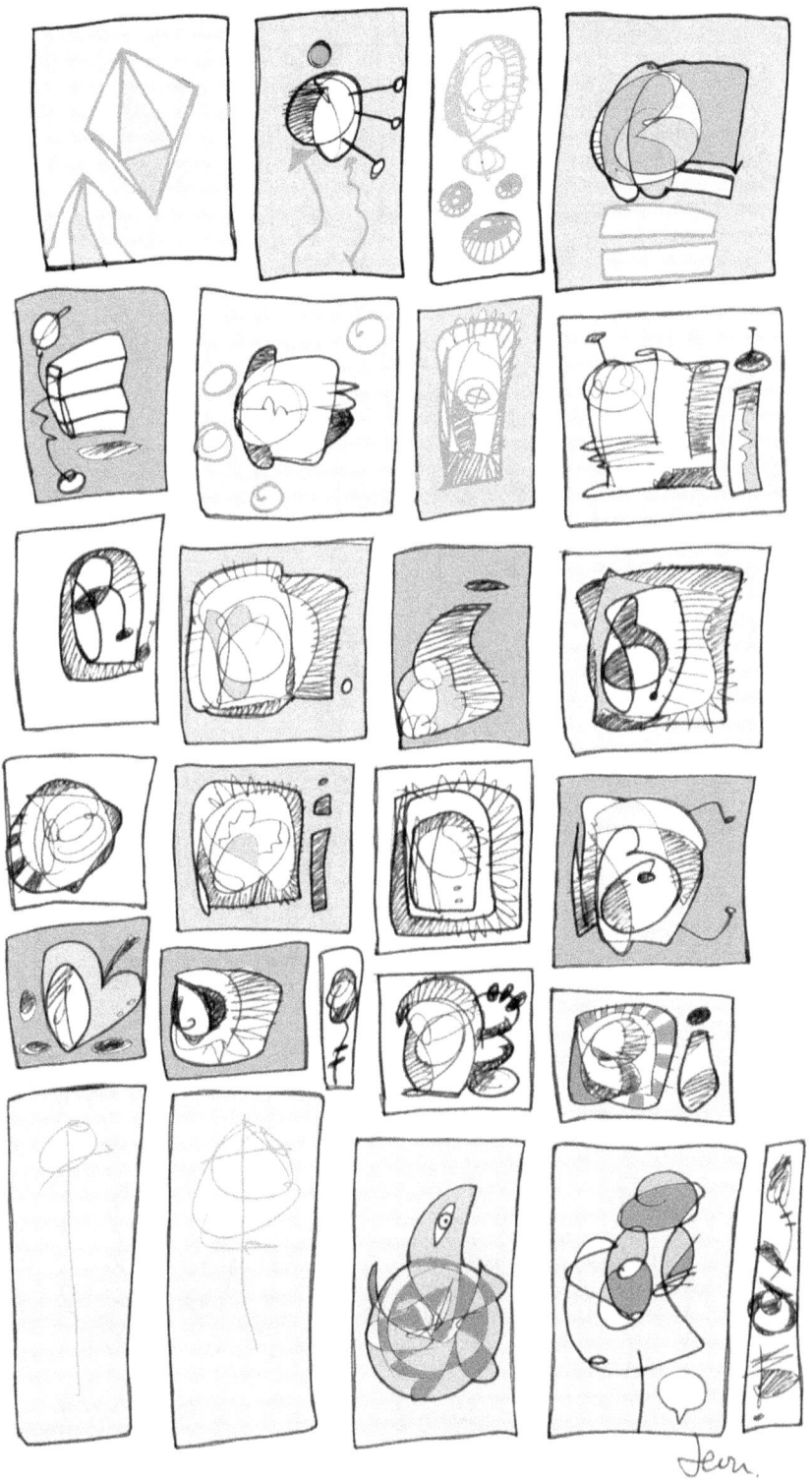

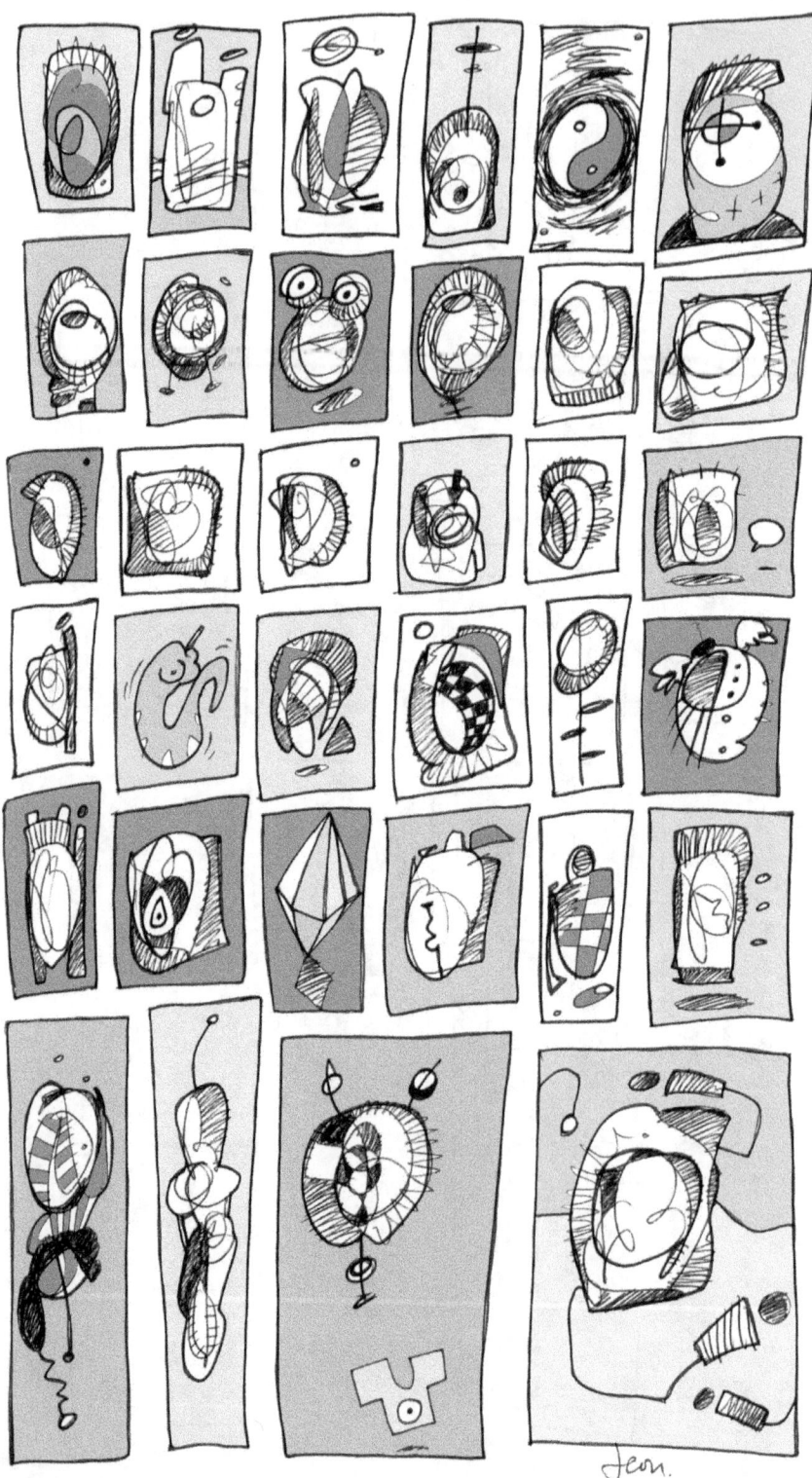

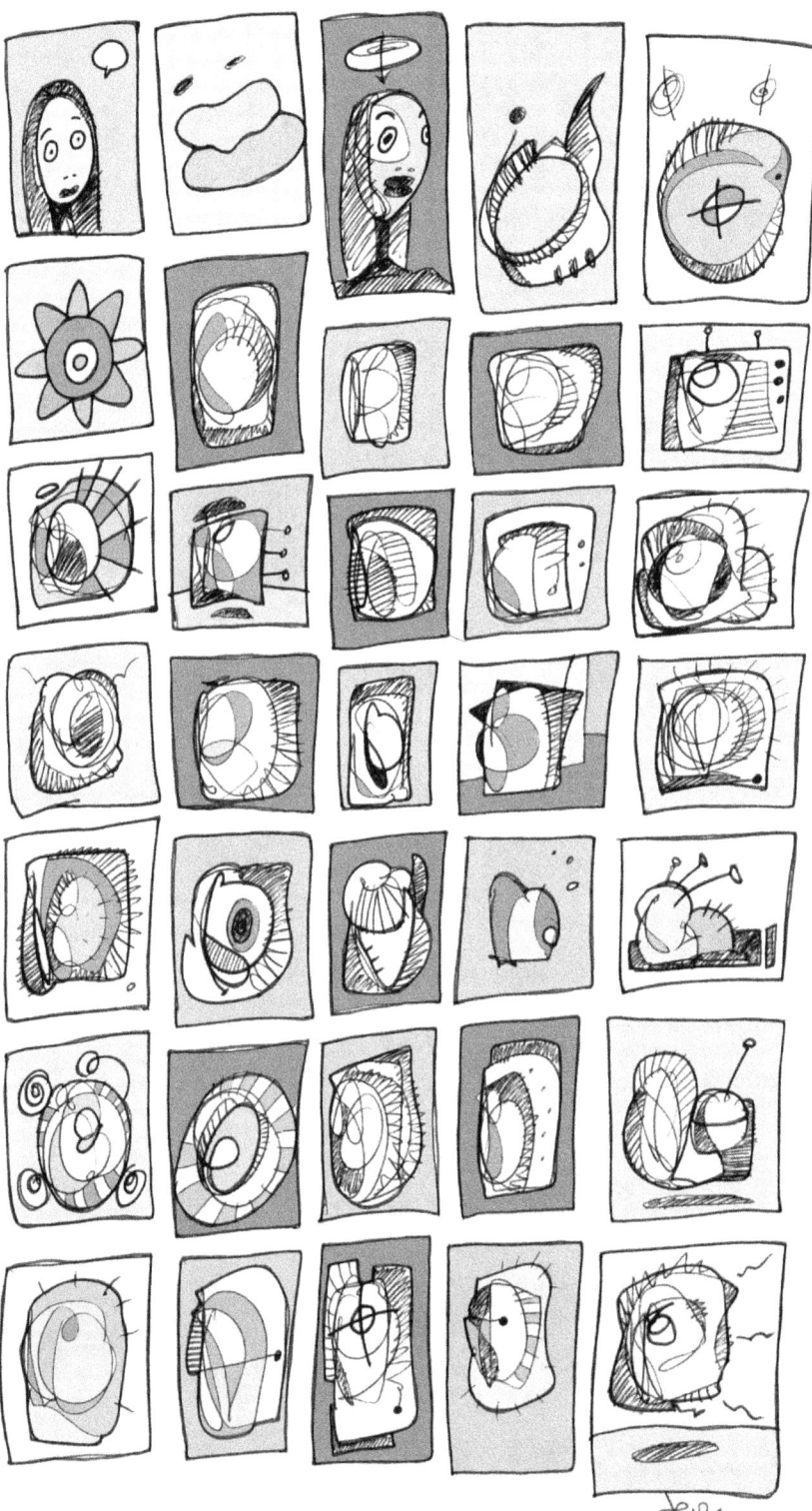

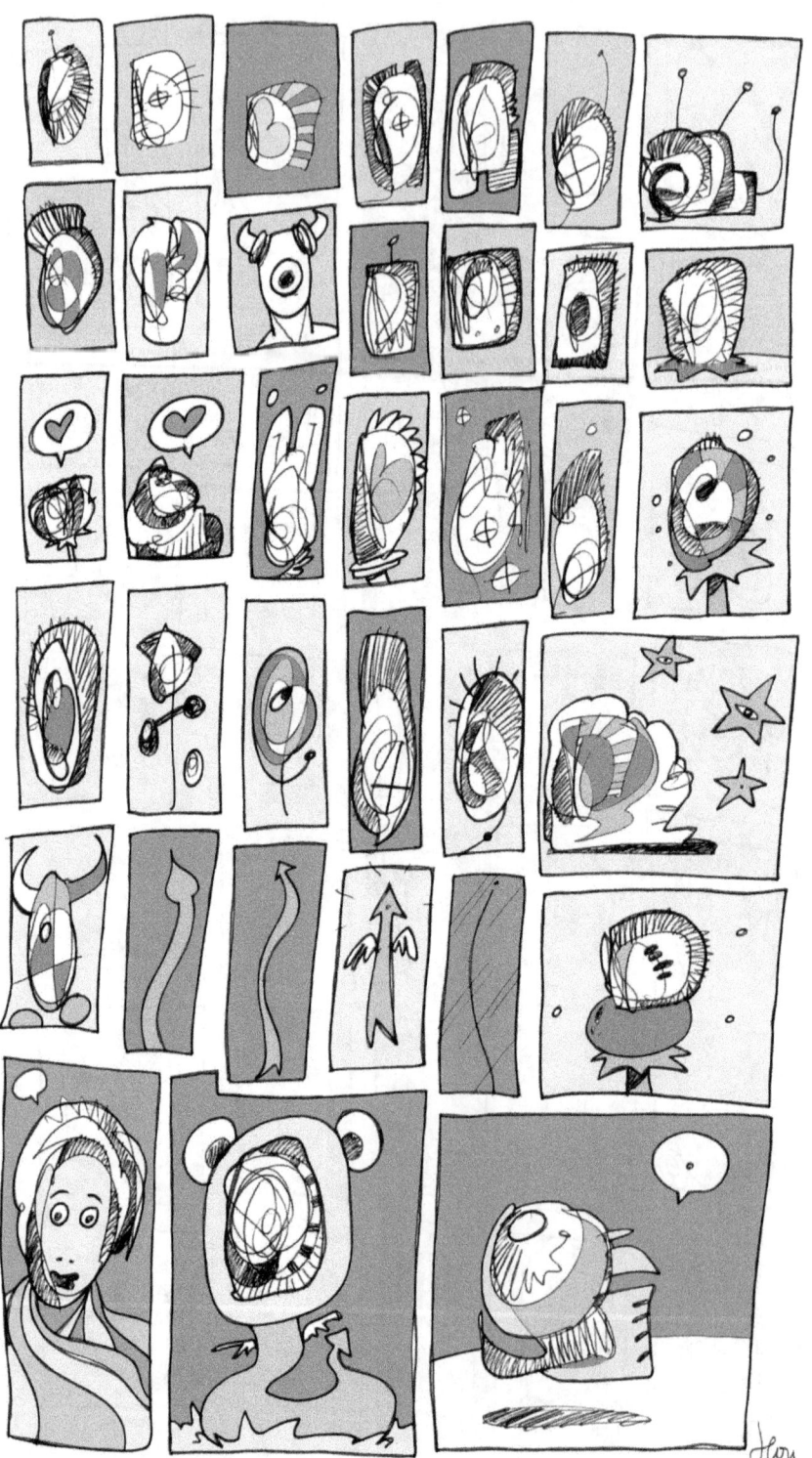

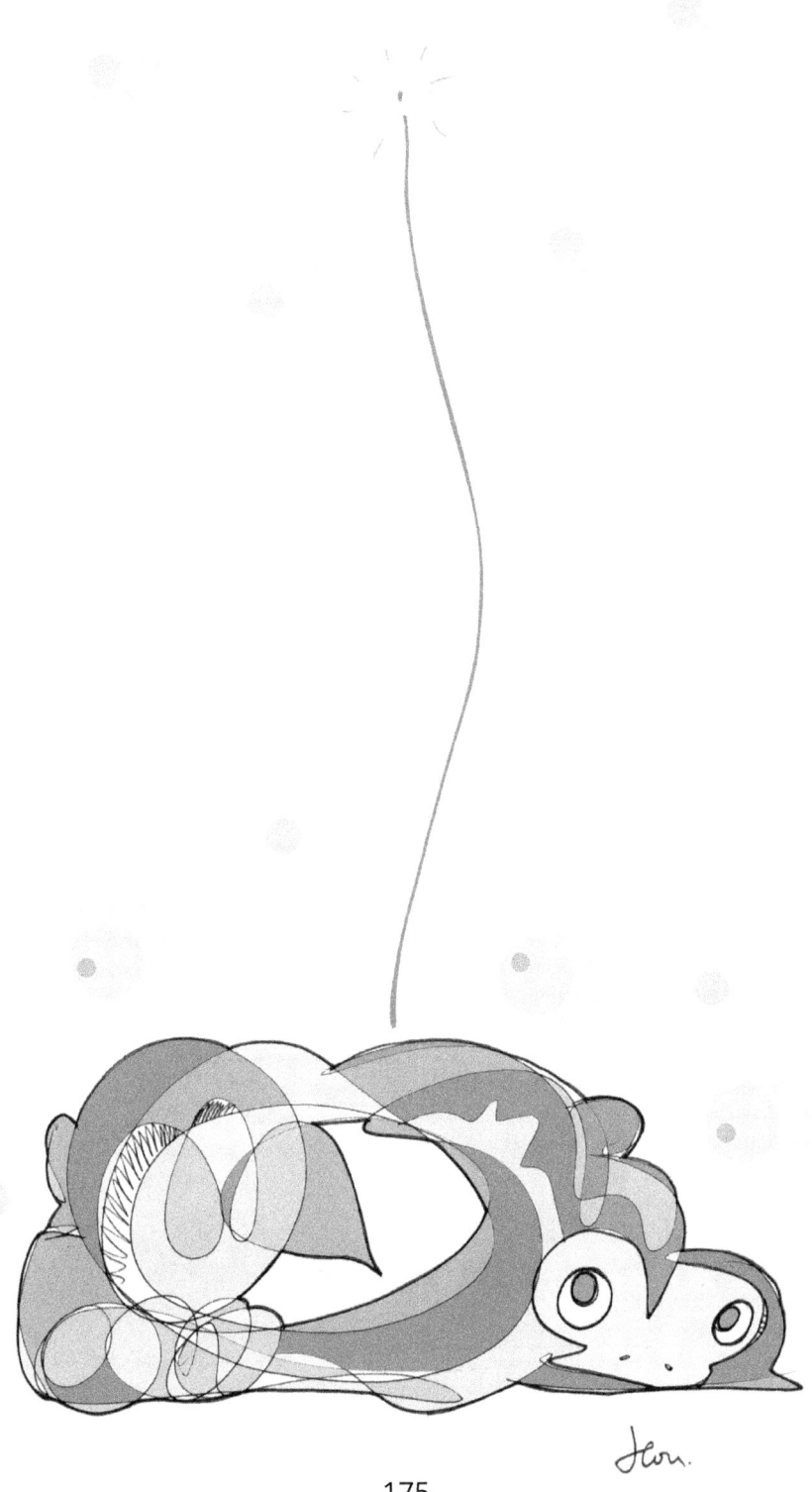

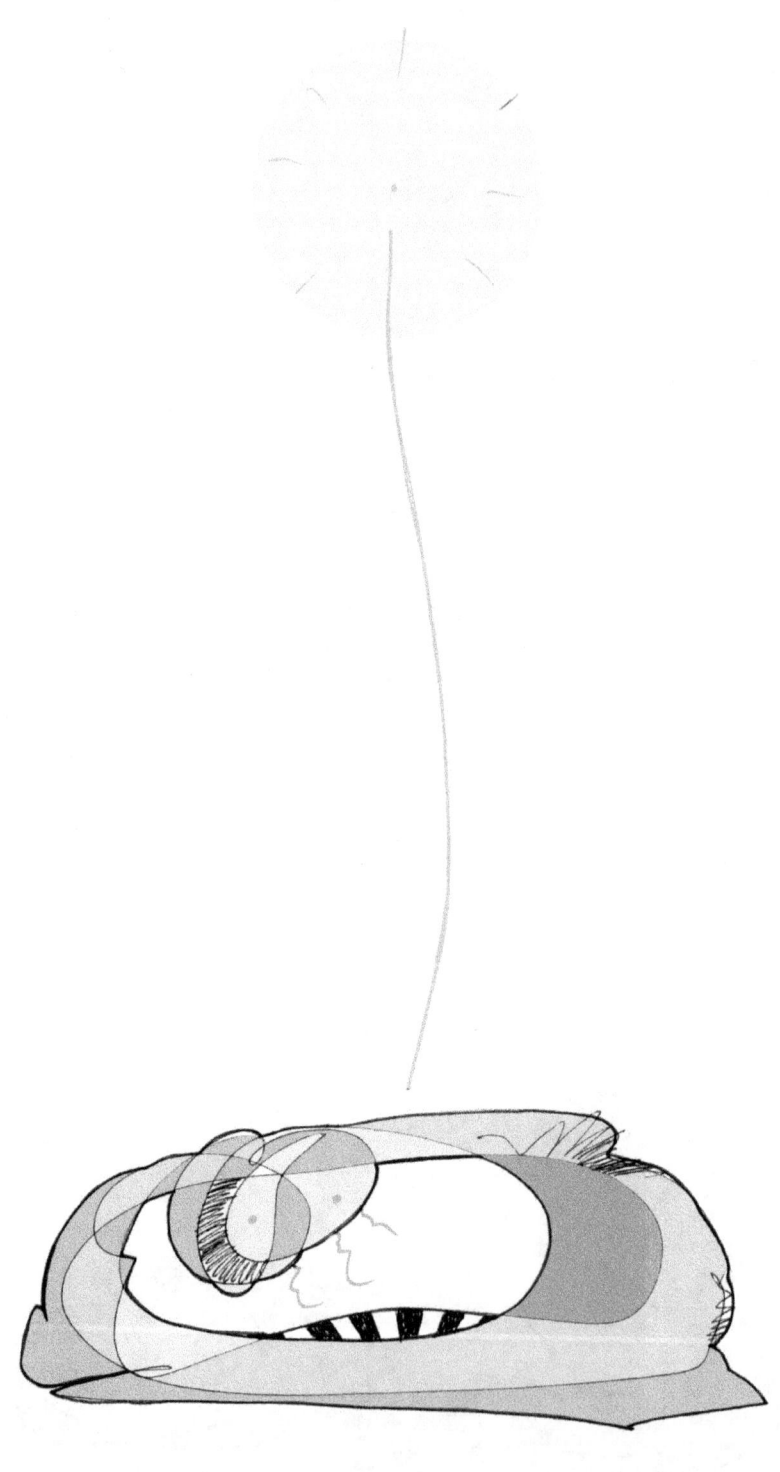

Jean.

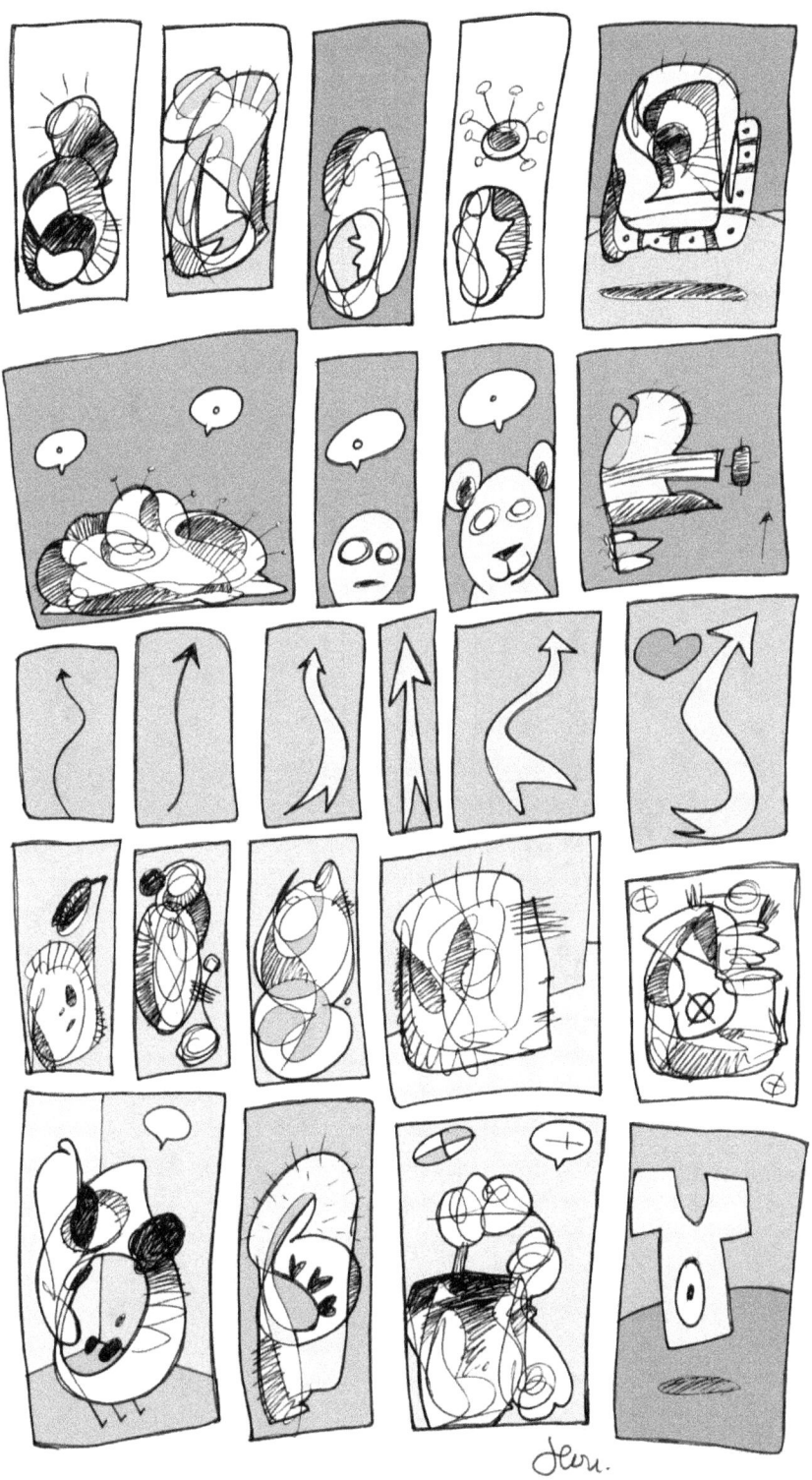

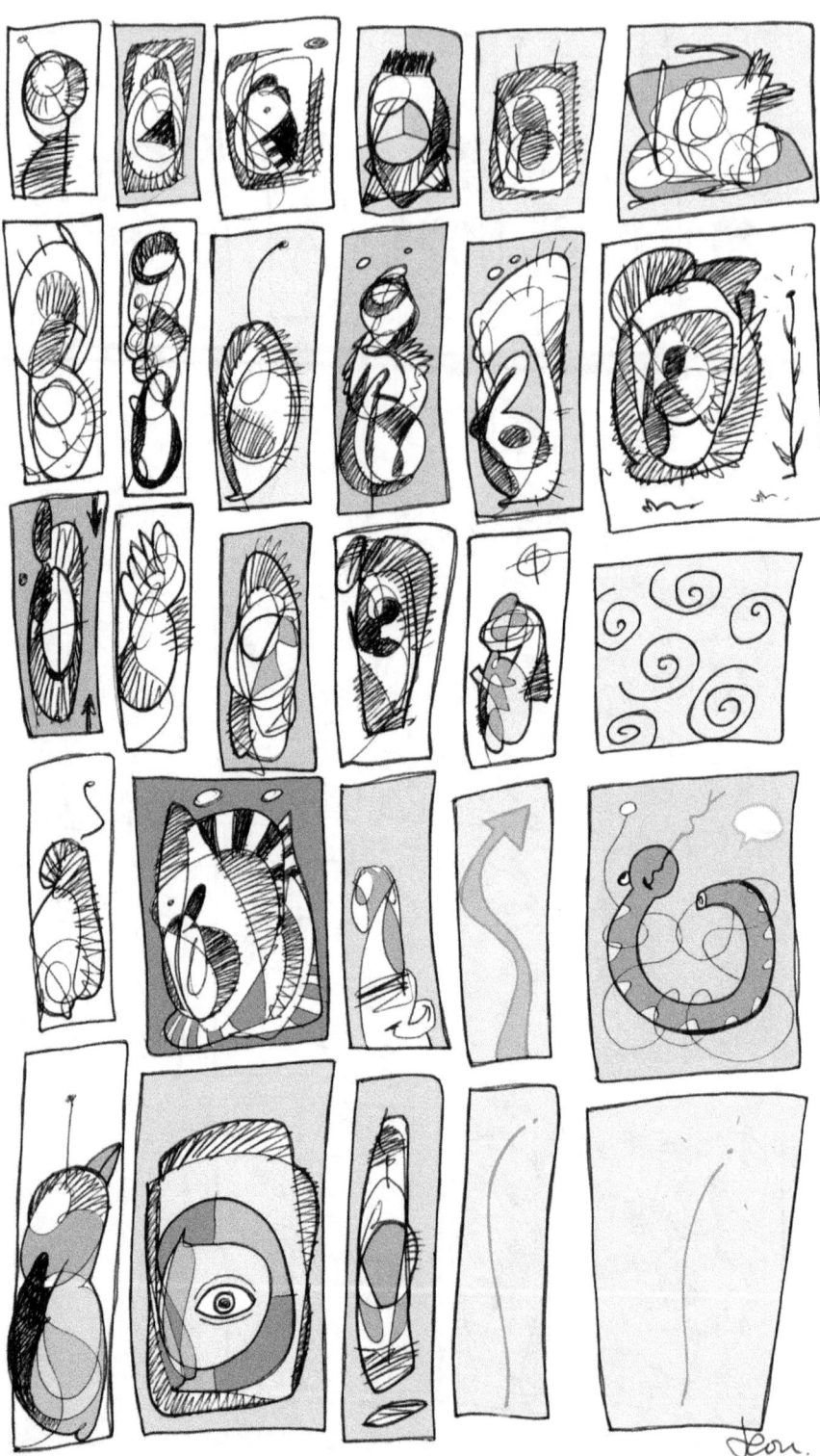

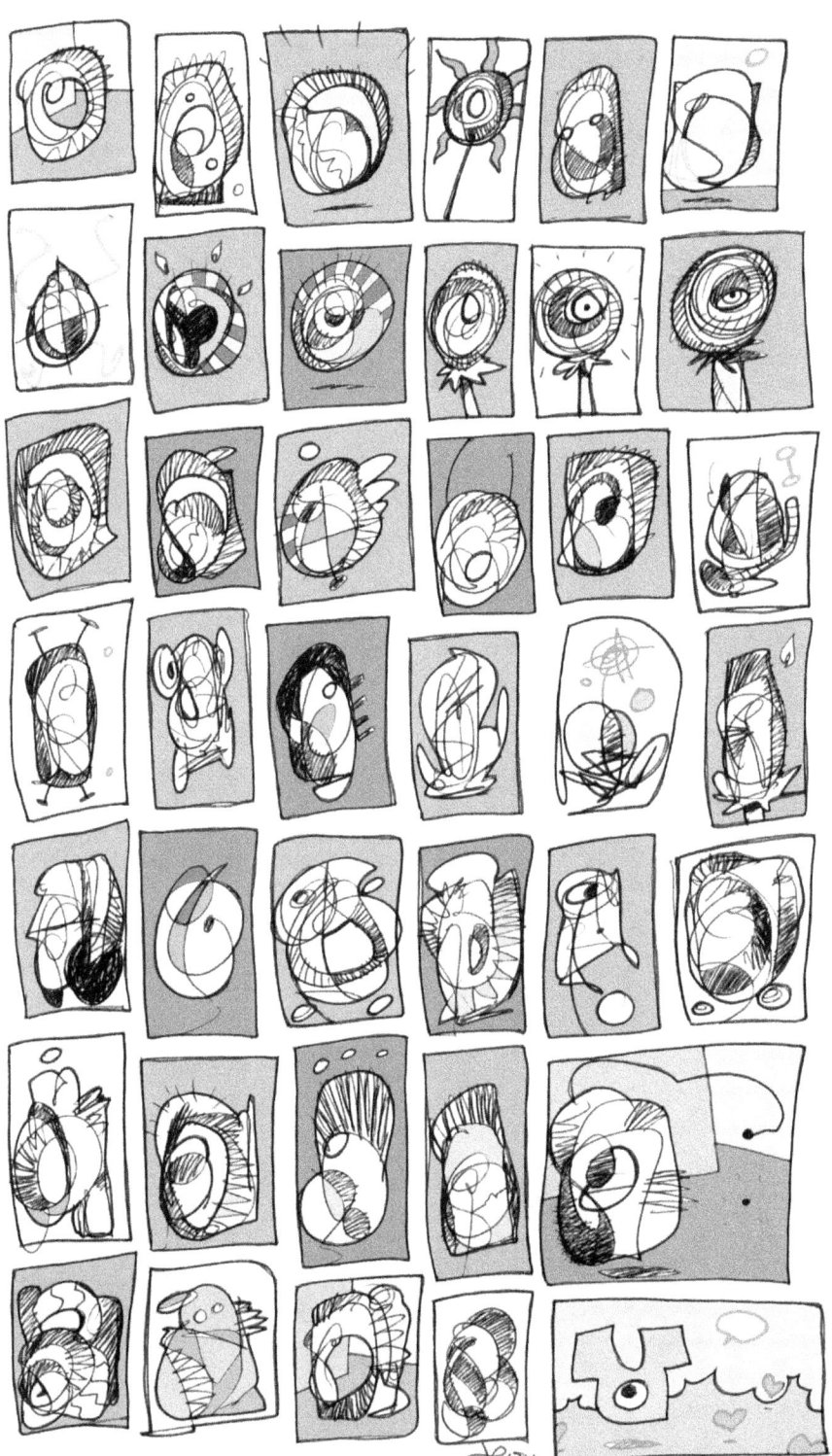

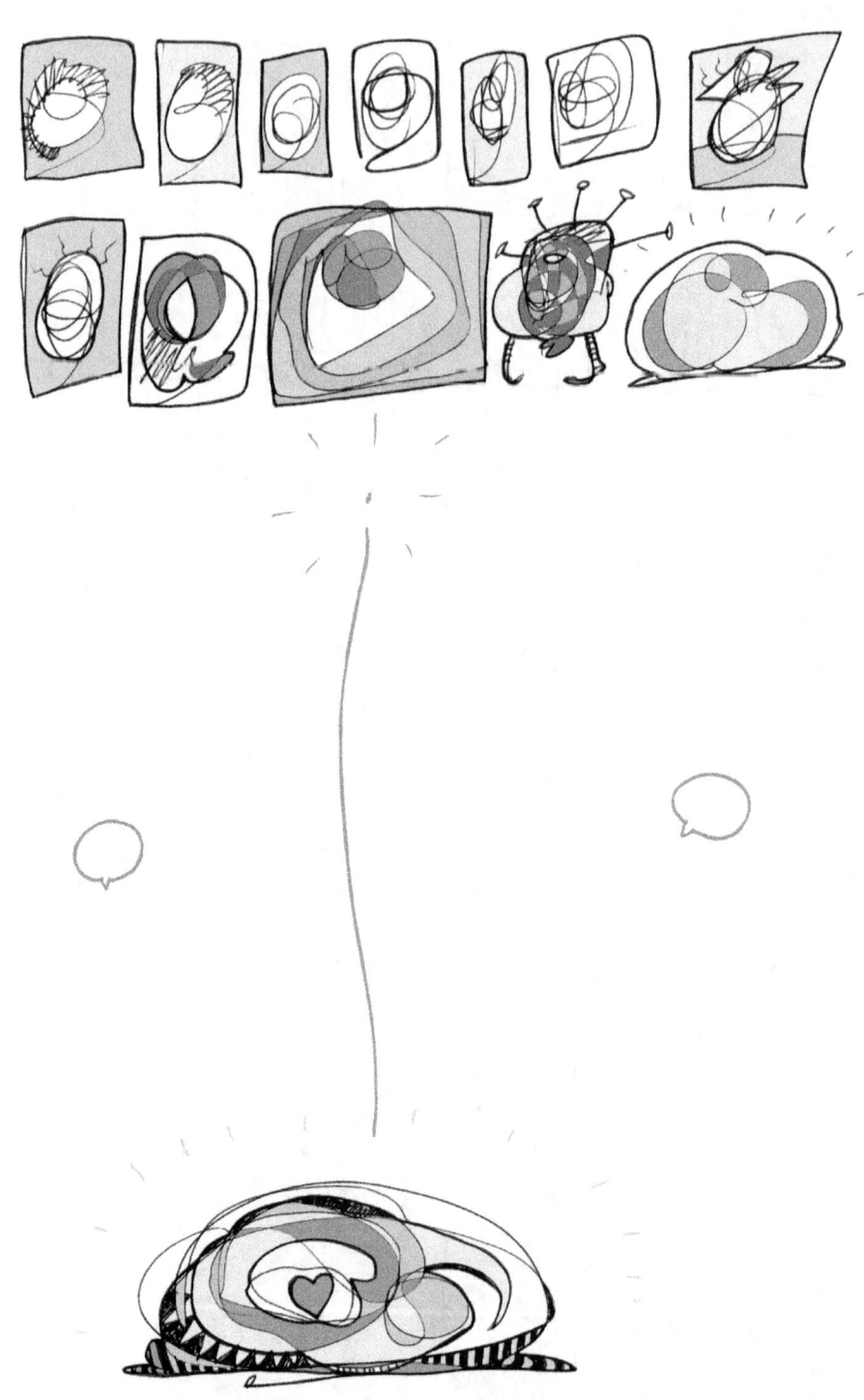

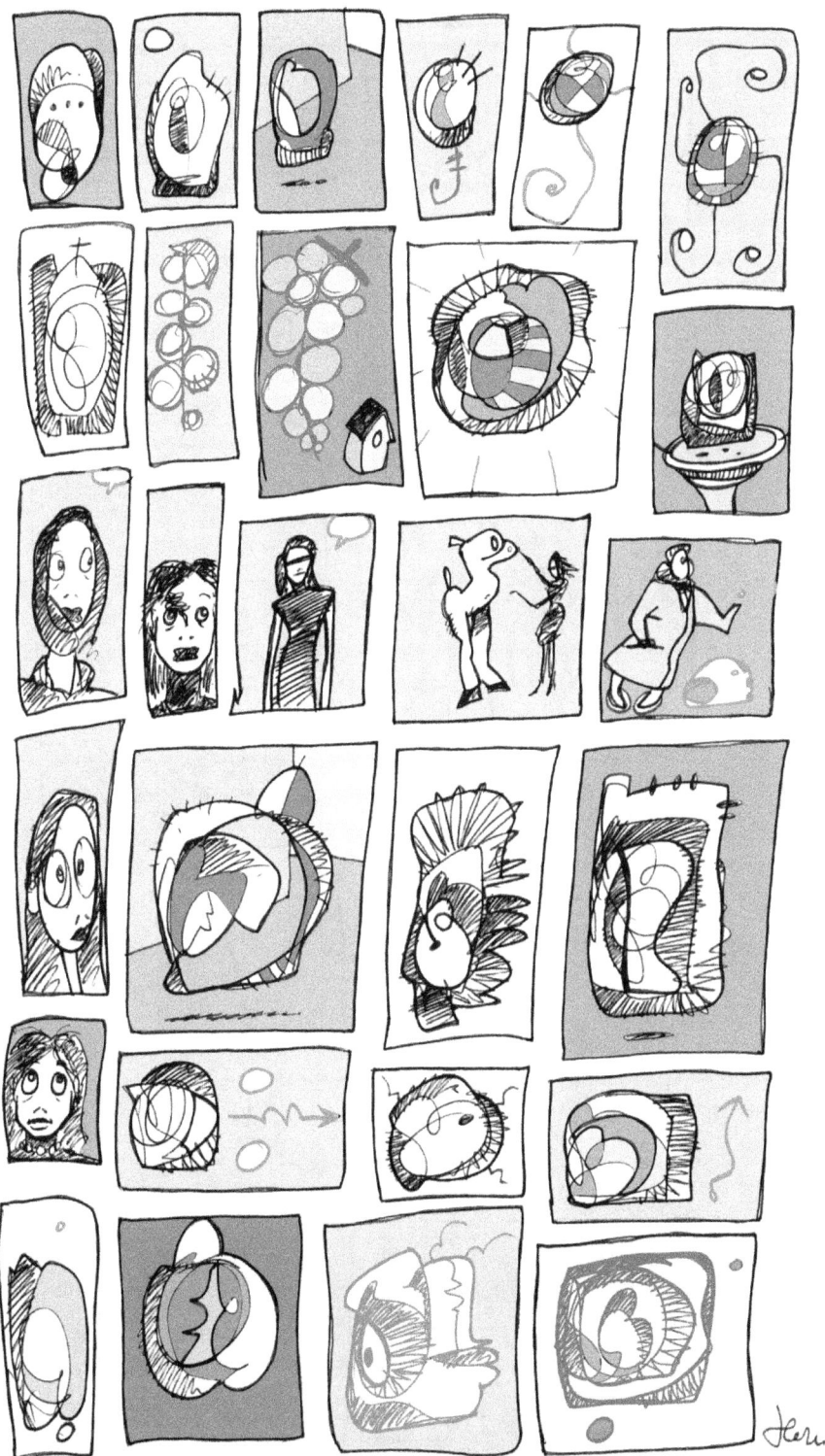

181

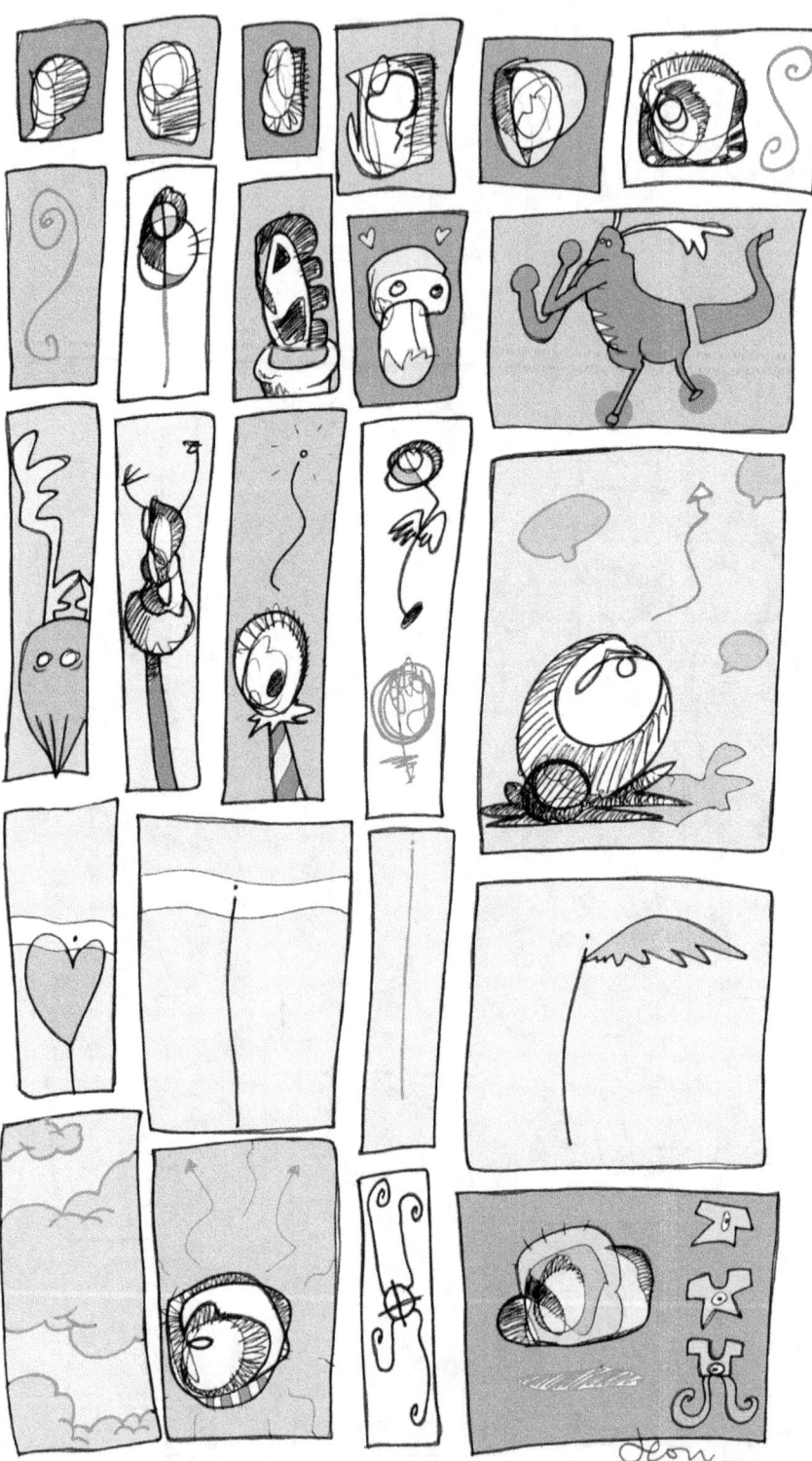

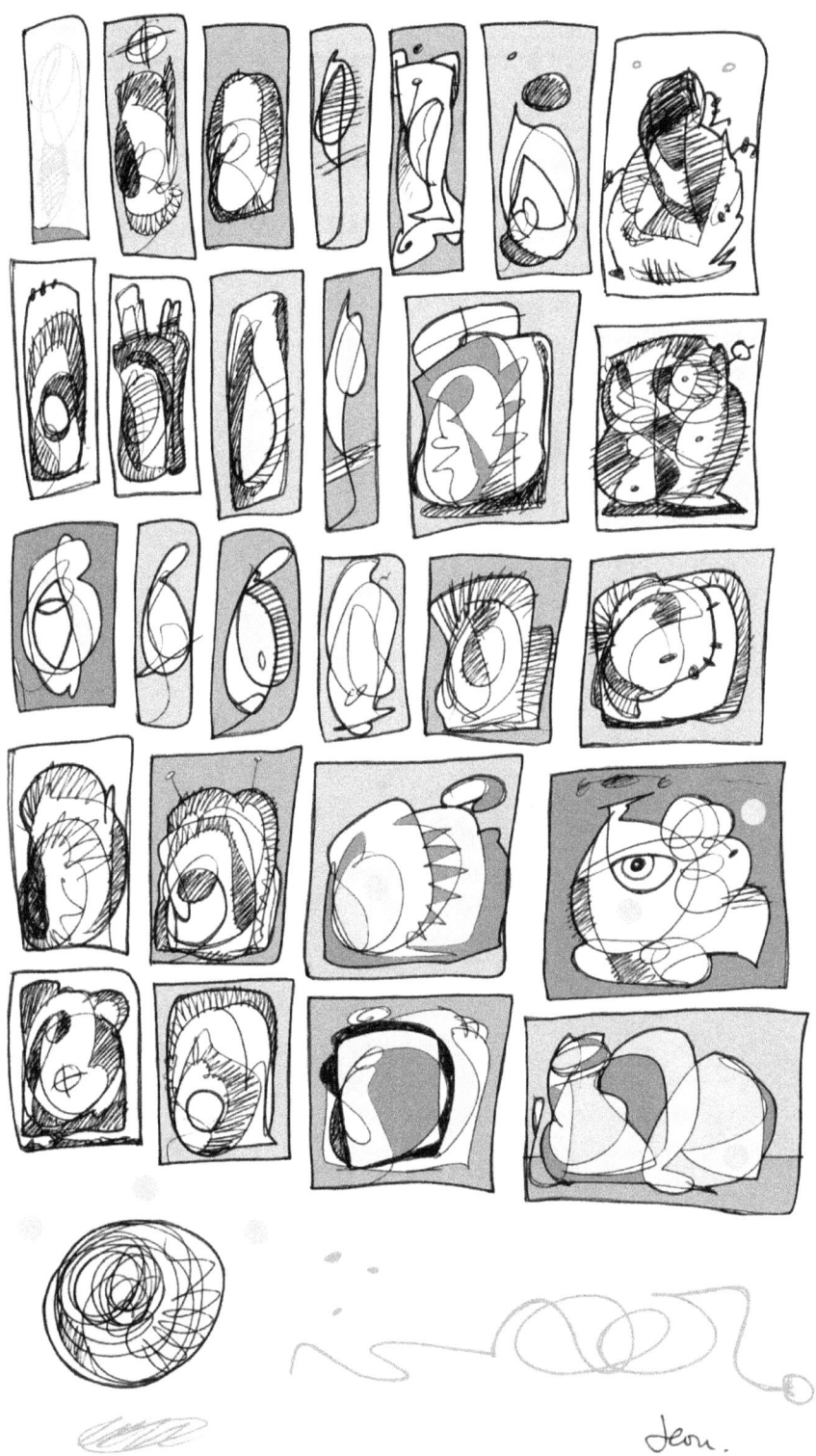

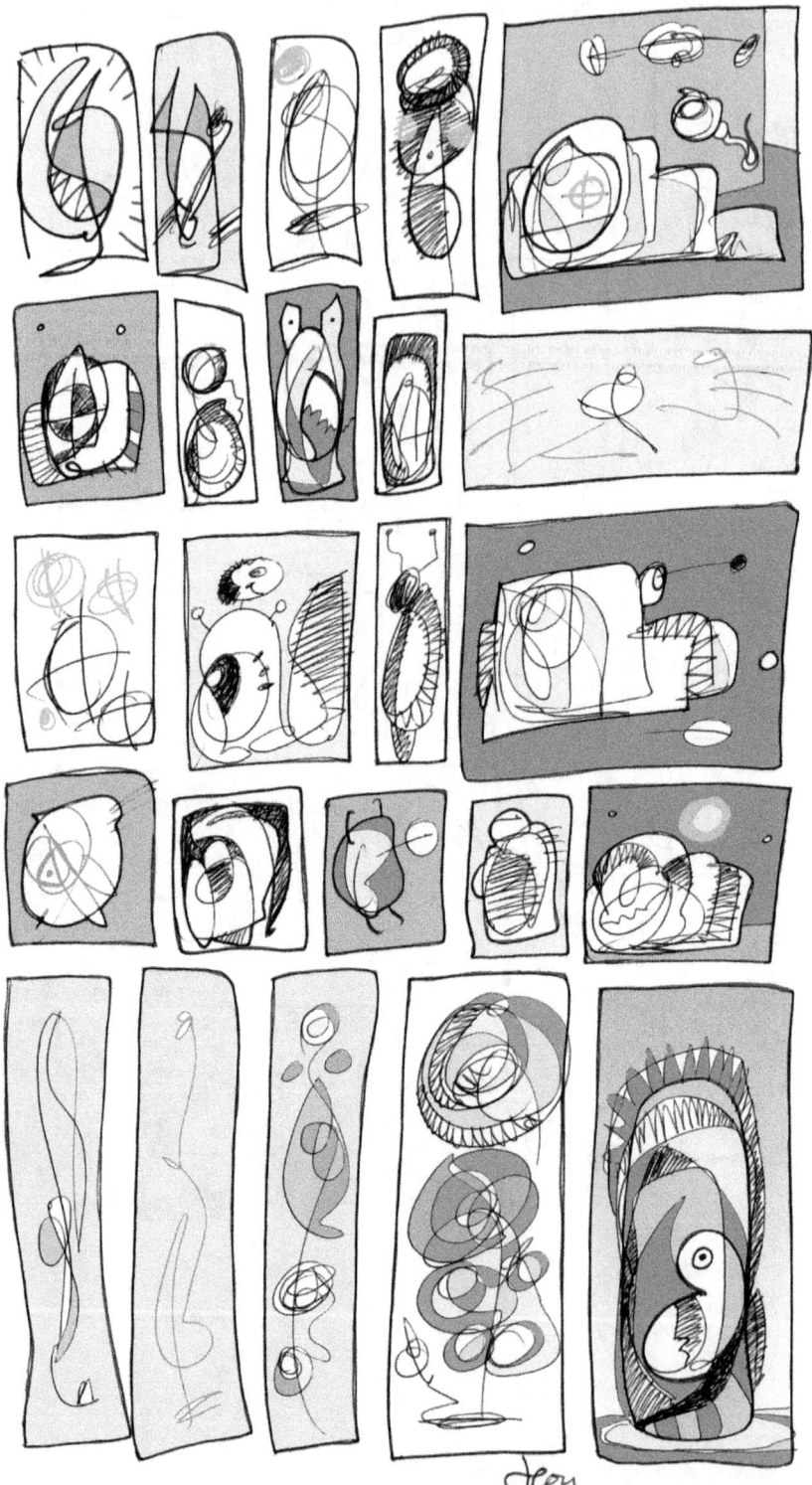

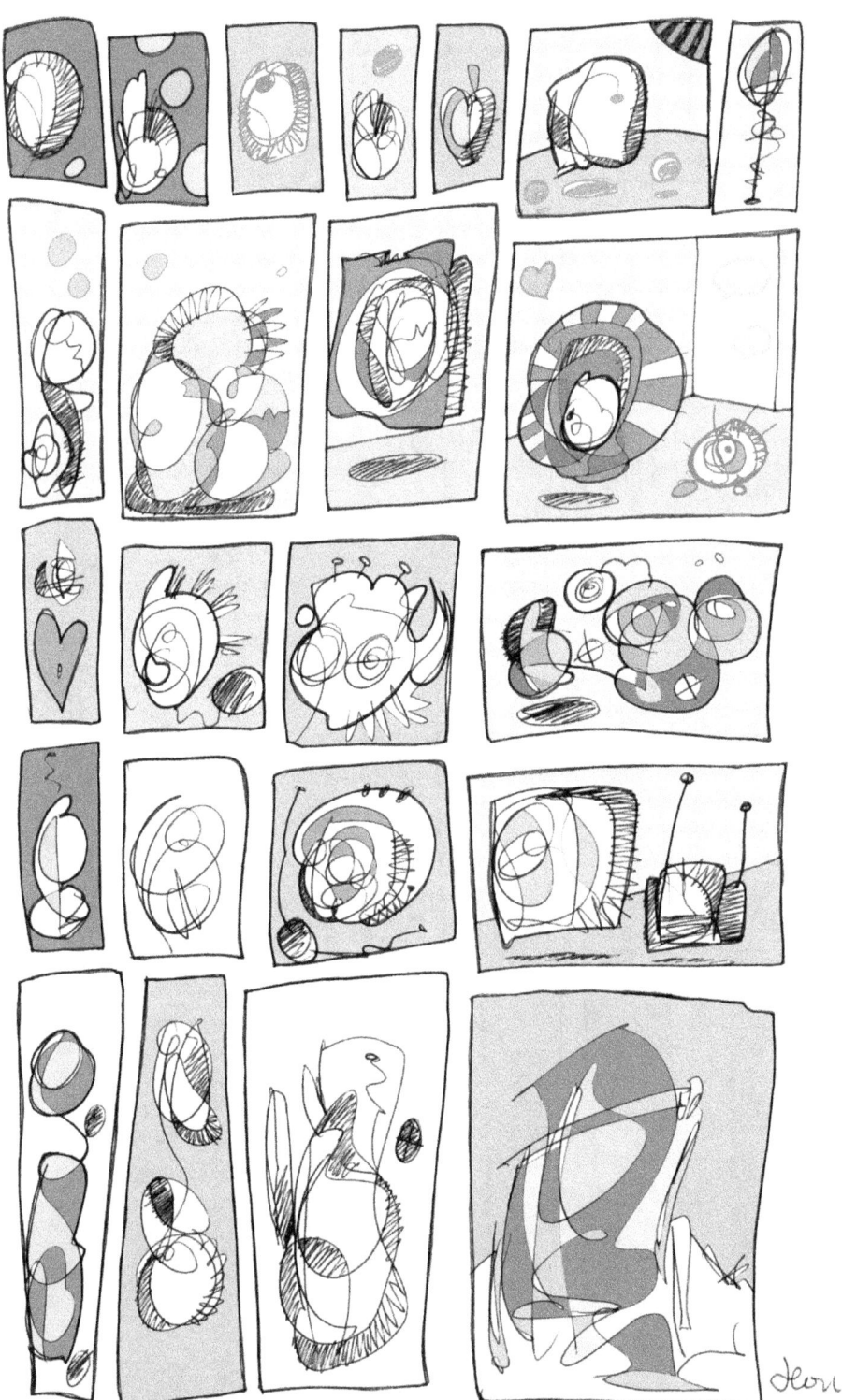

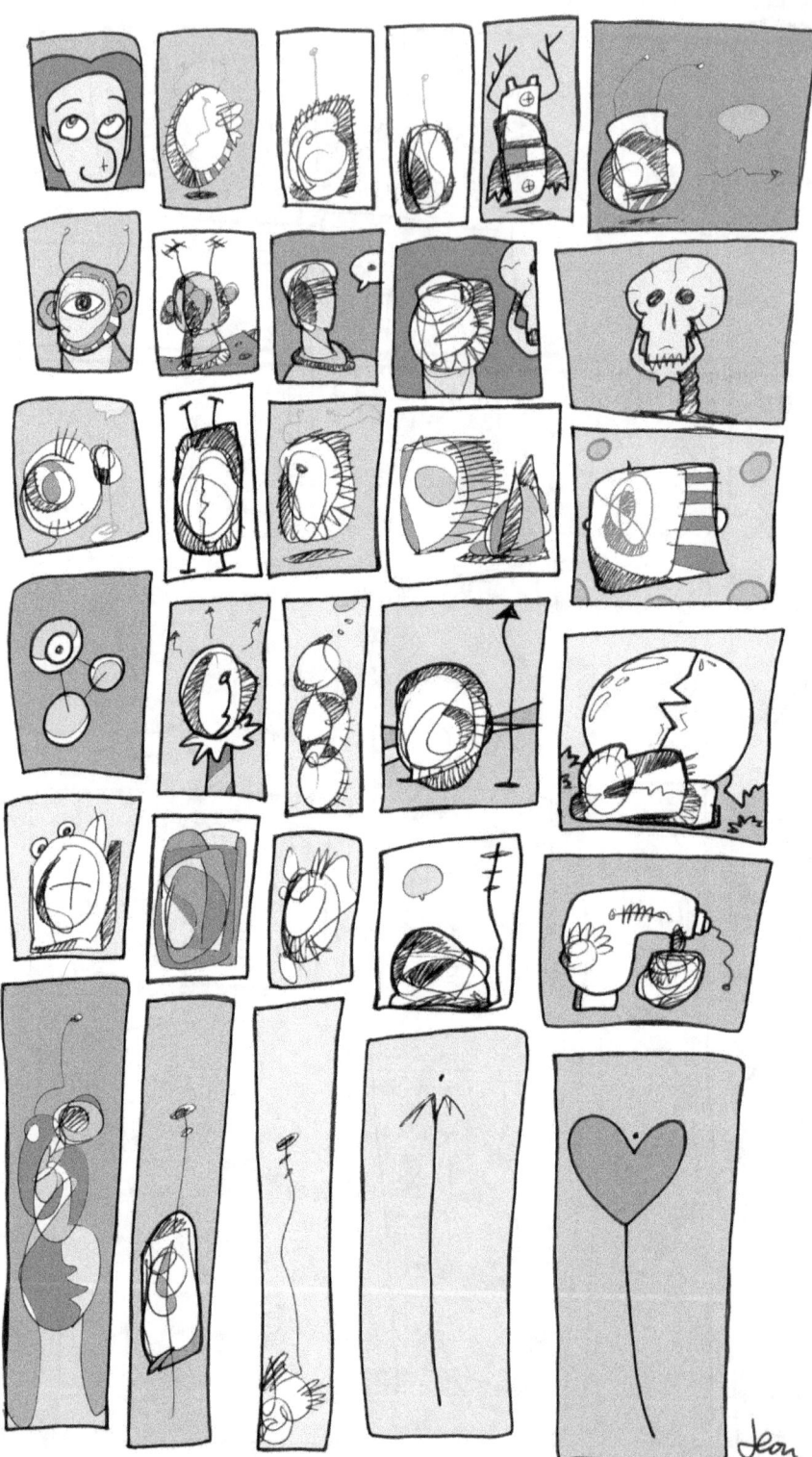

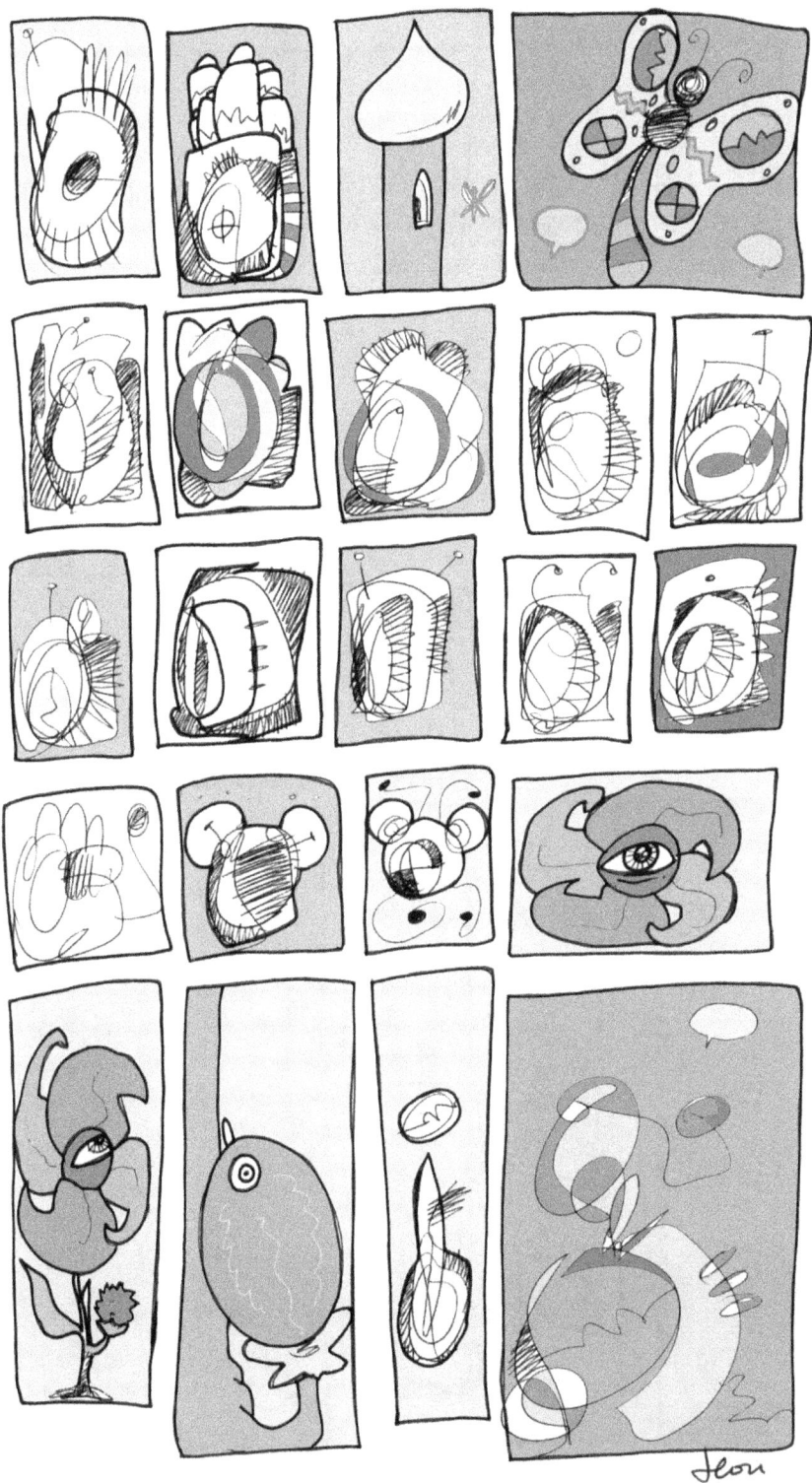

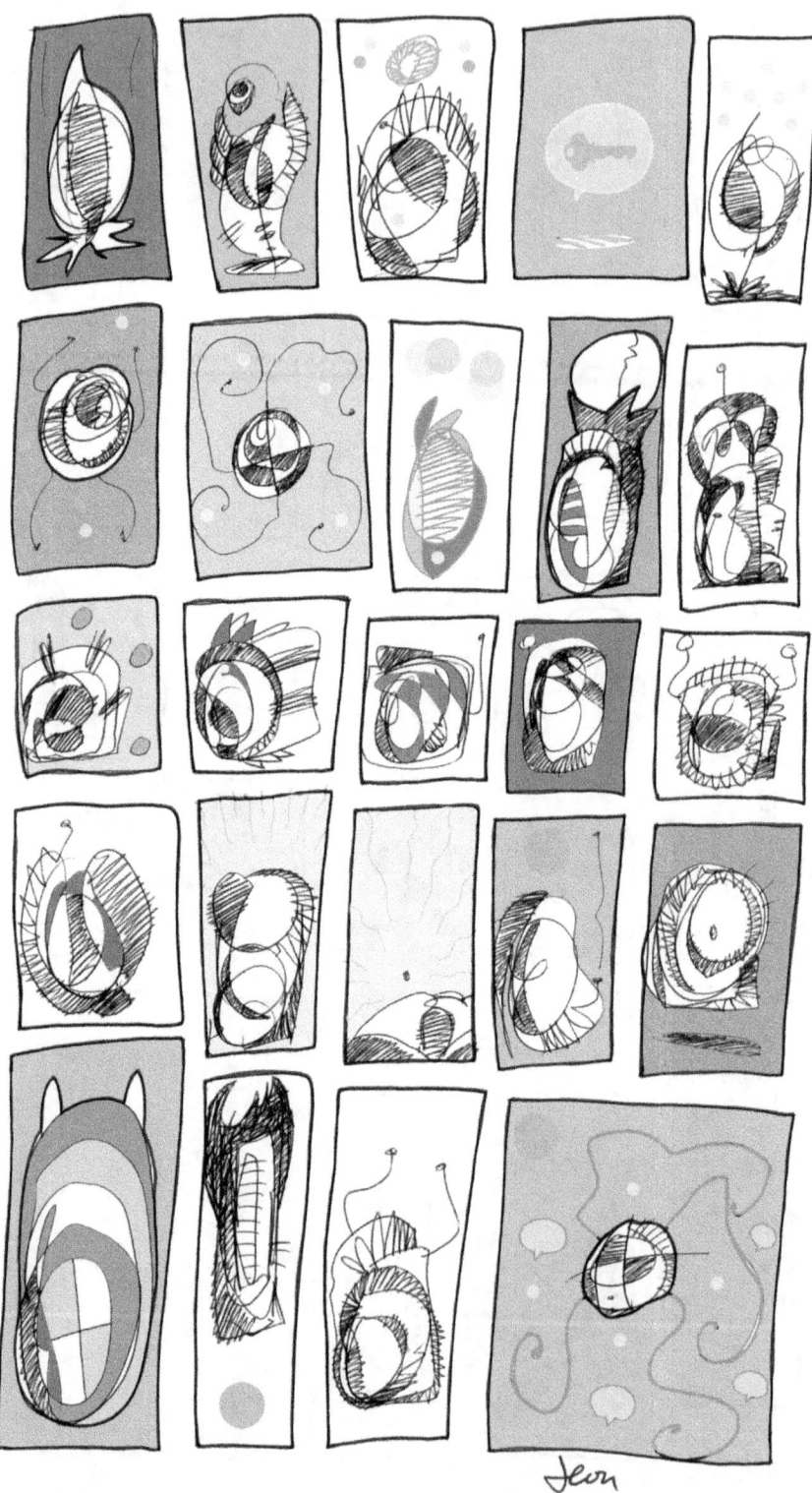

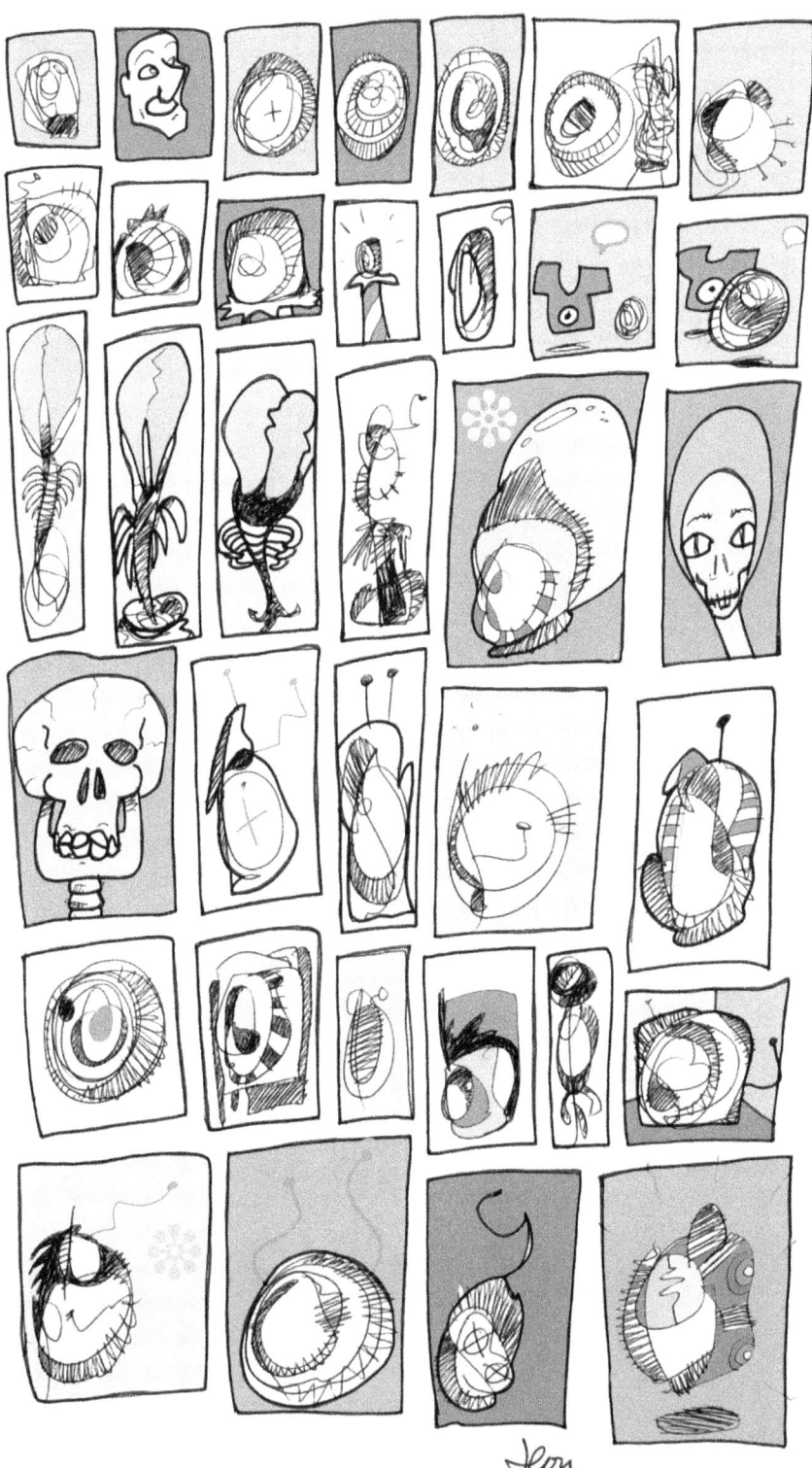

189

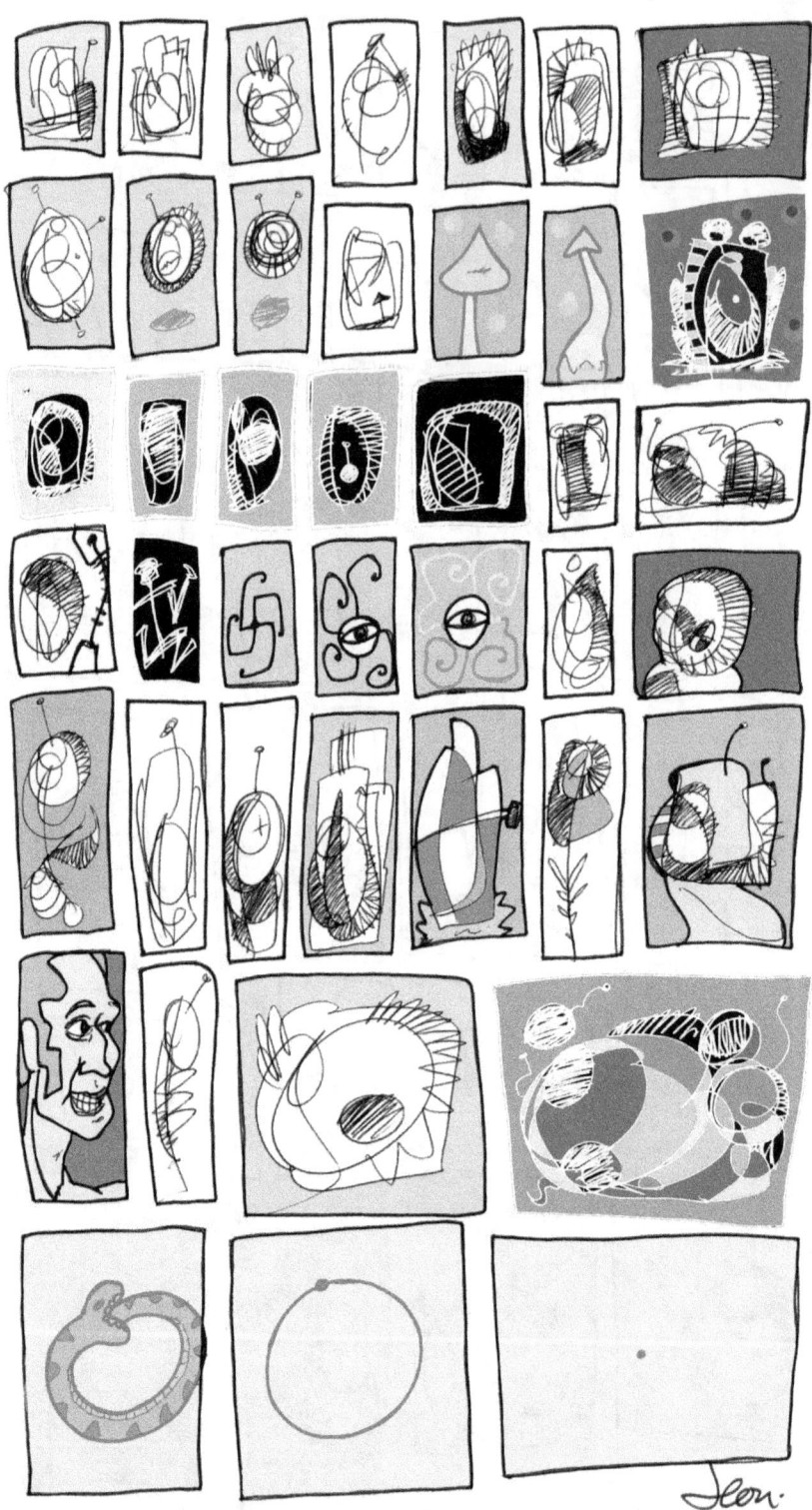

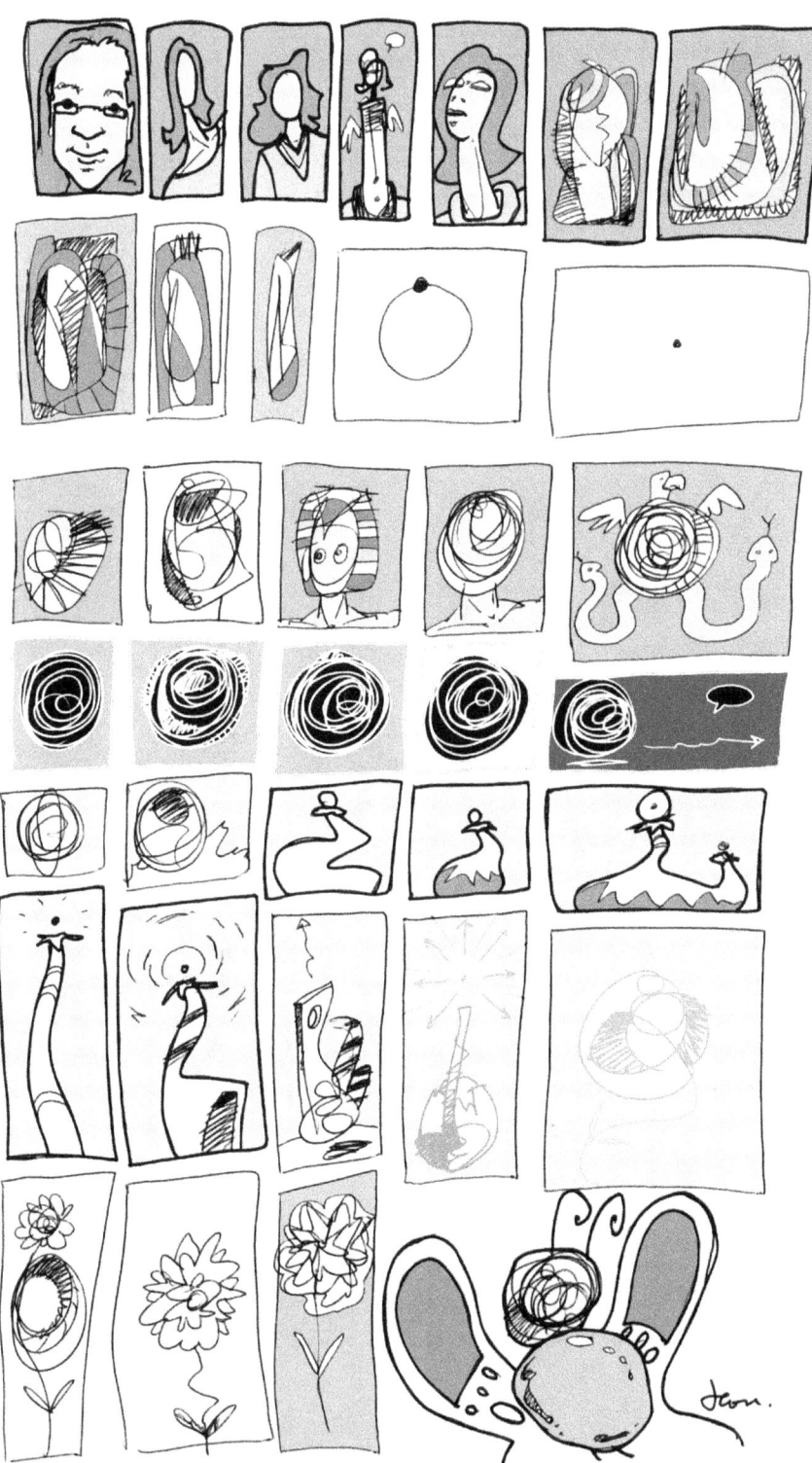

191

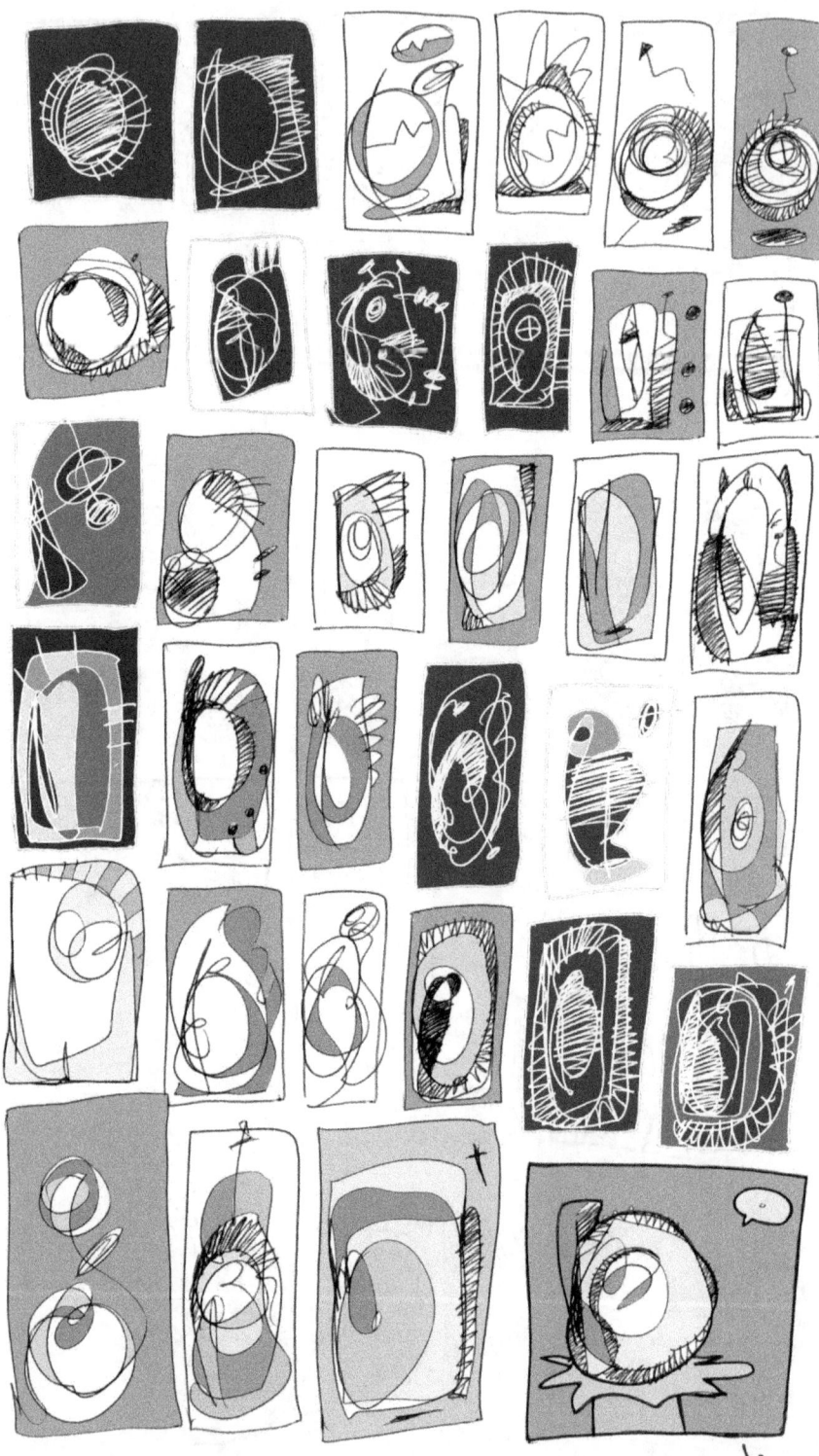

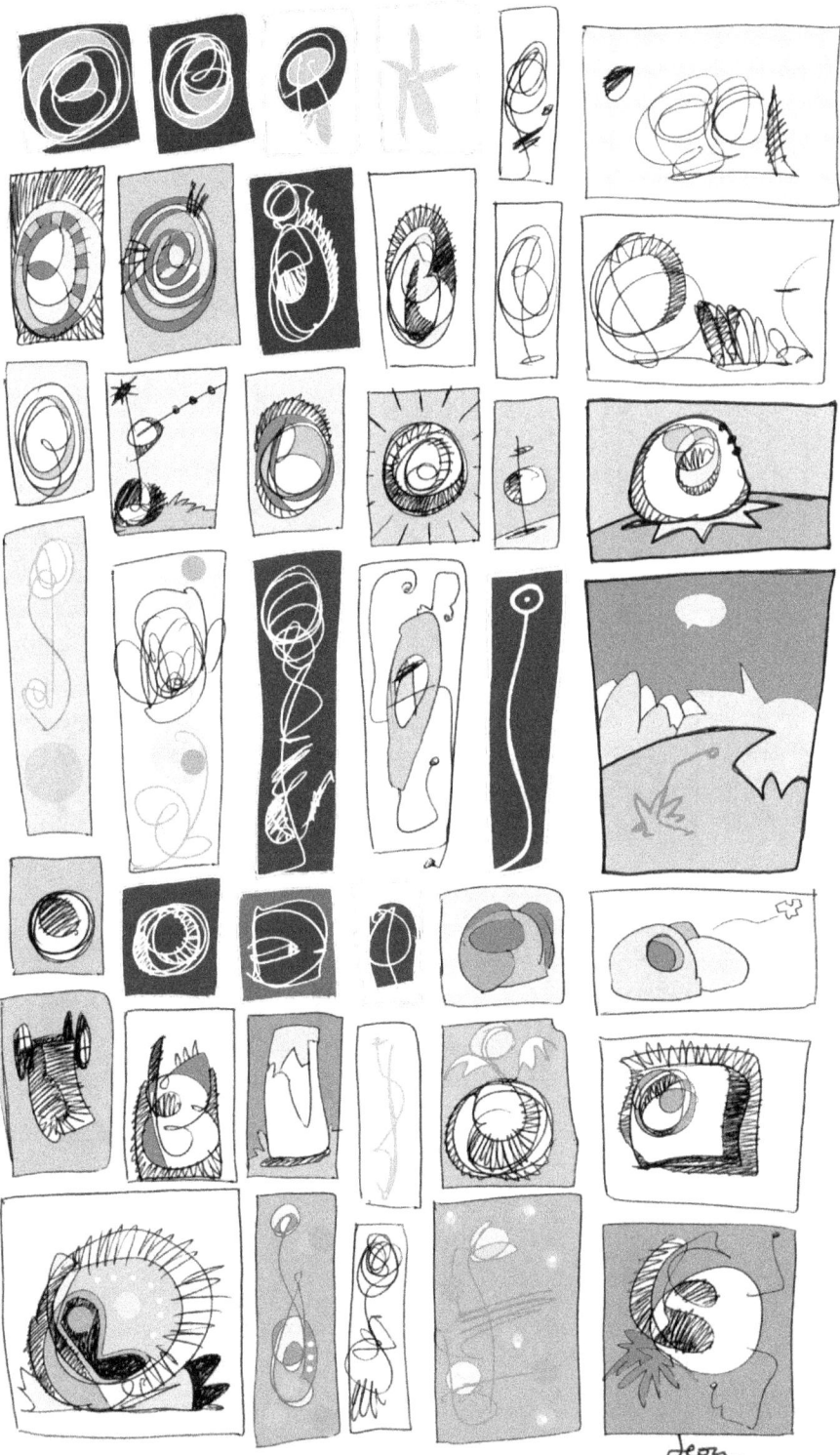

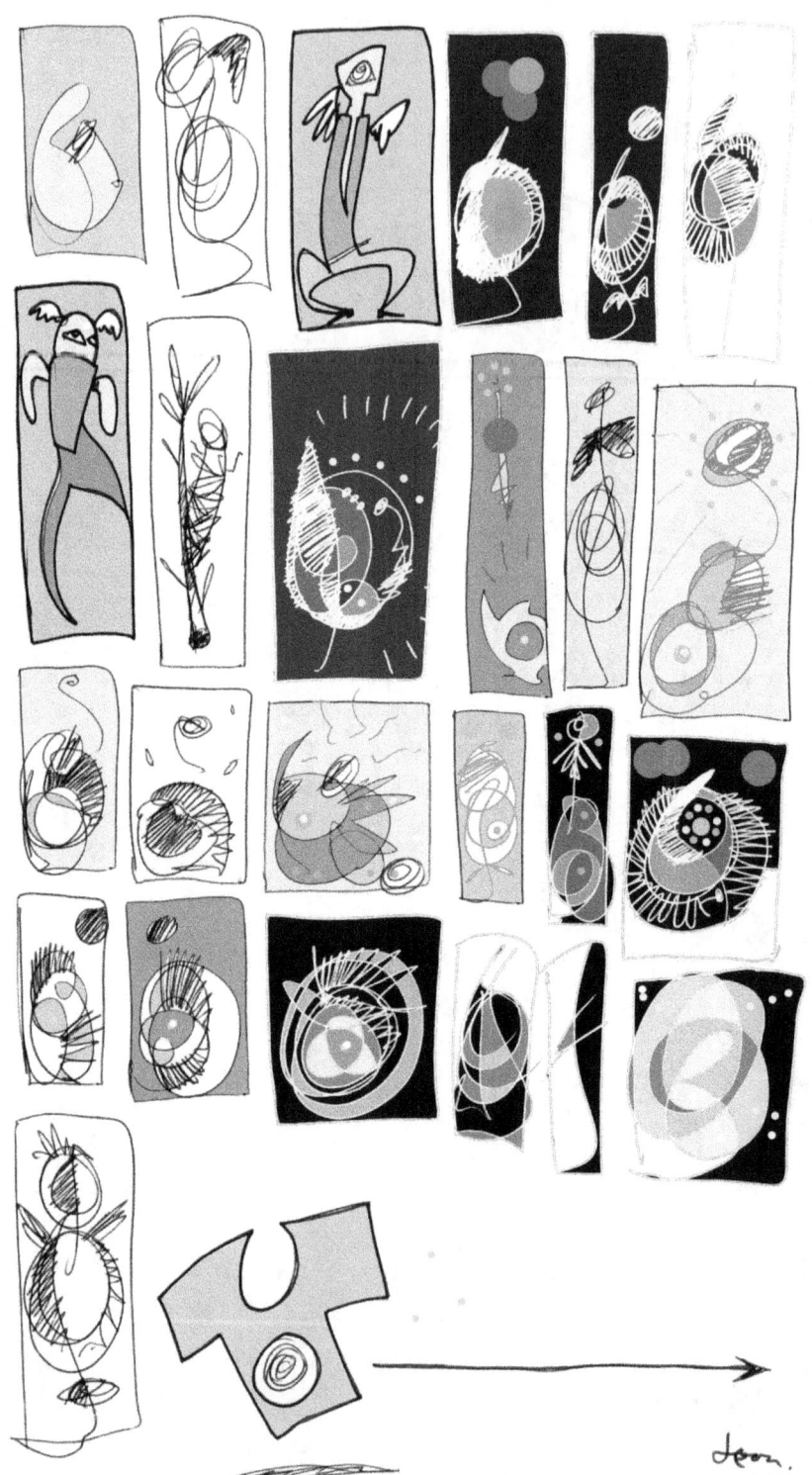

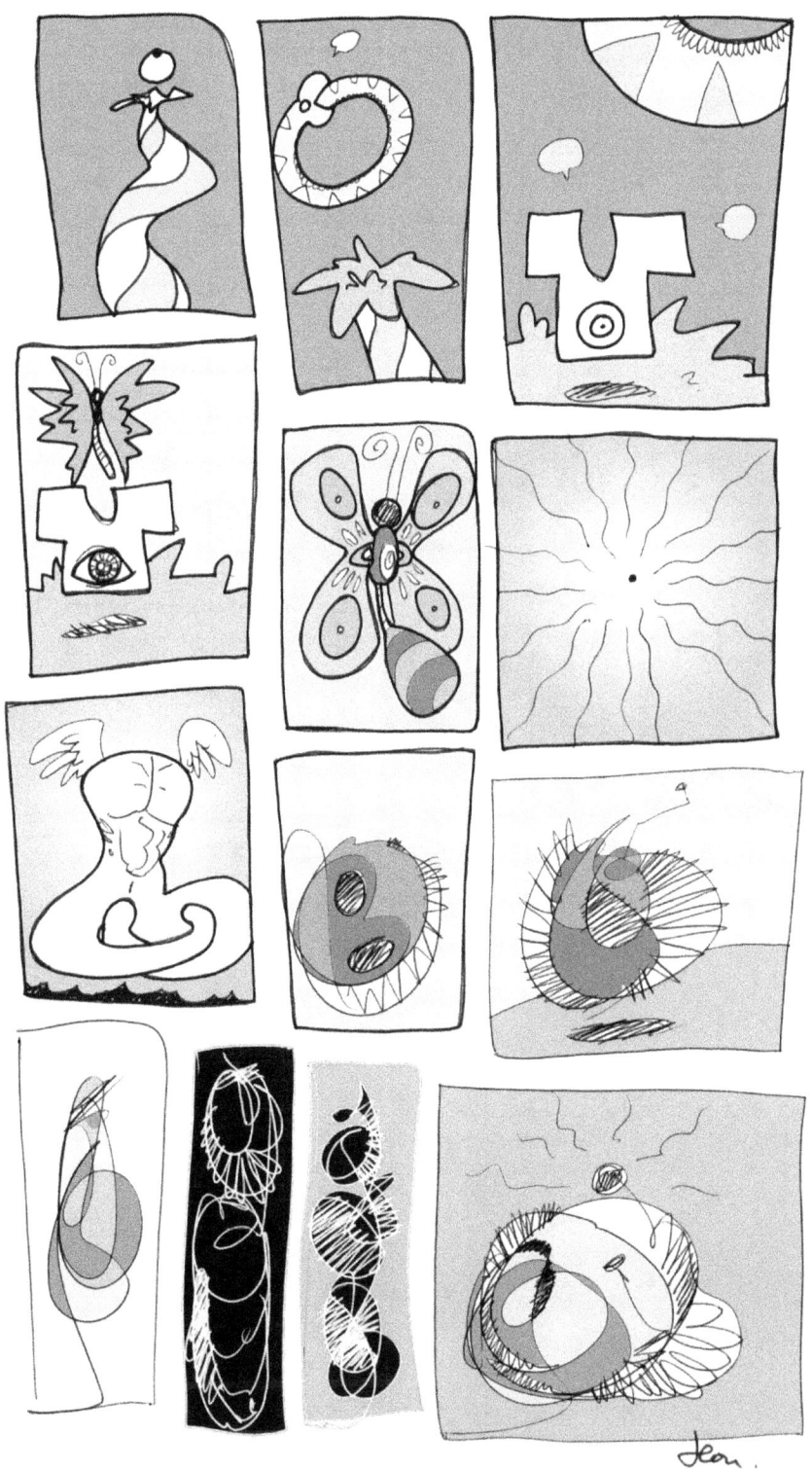

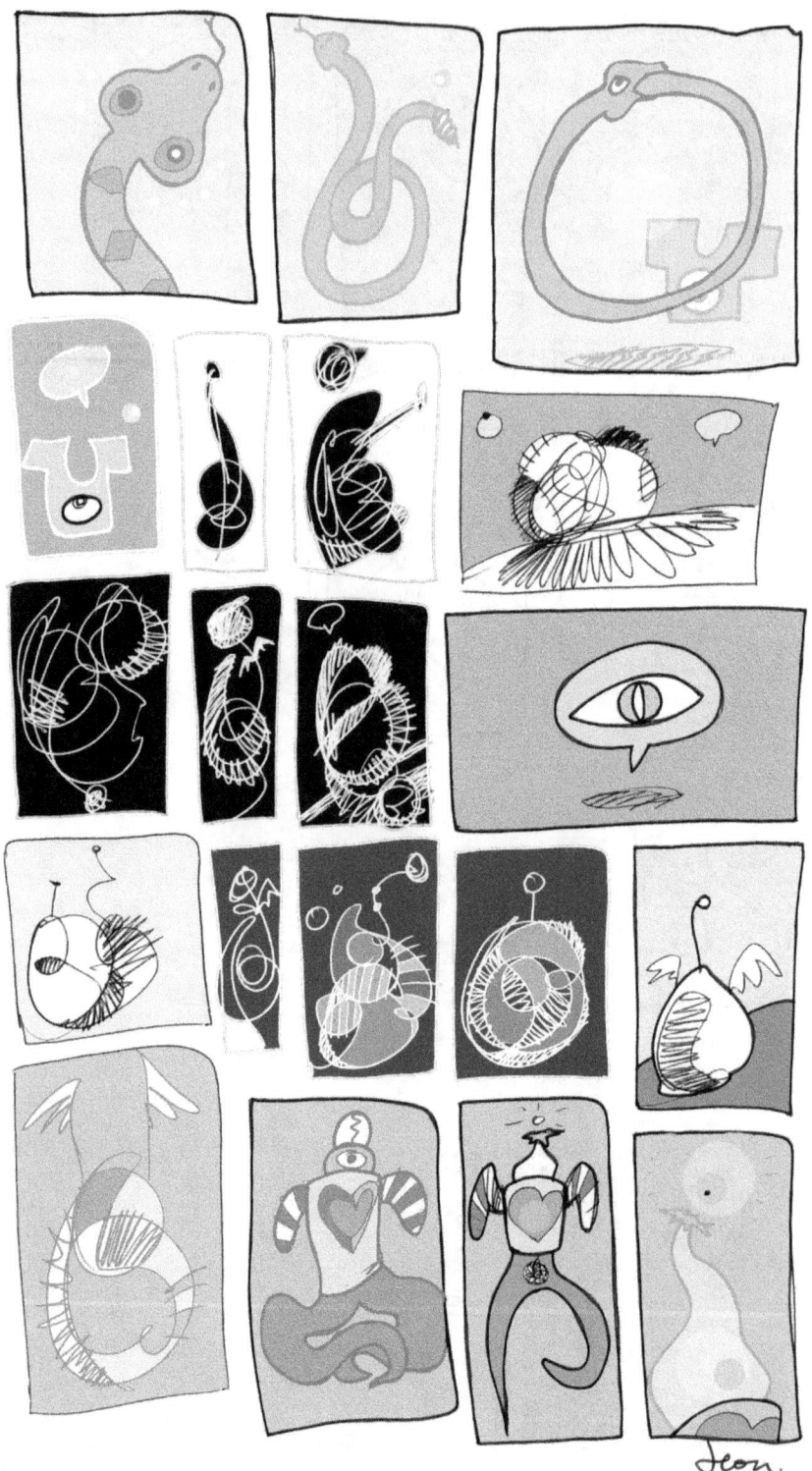

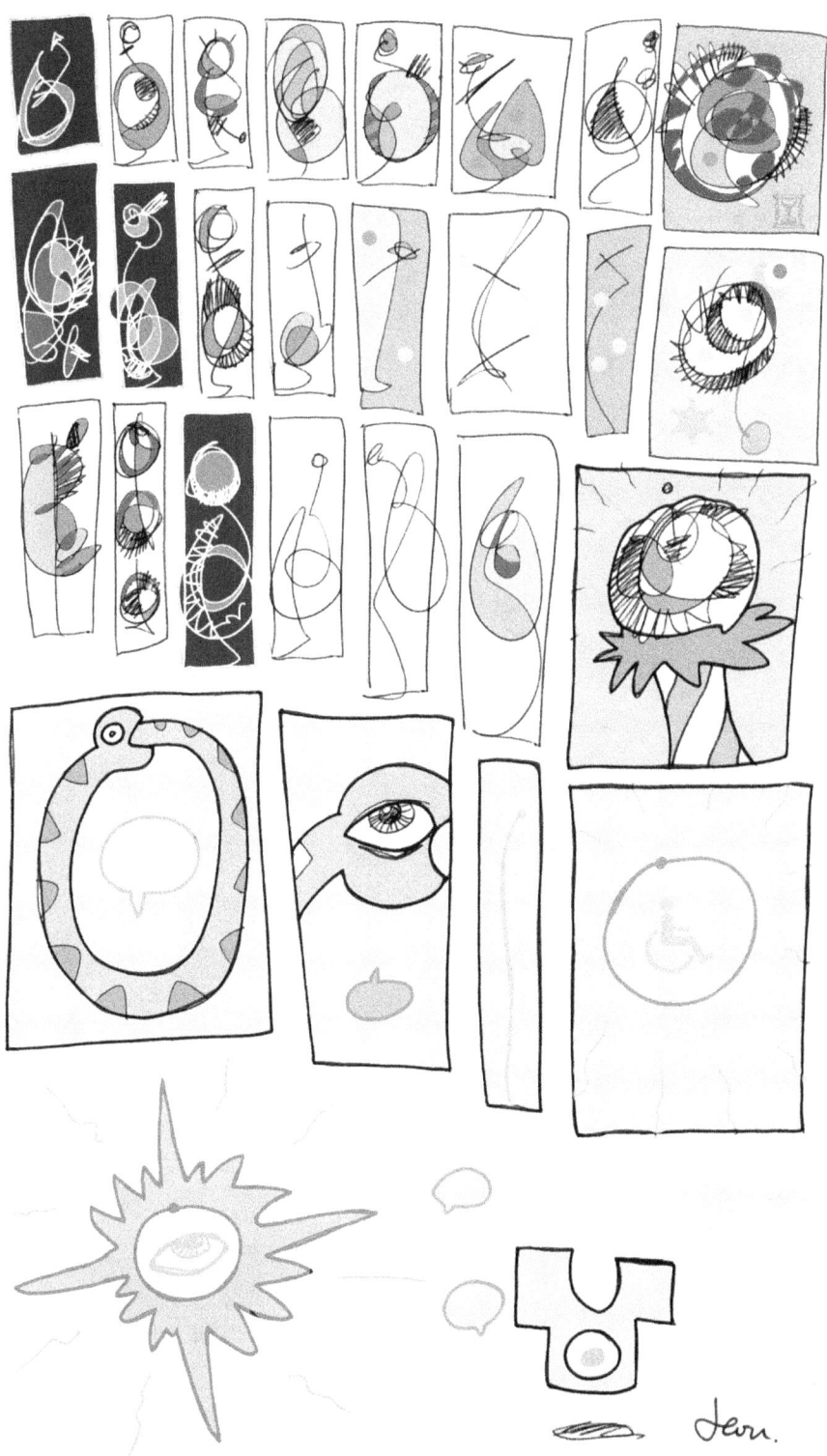

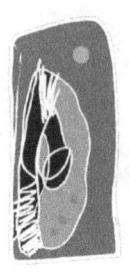
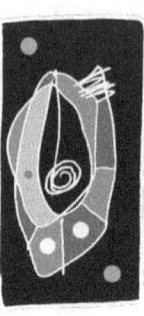
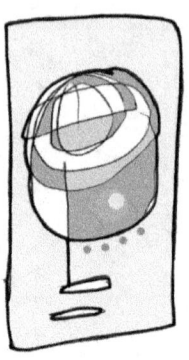
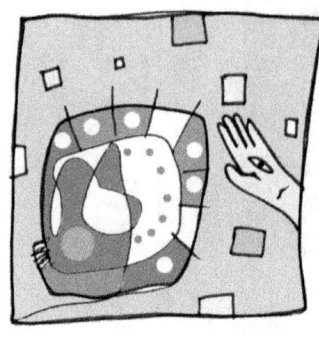

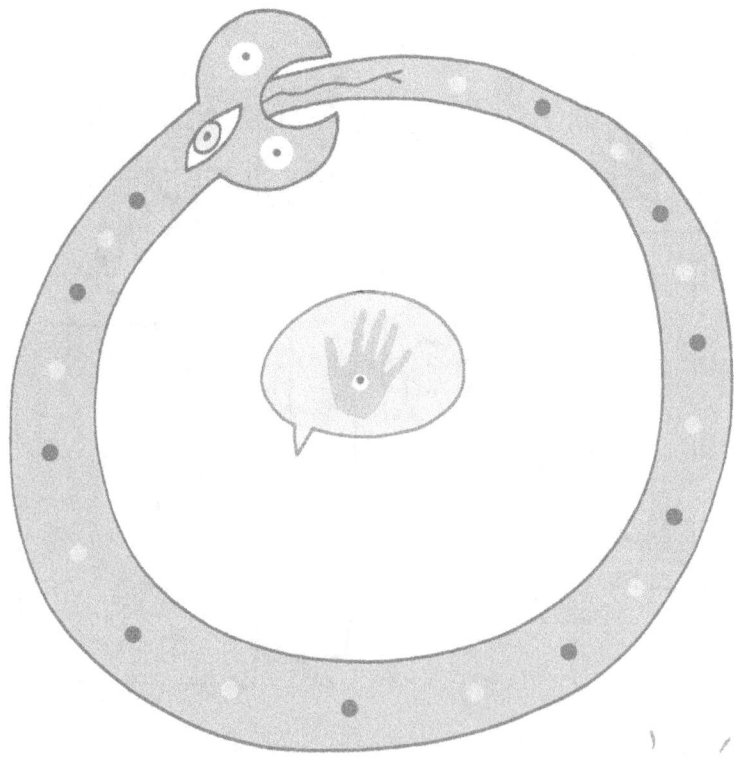

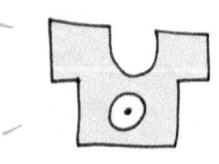